VOLKMAR SIGUSCH

DAS Sex-ABC

NOTIZEN EINE
SEXUALFORSC

Campus Verlag
Frankfurt/New York

DAS Sex-ABC

Volkmar Sigusch, Arzt und Soziologe, ist einer der angesehensten Sexualwissenschaftler der Gegenwart. Als jüngster Medizinprofessor auf den ersten selbstständigen Lehrstuhl für Sexualwissenschaft berufen, entfaltete er – insbesondere als Direktor des Instituts für Sexualwissenschaft der Universität Frankfurt am Main (1973–2006) – national und international eine außerordentliche Wirkung.

VORWORT

Beinahe jeden Tag werde ich um Rat gefragt. Einmal sind es die Medien, die mich ansprechen, weltweit von Brasilien bis zur Mongolei, dann wieder *Süddeutsche Zeitung*, *Die Zeit* und *Neue Zürcher Zeitung* oder BBC, WDR, *Profil* und *Spiegel*, andermal liebe Kolleginnen und Kollegen aus aller Welt, Hilfe und Therapie Suchende mit eher sehr seltenen Begierden oder Störungen und natürlich Studierende und Promovierende, die auf das Sexuelle mit vielen Fragen gestoßen sind. Natürlich habe ich selbst auch sehr viel durch die Fragen und die Vorträge der Ratsuchenden gelernt – bis ich eines Tages auf die Idee kam, meine Antworten in der Form eines ABC zusammen zu fassen.

Durch die genannten Prozesse ergab sich eine Mischung aus bereits von mir niedergelegten Forschungsergebnissen einerseits und ganz aktuellen Überlegungen zu Ereignissen wie Love-Scammer, Cougars, Sapiosexuelle, Coolidge-Effekt oder NoFap-Bewegung andererseits, nach denen mich die Kollegen oder Medien gefragt haben. Wenn mir ein Wort, ein Ereignis oder ein Phänomen interessant oder sogar wichtig schien, ließ ich mich treiben, auch wenn ich dabei manchmal das engere Gebiet der Sexualforschung verließ. So kam es zu kurzen Bemerkungen oder Definitionen oder zu etwas längeren Ergüssen. Antworte ich, wenn es sehr komplex wird, in »Splittersätzen«, dann zeigt das, dass eigentlich noch viel mehr dazu zu sagen wäre …

Schwierig ist es, nach fünfzig Jahren Forschung, Lehre und Therapie für ein breites Publikum über das Sexuelle zu schreiben, ohne an Reflexion nachzulassen. Ich habe es versucht und hoffe sehr, Sie wird es anregen.

Nach vielen Jahren der Zusammenarbeit bin ich wieder Dr. Judith Wilke-Primavesi vom Campus Verlag ganz besonders dankbar für die vertrauensvolle Zusammenarbeit.

Frankfurt am Main, im Sommer 2016
Volkmar Sigusch

AB

Diese Abkürzung steht bei Experten für Adult-Baby oder Adultes Babysyndrom, sexualwissenschaftlich auch Autonepiophilie genannt. Worum es geht? Ein Erwachsener ist erregt und glücklich, wenn er von seinem Partner wie ein Baby oder Kleinkind behandelt wird, also gefüttert, gewaschen, gepudert, gewickelt usw. wird, umgeben von seinen Lieblingsspielzeugen. Dem, der sich in diese Lage begibt, geht es vor allem um Gefühle wie Geborgenheit. Bei seinem Partner stehen Gefühle im Vordergrund wie sie glückliche Kleinkindeltern haben. Nicht zu verwechseln sind diese Autonepiophilen mit den Windelfetischisten, die durch das Tragen von Windeln sexuell erregt werden (→ Chronophilie; Nepiophilie).

ABATTAGE

Das Wort bedeutet im Französischen Schlachten oder Fällen und meint in der → BDSM-Szene »ein Sklave wird zur Verfügung gestellt«. Andere Abkürzungen und Bezeichnungen in dieser Szene sind zum Beispiel: Abduction für Entführung; AC/DC für bisexuell; AF für Algier Französisch, das meint Anilingus und das meint Analverkehr mit der Zunge; AFF für Analen Faustfick; AHF für Achsenhöhlenfick; AO für alles ohne, das heißt ohne Kondom; AT für *a tergo*, das heißt von hinten, oder AV für Analverkehr.

ABOLITIONISMUS

In sexualwissenschaftlichen Zusammenhängen wird von Abolitionismus (engl. *abolition* Abschaffung) gesprochen, wenn eine soziale Bewegung gemeint ist, die als Teil einer Frauenbewegung verlangt, die staatliche Kontrolle der → Prostitution abzuschaffen. Ein überzeugendes Argument war bisher zum Beispiel, dass Frauen kontrolliert werden, ob sie eine Geschlechtskrankheit haben, Männer aber nicht. Dass nach dem Rückzug des Staates ein freies Hetärenwesen entstehen könnte wie im antiken Griechenland, blieb ein Traum.

Ursprünglich bezeichnete das Wort die sozialen Bewegungen in Europa, Süd- und Nordamerika, die die Abschaffung der Sklaverei verlangten. Heute werden auch Aktivitäten von Veganern, Tierschützern oder Kriminologen, die das staatliche Strafrecht samt der Gefängnisse abschaffen möchten, als abolitionistisch bezeichnet.

ABORTFETISCHISMUS

Sexueller Drang von Männern, Frauen auf der Toilette beim Verrichten der Notdurft zu beobachten. Um diese Möglichkeit zu haben, verkleiden sie sich zum Beispiel als Handwerker, die etwas auf der Toilette reparieren müssen, und verschwinden dann bei passender Gelegenheit in einer Toilette, aus der heraus sie eine Frau beobachten können.

ABTREIBUNGEN

Seit 2004 sinkt die Zahl der Schwangerschaftsabtreibungen in Deutschland. Auch im Jahr 2015 sank die Zahl um 0,5 Prozent auf insgesamt rund 99200 Abbrüche laut Statistischem Bundesamt. Mit der Absaugmethode bzw. Vakuumaspiration wurden fast zwei Drittel der Schwangerschaften beendet. Das Mittel Mifegyne wurde in knapp einem Fünftel der Fälle angewandt. Regine Wlassitschau vom Pro Familia Bundesverband wies darauf hin, dass Hilfen zur Familienplanung aus der Sozialhilfe gestrichen worden seien, was arme Frauen in heikle Lagen versetze (dpa, 10.3.2016).

ACUCULLUS

Als Acucullus (lat. *a* weg und *cucullus* Tüte, Kapuze) wird ein Penis bezeichnet, der beschnitten ist.

AFFEKTORGASMUS

Wenn Paare dazu neigen, sich immer wieder zunächst heftig zu streiten, um dann in der Versöhnungsphase einen besonders erregenden und befriedigenden sexuellen Höhepunkt zu erreichen, wird von Affektorgasmus gesprochen.

AGALMATOPHILIE

Agalmatophile (gr. *agalma* Statue sowie *philie* Leidenschaft) werden durch unbelebte Darstellungen von Menschen sexuell erregt, also durch Statuen, Puppen oder Gemälde. Verwandte ältere Bezeichnungen für diese Vorliebe sind Statuophilie und Pygmalionismus (→ Objektophile und Pygmalionkomplex).

AGAPE

Die Agape (gr. Liebesmahl) meint frühchristlich eine geistliche Liebe, konkret ein Liebesmahl in Verbindung mit dem Abendmahl. Arme, Schwache und Sünder wurden eingeladen, ja sogar Feinde. Agape entspricht der römischen Caritas, soll selbstlos sein, keineswegs sinnlich wie Eros und aus moderner Sicht natürlich unsexuell. Ob das möglich ist, steht heute auf einem anderen Blatt, wenn nur daran gedacht wird, wie sehr die Hilfsbereitschaft und das Dankeschön der Armseeligen das Selbstwertgefühl verbessern kann.

AGENDER

Von Agender spreche ich, wenn sich eine Person keinem der in der Kultur anerkannten Geschlechter zuzuordnen vermag, insbesondere nicht weiblich oder männlich, aber auch nicht transgender oder intergender.

AIDS

Als die Erkrankung in den 1980er Jahren bei uns ausbrach, war sie in unserer Kultur beides: eine schwere Erkrankung und nichts als Blendwerk. »Sie war ein kultureller und politischer Volltreffer, in dem sich die einzelnen Gräuel mit dem Grauen des Ganzen lärmend vermählten. In dem Phänomen AIDS sind zusammengeschossen: die latente Untergangsstimmung mit bestens bedienten Geschäftsinteressen, das Sicherheitsdenken mit dem ökologischen, der Präventivschlag mit dem Mythos vom Blut, das heidnische Aug-um-Auge der Geißeln Gottes mit der Charité, der Hass auf das Abweichende mit dem Neid auf den Glamour der Perversion, die Angst vor dem sexuell Triebhaften mit dem Liberalisierungshorror, der Rassismus mit der Sozialhygiene, der Schrecken der Verseuchung mit der momentanen Ruhe des Tests, das Selbsthilfegruppengesamttreffen mit der Ohnmacht der Medizin, die eigenen homosexuellen Regungen mit der praktizierten Homosexualität, die Schuldangst der Libertinen und Randständigen mit der Rage der Verfolger: AIDS für alle, alle für AIDS. Die doppelte Wirklichkeit von AIDS ließ die sexuelle Metaphysik stürzen. Doch es war in dieser Kultur immer ein Wagnis auf Leben und Tod, sich fallen zu lassen, die Kontrolle zu verlieren, die Normen zu brechen« (Sigusch 2005, S. 173). Alle Sexualsubjekte ahnten auch vor dem Einbruch von AIDS die riskante Nähe von Sexus und Tod, nahmen sie aber als nicht ganz von dieser Welt. Dann ist sie unverstellt Realität geworden.

Vor zehn Jahren (Sigusch 2006) habe ich in meiner damaligen Kolumne in der *Frankfurter Rundschau* geschrieben: »Was mir 25 Jahre nach dem Einbruch der Krankheit Aids durch den Kopf geht? In jüngster Zeit vor allem, dass in Westdeutschland die historisch erst kurz zuvor errungene kulturelle Liberalität im Umgang mit Minderheiten und Kranken einem enormen Ansturm widerstanden hat. Das ist mir bis heute eine Freude. Unsere noch gar nicht in einem Ernstfall erprobte Liberalität hat in den achtziger Jahren standgehalten, obgleich damals von politischer Seite gegen die besonders Riskierten rassistisch gehetzt und von großen Presseorganen angstmachende Dramatisierungen aufgetischt worden sind. Trotz dieser Aufpeitschung und einer allgemeinen Hysterisierung hat die damalige Bundesregierung mehr oder weniger vernünftig reagiert. Vom Bundesgesundheitsamt könnte ich das aber nicht sagen, und zwar aus folgendem, auch persönlichem Grund.

Im Herbst 1982 starben in Frankfurt am Main drei homosexuelle Männer im Alter von 33 bis 39 Jahren. Jetzt war nicht mehr zu übersehen, dass homosexuelle Männer besonders gefährdet sind. Deshalb stellten Martin Dannecker und ich beim damaligen Bundesgesundheitsamt den Antrag, ein Forschungsprojekt des Instituts für Sexualwissenschaft zu finanzieren, dessen Ziel es war, Zusammenhänge zwischen Lebensstil, Sexualpraktiken und Ausbruch der Erkrankung aufzufinden. Damals war noch nicht bekannt, dass es sich bei Aids um eine Infektionskrankheit handelt.

Nebenbei gesagt, aber alles andere als unwichtig, vielmehr kennzeichnend für unsere nach wie vor arrogante Männerkultur: Das HI-Virus, das Aids auslöst, hat eine Frau entdeckt. Sie heißt Françoise Barré-Sinoussi und arbeitete am Pariser Pasteur-Institut. Nachzulesen in der entscheidenden Fachpublikation in *Science* (220, 868, 1983): Barré-Sinoussi et al., Isolation of a T-lymphotropic retrovirus from a patient at risk for Acquired Immune Deficiency Syndrome (AIDS). Doch viele »Experten« behaupten bis heute, der von Anfang an medial aufgeblasene US-Amerikaner Robert Gallo habe diese große Entdeckung gemacht. Als ich in den 1980er Jahren in einem Vortrag die Wahrheit erwähnte, waren alle Zuhörerinnen entsetzt. Ich musste den Namen der Entdeckerin an die Tafel schreiben, worüber die *FR* am nächsten Tag berichtete.

Doch zurück zu unserem Forschungsantrag. Die Antwort des Bundesgesundheitsamtes lautete: kein Bedarf. Offenbar sahen die »Experten« keinen Zusammenhang zwischen Sexualpraktiken und dem Ausbruch der Erkrankung. Einige kluge Leute im Gesundheitsministerium haben später diesen gravierenden Fehlschluss korrigiert und uns ein Forschungsprojekt finanziert. Die Ergebnisse sind nachzulesen in Danneckers Buch *Homosexuelle Männer und AIDS* von 1990.

Konservative bis rechte Politiker waren inzwischen in Westdeutschland dabei, ein neues Kapitel der Homosexuellenverfolgung aufzuschlagen. Während sie den riskierten Hämophilen, den sogenannten Blutern, ihr ungeteiltes Mitleid schenkten, richteten sie ihre Ängste und ihren Hass gegen die Schwulen und die Fixer. Die seien nicht Opfer einer schrecklichen Infektionskrankheit, sondern selber schuld, ja durch ihre Lebensweise seien sie sogar die Produzenten dieser Krankheit – eine Wahnidee, die nur noch ein Gottesurteil auffangen konnte. Gott muss also das HI-Virus vor vielen Generationen in die Erbsubstanz afrikanischer Dorfbewohner eingeschrieben haben, um es an jenem Tag auf US-amerikanische Flugbegleiter zu übertragen, an dem sie die Geduld des HERRN in Sachen Fleischeslust endgültig erschöpft hatten.

Indem Politiker damals, mit Gott oder ohne, gefangenen Drogenabhängigen Einmalspritzen verweigerten und junge Homosexuelle davon abhielten, sich beraten zu lassen und nach einem riskanten Sexualkontakt gegenüber Amtspersonen als Homosexuelle zu bekennen, nahmen sie bewusst deren Tod in Kauf. Das gilt natürlich auch für den Vatikan, der bis heute um die zahllosen Aids-Toten in Afrika trauert, das entscheidende Präventionsmittel Kondom aber verdammt. Und es gilt nach wie vor für die Pharma-Industrie und die Regierungen der reichen westlichen Länder, die für die Armen der Welt beschämend wenig tun. Bei uns besteht heute die paradoxe Gefahr, dass die Krankheit Aids übermäßig normalisiert wird. Gleichzeitig wird in den armen Ländern nach wie vor massenhaft an Aids gestorben, obwohl wir das verhindern könnten.

In Deutschland hat mich in den achtziger Jahren eine öffentliche Äußerung des bayerischen Kultusministers Hans Zehetmair besonders empört. Er sagte, gegen Homosexuelle gerichtet: »Diese Randgruppe muß ausgedünnt werden, weil sie naturwidrig ist« (*SZ*, 7.4.1987). Nach öffentlichen Protesten versuchte er, seine Äußerung zu ›differenzieren‹. Diese ›Differenzierung‹ ist ein Dokument der sprachlichen Verdrehung, der intellektuellen Verknödelung und der moralischen Verkommenheit. Zehetmaier, der heute wegen seines feinen Sprachgefühls für die Rechtschreibreform zuständig ist, erläuterte schriftlich: »daß man für Homosexualität Verständnis aufzubringen hat, auch wenn man sie, wie ich persönlich, als naturwidrig und ein im Grunde krankhaftes Verhalten ansieht. Meine Aufgabe kann und darf es nicht sein, um Verständnis für Homosexualität und damit für Randgruppen unserer Gesellschaft zu werben. Sondern sie muß vielmehr in erster Linie darin bestehen, dafür Sorge zu tragen, daß möglichst wenig junge Leute in diesen durch Aids besonders gefährdeten Randbereich hineingeraten. Wir müssen den Schutz der Vielen in der Bevölkerung als zentrales Ziel im Auge sehen und uns nicht nur darum bewegen, wer am Rand noch besser verstanden werden kann. Dieser Rand muß durch Aufklärung dünner gemacht bzw. ausgedünnt werden, denn er stellt für die Jugend keine Zukunftsperspektive dar. Nur zur Ergänzung darf ich Sie auf die Erklärung des Vorsitzenden der Deutschen Bischofskonferenz, Kardinal Höffner, [...] hinweisen. Darin heißt es, daß homosexuelle Verbindungen nicht mit der Lebensform Ehe und Familie gleichzustellen seien. Sie verstießen nicht nur gegen das Grundgesetz, sondern leisteten damit auch der Verbreitung der Immunschwäche-Krankheit Aids Vorschub.« (*SZ*, 4.4.1987)

Folglich beschloss die bayerische Staatsregierung drakonische Maßnahmen und beschimpfte die Bundesregierung wegen ihrer ›verfehlten‹ Politik. Ihr Sprachrohr war längere Zeit ein gewisser Peter Gauweiler, der seine Hasstiraden 1989 unter dem Titel »Was tun gegen Aids?« als Buch zusammenfasste. Als Oswald Kolle dieses Buch rezensierte (*taz*, 15.4.1989), hatte er eine deutsche Erinnerung. Er schrieb, Gauweilers Buch müsste nicht »Was tun gegen Aids?« heißen, sondern »Mein Kampf gegen Aids«. Dazu passen unsägliche Äußerungen eines gewissen Carl-Dieter Spranger, damals Parlamentarischer Staatssekretär beim Bundesinnenminister, später sieben Jahre lang Bundesminister. »Frieden und Freiheit« seien auch im Inneren wichtig, aber da in erster Linie für die Normalen, nicht für »perverse Minderheiten, Terroristen, Verbrecher und Randgruppen« (*Erdinger Neueste Nachrichten*, 20.1.1983). Solche Sätze machen aus dem, der sie sagt, noch keinen Nazi. Hellhörig aber muss man werden. Denn das Kontinuum der Barbarei endete nicht in Auschwitz.

Umso erfreulicher, dass die Verfolger ihre Politik der verbrannten Erde nicht realisieren konnten. Sie wollten Riskierte und Infizierte ein Leben lang überwachen, einsperren, »absondern«. Sie wollten Zwangstests und Zwangstätowierungen. Sie trieben aidskranke Menschen aus dem Land, gingen über Leichen. Gegen diese Menschenverachtung sind damals vor allem die liberale Presse, die Aids-Hilfen und die Sexualforscher angetreten. Die Deutsche Gesellschaft für Sexualforschung war die erste wissenschaftliche Vereinigung, die deutlich widersprochen hat. Und die *FR* (7.12.1984) war die erste, die unsere Erklärung vom November 1984 »Über den allgemeinen Umgang mit AIDS« gedruckt hat. Das verbindet (vgl. auch Dannecker 1991, 2007, Sigusch und Gremliza 1986, Sigusch 1987, 1989a und b).

Zurzeit sollen weltweit 37 Millionen Männer und Frauen mit HIV infiziert sein, 65 Prozent davon seien homosexuell. Jedes Jahr sollen sich 2 Millionen neu infizieren. In Deutschland leben nach offiziösen Angaben etwa 83.400 Männer und Frauen mit HIV und AIDS. Geschätzt wird, dass 13.000 bis 14.000 nicht wüssten, dass sie infiziert sind. Für Frankfurt am Main teilte der Stadtrat Christian Setzepfand (*FR*, 20.11.2015, S. F5) kurz vor dem Welt-Aids-Tag, dem 1. Dezember, mit, dass in den vergangenen zwölf Monaten 60 bis 70 Einwohner an AIDS gestorben sind, darunter viele Drogenabhängige, sicher auch wegen ihres geschwächten Körpers. Die medizinische Versorgung sei aber sehr gut. Zurzeit würden etwa 6.000 Patienten betreut. Im Bundesland Hessen hätten sich im vergangenen Jahr 280 Menschen neu infiziert. In Deutschland insgesamt sollen sich 2014 etwa 3.200 Männer und Frauen neu infiziert haben, und etwa 480 sollen an AIDS gestorben sein.

Einen legalen Selbsttest auf HIV, den manfrau zu Hause durchführen kann, gibt es in den USA und jetzt auch in Frankreich und Großbritannien, nicht aber bei uns. Wer sich einen Heimtest im Internet bestellt, sollte wissen, dass der Test erst sechs bis acht Wochen nach einem ungeschützten Sexualverkehr anspricht.

Dass der Einfall des AIDS-Virus nicht zu der kulturellen und massenhaft individuellen Katastrophe geführt hat, die in den ersten Jahren zu befürchten war, verdanken wir in erster Linie nicht der Politik, sondern den Betroffenen selbst, insbesondere den Schwulen und ihren Helfern, die die AIDS-Hilfen und deren Dachverband Deutsche AIDS-Hilfe (DAH) landesweit aufgebaut haben und seit Jahr und Tag den Kranken und Besorgten zur Seite stehen – ohne finanzielle, juristische oder moralinsaure Hintergedanken. Wer also wissen möchte, wann mit der HIV-Therapie begonnen werden sollte, wie wirksam die bisher in den USA mögliche Behandlung mit einem Medikament namens Truvada™ ist, dass ähnlich wirksam wie Kondome eine Ansteckung mit HIV verhindern soll, was die gerade gegründete Bundesinteressenvertretung schwuler Senioren (BISS e. V.) beabsichtigt, sollte sich an die AIDS-Hilfen wenden, inzwischen auch online unter aidshilfe-beratung.de sowie auf Facebook und über Twitter, wenn es um die DAH geht. Ansonsten bleibt nur der Wunsch, dass endlich begriffen wird, wie wichtig und positiv wirksam es ist, Drogenabhängigen und Prostituierten nicht mit Zwang und Verfolgung zu begegnen, sondern mit Respekt, Angeboten und Hilfe.

ALTERSSEXUALITÄT

Seit der → neosexuellen Revolution der letzten Jahrzehnte beginnt die Alterssexualität, heute charmant auch Silver Sex genannt, nicht mehr mit 50 oder 60 Jahren, sondern ein oder zwei Jahrzehnte später. Heute gilt sogar die Großelterngeneration nicht mehr als asexuell und wird auch nicht mehr durchgängig ihrer Erotik beraubt. Senioren und Sexualität, das passt heute zusammen. Zur Zeit der → Sexuellen Revolution um 1968 war für die Heranwachsenden die Sexualität ihrer Eltern noch ein Tabu. Heute dagegen wird so getan, als könnten und sollten alle Omas und Opas ein üppiges Sexualleben haben, als ginge das Altwerden nicht mit Einschränkungen, Krankheiten und Verlusten einher. Doch die Scheide ist nicht mehr so geschmeidig, und der Penis ist nicht mehr so scharf wie eine Rasierklinge, sondern eher stumpf wie ein altes Küchenmesser. In einer Talkshow aber berichtete eine 79-Jährige, sie habe gerade ihr sexuelles Begehren entdeckt und ihren ersten Orgasmus erlebt. Tatsächlich ist die Scheide älterer Frauen oft trocken, doch ein Orgasmus kann sehr viel leichter erreicht werden.

Es gibt im Alter keine Sexualpause wie es bei der Frau eine Menopause gibt. Mit anderen Worten: Körperlich werden bei Mann wie Frau weder das sexuelle Verlangen noch die sexuellen Reaktionen durch den Alterungsprozess beendet. Außerdem kann eine sexuelle Betätigung ohne Stress für Körper und Seele ein Gewinn sein (→ Gesundheitsgewinn). Abträglich für das Liebes- und Sexualleben der Alten sind die kulturellen Ungerechtigkeiten. Männer seien bei uns als Knaben und als graumelierte Herren schön, Frauen dagegen nur, wenn sie jung sind. Ungerecht ist auch die kulturelle Norm, nach der Frauen in Beziehungen jünger sind als Männer. Doch die → Cougars genannten Frauen nehmen zurzeit zu, Frauen, die sich einen mindestens zehn Jahre jüngeren Partner suchen.

Empirisch gibt es nicht *die* Alterssexualität. Gesagt werden kann angesichts des Forschungsstandes nur, dass es bei Männern wie Frauen einen erheblichen Prozentsatz gibt, der sich mit 70 Jahren oder älter sexuell betätigt. Alles ist möglich und findet statt: Abnahme, Gleichbleiben und Zunahme der Häufigkeit sexueller Aktivitäten, Zunahme und Abnahme der sexuellen Zufriedenheit, Aufnahme neuer Praktiken oder Vorlieben wie Homosexualität, Aufgeben jeder sexuellen Betätigung usw. Empirisch belegt ist, dass die Beziehungsdauer die Koitusfrequenz stärker beeinflusst als das Alter. In allen Altersgruppen sinkt die Koitusfrequenz mit der Dauer der Beziehung. So sind alte Partner in neuen Beziehungen nicht selten sexuell aktiver als junge Partner in alten Beziehungen. Da Frauen gegenwärtig um etwa sieben

Jahre älter werden als Männer, gibt es im hohen Alter einen Männermangel. Bei denen, die 70 bis 79 Jahre alt sind, kommen drei Frauen auf zwei Männer, bei denen, die 80 bis 89 Jahre alt sind, drei Frauen auf eineinhalb Männer.

AMAUROPHILIE

Davon wird gesprochen, wenn der Partner beim Sexualverkehr blind sein muss oder wenigstens die Augen verbunden hat.

AMELOS

So nennen sich die Männer und Frauen, hetero- oder homosexuell, die erregt werden durch das Fehlen (gr. *a*) eines Gliedes (gr. *melos*), also durch Stümpfe bzw. amputierte Partner. Die, die das insinuieren, werden in der Szene Pretender genannt, die, die gerne amputiert wären, heißen Wannabe. Die heutige Medizin spricht in diesen Zusammenhängen etwas kompliziert von BIID, das meint Body Integrity Identity Disorder, das heißt übersetzt Körperintegritätsidentitätsstörung.

AMOR EREOS

Im 14. Jahrhundert ordnete Bernhard von Gordon *amor (h)ereos* in seinem Werk »Lilium medicinae« den »melancholicae passiones« zu und sah damit in der Verliebtheit eine seelische Krankheit, die er den »Hirnkrankheiten« zuordnete. Zur Behandlung wurde eine Ekelkur empfohlen, bei der zum Beispiel ein altes, hässliches Weib dem Leidenden ein Hemd der Geliebten voller Menstrualblut unter die Nase halten sollte mit den Worten »talis est amica tua«, das heißt: So ist deine Geliebte.

AMOUR FOU

Amour fou (frz. *amour* Liebe, *fou* närrisch, verrückt) meint eine unnormale, verrückte, sehr leidenschaftliche, rasende, verhängnisvolle Liebe, zum Beispiel zwischen einem Nazi und einer Jüdin, zwischen einem Gefangenen und seinem Aufseher, zwischen einer Chefärztin und einem Obdachlosen. Viele Romane und Filme kreisen um eine Amour fou.

AMPALLANG

Das indonesische Wort Ampallang (oder auch nur Pallang) bezeichnet Stäbchen, die pubertierenden Jungen auf Borneo und Celebes traditionell durch die Eichel des Penis gestochen werden, horizontral oder senkrecht, an beiden Seiten mit einer Kugel versehen, die Frauen beim Geschlechtsverkehr reizen sollen. Die senkrechte Durchstoßung wird seit einiger Zeit Apadravya genannt und die Kombination von Ampallang und Apadravya neuerdings Magic Cross. Generell nennen wir heute in unserer neosexuellen Kultur all diese Körperdrapierungen Piercings und sind beim Blick ins Internet erstaunt, was dort alles als Verschönerung des Penis gezeigt wird. Allerdings wurde das Ampallang auch schon im altindischen Kamasutra erwähnt.

AMPELOS

→ SILEN

AMPLIFICATIO VAGINAE

Bei sogenannten Naturvölkern, zum Beispiel Palau und Bantu, wird die Scheide (lat. *vagina*) der jungen Frauen mit Gewalt amplifiziert, das heißt erweitert, insbesondere der Eingang. Wahrscheinlich hängt das in Australien mit einer Operationssitte zusammen, der junge Männer dieser Völker ausgesetzt sind. Deren Penis wird nämlich dadurch breiter und flacher (→ Mika-Operation).

ANALEROTIK

Der After (lateinisch *anus*) und die Dammregion sind wie die Mundregion als Übergangszone zwischen Innen und Außen besonders reichhaltig mit sehr sensiblen Nerven ausgestattet. Es verwundert also nicht, dass sie erotisiert und sexualisiert werden. Die Analerotik hat nach psychoanalytischer Sicht ihre Wurzeln in der analen Phase der kindlichen Entwicklung. Folglich kreise sie um Gerüche und Schmutz oder als seelisches Gegenstück um Reinlichkeit. Während früher analerotische Praktiken der Erwachsenen, insbesondere der Analkuss (auch Anilingus, Homagialkuss oder Teufelskuss genannt) und der anale Geschlechtsverkehr, zu den sogenannten sexuellen → Perversionen zählten, gehören sie heute in den westlichen Ländern zum normalen Sexualleben. Insbesondere heterosexuelle Männer sind nach Erfahrungen von Experten oft sehr erstaunt und berührt, wenn sie eher zufällig erstmalig erleben, wie angenehm und erregend die Stimulation der Analregion sein kann.

Freud (1905, S. 51) hatte dazu schon vor mehr als einhundert Jahren geschrieben: »Die sexuelle Rolle der Afterschleimhaut ist keineswegs auf den Verkehr zwischen Männern beschränkt, ihre Bevorzugung hat nichts für das invertierte Fühlen Charakteristisches.« Außerdem sei die »Begründung, welche hysterische Mädchen für ihren Ekel vor dem männlichen Genitale abgeben: es diene der Harnentleerung«, »nicht viel stichhaltiger« als die Begründung des Ekels vor dem After, der »mit dem Ekelhaften an sich – den Exkrementen – in Berührung« komme.

ANORGASMIE

Gelingt es bei einer gezielten sexueller Betätigung nicht, einen Orgasmus als Höhepunkt der Lustempfindung zu erreichen, wird von Anorgasmie gesprochen. In der Regel liegt keine körperliche, sondern eine psychosoziale Störung vor wie zum Beispiel Ängste vor dem Sich-Fallen-Lassen oder vor unbewussten sexuellen Wünschen, die als abnorm oder pervers gelten. Eine Anorgasmie kann aber auch körperlich durch Arzneimittel, Drogen oder Erkrankungen hervorgerufen werden. Frauen klagen oft gleichzeitig über Appetenz- und Erregungsstörungen, bei Männern kann es zu einer Ejakulation ohne Orgasmus kommen (→ Sexuelle Störungen).

ANTEROS

In unserer Kultur heißt der Schatten des Eros Anteros. Den alten Griechen war er nicht nur der Bruder des Eros und der Gott der Gegenliebe, sondern auch der rächende Genius verschmähter Liebe. Der schöne Knabe Meles zwang Timagoras, den Fremdling, zum Beweis seiner Liebe von der Akropolis zu springen. Nachdem es Timagoras getan hatte, sprang Meles aus Reue hinterher. So töteten sich beide. Seither, so könnten wir sagen, herrschen Eros und Anteros über Bruchstücke.

Heute begegnen uns die Bruchstücke vor allem als öffentliche Diskursfiguren: das sexuell missbrauchte Kind; der sexistische Mann; die zu viel oder zu wenig, also immer falsch liebende Mutter; der Sextourist; der elektronisch zerstreute Perverse; der Single; das kirchlich gesegnete gleichgeschlechtliche Paar, vor allem aber das sozial asymmetrische, kulturell dissoziierte, emotional misstrauische, philosophisch aporetische heterosexuelle Paar. Wahrlich ein posthegelianischer Aufklärungstrupp modernisierter Repräsentanten des Anteros, der als ein ebenso gequältes wie quälendes Diskurspersonal zurzeit die Bühne als Chiffren einer anterotischen Zeit bevölkert (→ Ars anterotica).

ANTIKE VERHÄLTNISSE

Ich stoße auf die Namen Silen und Ampelos und werde in die griechische Mythologie hineingerissen. Beide sind Satyrn, das meint Dämonen um Dionysos. Silen (auch Silenos), der Erzieher und ständige Begleiter von Dionysos, wird als dick und trunken beschrieben und dargestellt. Ampelos, der Geliebte des Dionysos, sei von einem Stier getötet und von Dionysos in eine Weinrebe verwandelt worden. Dionysos gilt als Gott der Trauben und des Weines, aber auch der Fruchtbarkeit, der Freude, der Ekstase und des Wahnsinns, in dieser Hinsicht Bacchus, der Rufer, genannt. Mit Hebe und Herakles gehört er zu den jüngsten Göttern der griechischen Mythologie. Die olympischen Götter sind Zeus, Hera, Aphrodite, Poseidon, Demeter, Apollon, Ares, Hephaistos, Hermes, Artemis, Athene und Hestia.

Und sonst? Wie geht es zu in der griechischen Antike, verglichen mit den heutigen Verhältnissen? Der gelehrte Hans Magnus Enzensberger (2012: 117) kam beim Blick auf meine Neosexualitäten (→ Neosexuelle Revolution) zu folgendem Schluss: »Das alles ist kein Grund zur Aufregung. Zum Kulturpessimismus besteht ebenso wenig Anlass wie zur Überheblichkeit, was unsere Fortschritte angeht. Bescheidenheit lehrt ein kurzer Rückblick auf die reichhaltigen Überlieferungen aus früheren Epochen. Denn verglichen mit dem, was wir aus alten Quellen erfahren, nehmen sich die Neosexualitäten der Gegenwart eher farblos, ja geradezu bieder aus.« Und dann schaut Enzensberger auf das hemmungslose »Treiben der griechischen Antike«: »Dort wird die schöne Helena aus einem Ei geboren, weil Zeus ihre Mutter Leda in Gestalt eines Schwans schwängerte. Athena, die Göttin der Weisheit, entspringt in voller Rüstung dem Haupt ihres Vaters, nachdem Hephaistos ihm das Haupt mit einer Axt gespalten hat. Über die Danaë macht der Göttervater sich in Gestalt eines Goldregens her. Der Sohn des Hermes und der Aphrodite vereinigt sich mit der Nymphe Salamakis, dergestalt, dass ihre Körper verschmelzen, so dass ein Wesen mit weiblichen und männlichen Genitalien entsteht. Auch in anderen Fällen wissen die Akteure selbst nicht, ob sie Mann oder Weib sind. Pasiphaë, die Frau des Königs von Kreta, lässt sich von einem Stier besteigen und gebiert eine Chimäre, den Minotauros. Und das ist bei weitem noch nicht alles. Die Vergnügungen, Vorlieben, Kastrationen und Vergewaltigungen der Ägypter, der Inder, der Isländer und anderer Völkerschaften wollen wir uns schon aus Platzgründen ersparen. Doch werden unsere Sexologen hoffentlich zugeben, dass sie gegen die Dichter des Mahabharata und der Metamorphosen die reinsten Waisenknaben sind.«

ARS ANTEROTICA

Welcher kursierende Spruch trifft den Modus unserer Gesellschaft wie die Faust aufs Auge? Ich denke: Gier ist geil. Begründung: Bei uns geht es seit zwei Jahrhunderten, anders als in anderen Kulturen, vorrangig um das materielle und manifeste und nicht um das immaterielle und spirituelle Befriedigen von Gier und anfänglich auch Neugier. Leibhafte Bedürfnisse werden nicht wie in der europäischen Antike und im alten China maßvoll reflektiert begrenzt oder gar wie im alten Indien kunstvoll beseitigt. Sie werden bei uns vielmehr maß- und kunstlos befriedigt, und zwar im Allgemeinen auf einem niedrigen Ritualitäts- und Reflexivitätsniveau. Solcherart abgespeist, bleiben Gier und Neugier präsent, können umstandslos jederzeit neu entfacht werden. Darauf aber kommt es in der experimentell-ökonomischen Profitgesellschaft entscheidend an, in der wir leben. Dieser Mechanismus des ebenso selbstsüchtigen wie kurzfristigen Befriedigens scheint das Geheimnis der Dauerhaftigkeit dieser Gesellschaftsformation zu umschließen. Ununterbrochen wird die scheinbar abgeschlossene Sexualform fragmentiert, um ihr neue Begierden und Bedeutungen zuschreiben, neue Bedürfnisse und Wissbarkeiten einpflanzen, neue Praktiken und Dienstleistungen abmarkten zu können. Eine Ars erotica haben wir jedenfalls nicht entfaltet. Möglicherweise sind die Neogeschlechter, Neosexualitäten und Neoallianzen ein letzter verzweifelter Aufschrei im bunten Gewand (siehe → Neosexuelle Revolution). Die Agenderisten und die Asexuellen organisieren sich bereits, leben ohne Geschlechtsidentität und ohne Sexualpraxis. Als ihre emotionalen Nachfolger bieten sich immer dranghafter Gewalttäter wie die Hooligans an, die die alte libidinöse Exzitation durch den aggressiven Thrill ersetzen (→ Anteros; Modenschau; Waffenbrüder).

ASEXUELLE

Asexuelle im engeren Sinne sind Menschen, die weder sexuelles Verlangen spüren noch sich sexuell betätigen. Ich denke, die hat es immer gegeben, jedenfalls verhielten sich, nach allem, was wir wissen, zum Beispiel große Denker wie Immanuel Kant und Friedrich Nietzsche so. Wissenschaftlich-empirisch nachgewiesen hat ihre Existenz aber erst der unvergessene US-amerikanische Sexualforscher → Alfred C. Kinsey (1948, 1953). Das war vor mehr als einem halben Jahrhundert. Damals gab es noch keine selbstbewusst öffentlich auftretenden Asexuellen, die sich sogar organisieren. Die gibt es erst seit der dritten sexuellen Revolution der letzten Jahrzehnte, die ich die → Neosexuelle Revolution genannt habe. Zuvor, auch zu Zeiten der zweiten sexuellen Revolution der 1960er Jahre, wurden Menschen, die sich für Sexualität weder interessierten noch sie praktizierten, einfach ignoriert, sofern sie nicht zu den Mönchen und Nonnen gehörten. Als eine eigenständige Kulturform neben Hetero-, Homo- und Bisexualität war Asexualität bis zur neosexuellen Revolution undenkbar.

Seit den 1990er Jahren sind Asexuelle in Europa im Internet aktiv. Im Jahr 2001 gründete David Jay in St. Louis das Internetforum AVEN (Asexuality Visibility and Education Network, das heißt Netzwerk für die Sichtbarkeit von und Aufklärung über Asexualität). Seit 2005 gibt es auch das deutschsprachige Unterforum www.asexuality.org. Wer noch mehr erfahren möchte über diese an das Ende unseres sexuellen Zeitalters erinnernde Entwicklung, schaue in mein Buch *Sexualitäten* (2015) hinein. Dort kann auch nachgelesen werden, wie die Asexuellen selbst über ihre Eigenart diskutieren und wie sie sich selbst differenzieren und definieren. Für mich jedenfalls erinnert diese diversifizierende Dissoziation in Sachen Geschlecht und Sexualität dankenswerterweise an die Aufgeblasenheit und Vergänglichkeit »unseres« sexuellen Zeitalters. Es ist in dieser allumfassenden Drastigkeit irgendwann gekommen, kann also auch wieder verschwinden.

ATTENTÄTER

Die Differenz zwischen dem christlich rechtsgerichteten Attentäter Anders Behring Breivik und einem unbekannten Börsenspekulanten beispielsweise auf Lebensmittel oder Waffen ist: dass der Attentäter 77 namentlich bekannte Menschen am 22. Juli 2011 unter weitgehend bekannten Umständen selbst tötete, während der Finanzspekulant durch sein Verhalten den anonymen Tod von Tausenden oder Millionen Menschen verursachte. Kommen beide Täter aus der christlichen Welt, haben sie vieles gemeinsam, was sie kollektiv kulturell mehr oder weniger bewusst verbindet und was sie in ihren Heiligen Schriften nachlesen könnten. Die Stichworte lauten: Allmacht, Auserwähltheit, Intoleranz, Einzigartigkeit, Gewalt, Strafe, Vergebung, Vernichtung. Oder, was meinen Sie? Wo steht wohl geschrieben: »Er, der HERR, dein Gott, wird diese Leute ausrotten vor dir, einzeln nacheinander«? Oder: »Wohl dem, der deine jungen Kinder nimmt und sie am Fels zerschmettert!« Oder: »Wenn jemand bei einem Manne liegt wie bei einer Frau, so haben sie getan, was ein Gräuel ist, und sollen beide des Todes sterben«. Oder: »Ach Gott, wolltest du doch die Gottlosen töten!« Oder: »Es sollen auch ihre Kinder vor ihren Augen zerschmettert, ihre Häuser geplündert und ihre Weiber geschändet werden«. Oder: »So tötet nun alles, was männlich ist unter den Kindern, und alle Frauen, die nicht mehr Jungfrauen sind; aber alle Mädchen, die unberührt sind, die lasst für euch übrig«. Oder: »Wenn jemand einen widerspenstigen und ungehorsamen Sohn hat [...], so sollen ihn Vater und Mutter ergreifen [...]. So sollen ihn steinigen alle Leute seiner Stadt, dass er sterbe«. Na, und so weiter, und so fort. Wo das geschrieben steht? Antwort: in der Luther-Bibel (revidierte Fassung von 1984/2002, dort 5. Mose 7, 22; Psalm 137, 9; 3. Mose 20, 13; Psalm 139, 19; Jesaja 13, 16; 4. Mose 31, 17 f; 5. Mose 21, 18- 21. Und nun zeiget mit euren Fingern der auserwählten und einmaligen Gerechtigkeit auf die islamistischen Monotheisten, auf dass sie euch ...

Wer das sagt, fällt aus keinem christlichen Rahmen. Denn der Christen-Gott der Bibel verlangt die Ausrottung jener Völker, die ihn nicht kennen oder nicht kennen wollen. Er führt seinen tödlichen Kampf aber nicht nur gegen aus seiner Sicht Ungläubige, sondern auch gegen die in seinen eigenen Reihen, die ungehorsam sind oder gar »Ketzer«. Daher die Kreuzfahrerkriege, Inquisition und Folter im Namen des HERRN. Kein Wunder, dass sich der Attentäter Breivik das rote Kreuz der Templer als sein Zeichen ausgewählt hat, dass er sich der Symbolik des christlichen Fundamentalismus bediente. Wie die Kreuzzügler das Heilige Land von den Muslimen befreien wollten und die wehrlosen

Bewohner Jerusalems abschlachteten, so Breiviks Vorgehen im heutigen Europa.

Nie wurde von der Spitze der katholischen Kirche konkret zugegeben, dass Päpste dem biblischen Vernichtungsauftrag des HERRN gefolgt sind und den Kreuzfahrern erlaubten, Ungläubige zu töten. Daran wird sich der US-Präsident Bush jun. erinnert haben, als er den Irak überfallen ließ. Gefreut wird ihn haben, das auch seine Soldaten wie der Attentäter Breivik auf ihren Uniformen symbolisch an die Kreuzzügler erinnerten.

Unter dem Pseudonym Andrew Berwick hat Breivik, der sich selbst als Neonazi bezeichnet, vor Gericht gerade den Hitler-Gruß zeigte und vor Jahren schon davon träumte, Orden als »wahrer europäischer Held«, als »Kreuzfahrer« und als »Retter des Christentums« zu erhalten, ein 1.500 Seiten umfassendes Bekenntnis im Netz hinterlassen, betitelt »2083. A European Declaration of Independence«. Darin heißt es unter anderem: »Wir stimmen alle darin überein, dass Multikulturalismus eine anti-europäische / anti-christliche Hassideologie ist [...]. Der Name des Teufels: Kultureller Marxismus, Multikulturalismus, Globalisierung, Feminismus, Egalitarismus – ein Rezept zum Untergang [...] Um [...] einen einflussreichen Effekt zu erzielen, müssen wir auch Terroranschläge und den Einsatz von Massenvernichtungswaffen miteinbeziehen [...] Wenn wir [...] die Macht in Westeuropa ergreifen, werden wir die patriarchalischen Strukturen wieder errichten.«

Warum trauern jetzt nicht die Repräsentanten der monotheistischen Religionen gemeinsam? Zeigen sich hier die

Anfänge eines westeuropäischen »Neo-Faschismus«, wie der verdiente norwegische Friedensforscher Johan Galtung vermutet? Wie ordnen wir Äußerungen deutscher Politiker ein, wenn sie wie zum Beispiel Horst Seehofer ihrem Volk zurufen: »Wogegen wir uns sträuben, ist eine Zuwanderung in die deutschen Sozialversicherungssysteme. Wir kämpfen bis zur letzten Patrone!« Ist das Rechtspopulismus oder »nur« die Verbreitung von Unwahrheiten, weil ja alle wissen könnten: dass nur der Ausländer eine Daueraufenthaltserlaubnis bekommt, der sich nachweislich selbst ernähren kann. Und was sagen wir den Sachsen aus Freital – ja, es heißt so –, die gerade an ihre Laternenmasten geklebt haben: »BITTE FLÜCHTEN SIE WEITER! ES GIBT HIER NICHTS ZU WOHNEN! REFUGEES NOT WELCOME!« Das verschlägt einem nicht nur die Sprache.

AUTOASPHYXIE

Erregt sich ein Mensch durch Erstickungsgefühle, die er selbst herbeiführt, sprechen wir von Autoasphyxie.

AUTONEPIOPHILIE

→ AB

BASTINADE

Werden beim → BDSM die Füße geschlagen, sprechen die Insider von Bastinade.

BDSM

Das Feld von BDSM, das heißt von »Bondage & Discipline, Dominance & Submission, Sadism & Masochism« ist so umfangreich und vielfältig, dass hier nur gesagt sei: Im Zentrum von BDSM steht nicht das Sexuelle oder gar der Orgasmus, sondern das Selbsterfinderische und das Theatralische, Leiden und Leidenschaft, Schmerz und Unterwerfung, Herr oder Sklave, das Im-Fluß-Sein der strategischen Relation. Wichtig ist, sich selbst zu erfinden durch die richtigen »Symbole« (OP-Tische, Kruzifixe usw.) sowie Instrumente (Brustklammern, Peitschen usw.) (→ Fisting).

BEGEHRUNGSALTER

Psychosozial sind Menschen oft so alt wie die belebten Objekte, die sie mehr oder weniger unbewusst begehren. Das heißt ein Mann, der Frauen begehrt, die, sagen wir, 20 bis 30 Jahre alt sind, fühlt sich auch noch mit 70 so und benimmt sich auch noch so, sofern das trotz Verkalkung, Erschlaffung und Demenz möglich ist.

BELIEBTESTE DEUTSCHE

Weil das Ergebnis eine Freude ist, sei es hier erwähnt. Forsa hat im Auftrag von RTL im Juni und im Juli 2015 eine zweistufige Online-Repräsentativbefragung durchgeführt. Als beliebteste deutsche Frauen landeten Sophie Scholl und Anne Frank auf den beiden ersten Plätzen. Bei den Männern waren es Loriot, das ist Vicco von Bülow, und Heinz Erhardt. Helmut Kohl und Alice Schwarzer kommen unter den fünfzig Beliebtesten nicht vor. Die Deutschen der Gegenwart lieben also vor allem mutig ehrliche Frauen und witzig kluge Männer.

BESCHNEIDUNG

Zusammenfassende Gedanken zur Beschneidung aus religiösen Motiven: Ja, die Beschneidung aus religiösen Motiven ist archaisch. Nein, sie ist kein Kindesmissbrauch im heutigen Sinne. Ja, Respekt vor Religiosität und vor nicht religiösen Auffassungen ist geboten. Nein, Juden dürfen nicht wegen der Beschneidung von Deutschen ins Gefängnis gesperrt werden. Mehr hätte gar nicht zu dem Urteil des Landgerichts Köln (AZ: 151 Ns 169/11) vom Juni 2012 gesagt werden müssen.

BEVÖLKERUNG

Nach Berechnungen von Experten (vgl. *SZ*, 19./20.12.2015, S. 8) werden folgende Länder im Jahr 2050 die größte Bevölkerung haben (in Millionen): 1. Indien (1.705), 2. China (1.348), 3. Nigeria (399), 4. USA (389), 5. Indonesien (322), 6. Pakistan (310), 7. Brasilien (238), 8. Bangladesch (202), 9. Kongo (195) und 10. Äthiopien (188).

BISEXUELLE

Als bisexuell werden Menschen bezeichnet, die die beiden großen kulturellen Geschlechter begehren oder lieben, also Männer und Frauen. Andere Bezeichnungen für bisexuell sind amphisexuell und ambisexuell (lat. *ambiguus* schwankend, *ambo* beide), die allerdings manchmal auch → Intersexuelle benennen sollen.

Mit der Frage, was bisexuell eigentlich sei, ist die Sexualwissenschaft seit über einhundert Jahren befasst. Allen Menschen wurde zwar sehr bald eine »bisexuelle« Anlage oder »bisexuelles« Vermögen in verschiedener Hinsicht attestiert, embryologisch, morphologisch, sinnlich usw. Bezweifelt wurde jedoch, dass es ein manifestes und stabiles sowohl hetero- wie homosexuelles Begehren und Verhalten im Leben wirklich gibt. Heute widersprechen immer mehr Männer und vor allem Frauen den bisherigen Sexualtheorien. Sie bezeichnen sich selbst als Bisexuelle und wollen nicht mehr den Monosexuellen zugeordnet werden, die in ihre Hetero- oder Homosexualität wie in ein Ghetto eingesperrt seien. Insbesondere im Zuge der → Neosexuellen Revolution trat die Bisexualität, wenngleich noch bleich und eitel, aus dem Bannstrahl von Hetero- und Homosexualität, von lesbischem Feminismus und männlicher Schwulenbewegung allmählich heraus. Das war nicht leicht, weil es bei uns im Wesentlichen noch immer binär zugeht: entweder angeboren oder erworben, entweder Mann oder Frau, entweder schwarz oder weiß. Natürlich gab es immer ambisexuelle Grenzgänger. Die Dignität einer kulturellen Form aber wurde ihnen versagt.

Darum aber kämpfen die Bisexuellen in den westlichen Ländern nunmehr seit Jahrzehnten. Sie orientierten sich und organisierten sich in Selbsthilfegruppen und auf Kongressen. 1990 fand das erste internationale Symposion in Amsterdam statt. Weitere folgten in London, New York und Berlin. Alte Popstars wie Mick Jagger und David Bowie spielten mit dem Androgynen und Transgestischen. Jetzt aber machten neue wie Michael Stipe oder Courtney Love Nägel mit Köpfen. TV-Serien wie »Roseanne« oder »Melrose Place«, Filme wie »Three Hearts« oder »Threesome« hatten ein neues Sujet. Und *Newsweek* widmete endlich 1995 der Bisexualität eine Titelgeschichte: »Not Gay. Not Straigth. A New Sexual Identity Emerges.« Andere Blätter ließen es sich angelegen sein, Heroinen der Liebe wie Marlene Dietrich und Billie Holiday und Kerle wie Cary Grant und James Dean als das zu entlarven, was sie im wirklichen Leben gewesen seien: Sie hätten mit beiden Geschlechtern verkehrt.

Bisexuelle, die sich inzwischen auch schon pluralisierten, ordneten die Stars den neuen Subgruppen zu: Bi-straight, Bi-bi oder Bi-gay. Vor allem durch den Einbruch der Krankheit AIDS mussten sich viele Bisexuelle überhaupt und dann zu einer Subgruppe bekennen. Als Transmissionsriemen zwischen infizierten Homosexuellen und nichtinfizierten Heterosexuellen gerieten sie unter Beobachtung. Auch Sexualforscher nahmen sich jetzt ihrer an. Sie hielten Kongresse ab, studierten sie empirisch, versuchten, den Prozentsatz der Bisexuellen zu bestimmen. Das ist gar nicht so einfach, weil zu den Neosexualitäten gehört: dass sie sich den alten Festlegungen verweigern, dass sie die alten Identitäten überwinden. Schließlich besteht die »Identität« der Bisexuellen darin, keine Identität alter Art zu haben, nicht eine Ausschließlichkeit, sondern eine Einschließlichkeit sein zu wollen. So ist der Prozentsatz derer, die sich selbst als bisexuell definieren oder die sich im letzten Jahr vor einer empirischen Erhebung bisexuell verhielten, recht different. Er oszilliert zwischen 0,2 und etwa 10 Prozent.

BRUSTBÜGELN

Nach Angaben der UN sind vor allem in Zentral- und Westafrika etwa 3,8 Millionen Mädchen dem sogenannten Brustbügeln ausgesetzt. Befürchten Mütter, dass sich die Brüste ihrer heranwachsenden Töchter entfalten, greifen sie zu einer überaus schmerzhaften, ja traumatisierenden Methode, die Folter genannt werden muss: Sie fahren tagtäglich mit einem heißen Gerät oder Stein über die Brust, um das sich bildende Gewebe abzutöten. Die Folgen sind verheerend. Sie reichen vom Hautkrebs bis zur Unfähigkeit, ein Kind stillen zu können (→ Genitalverstümmelung).

CASANOVA COACHING

Natürlich hat die → Neosexuelle Revolution auch Geschäfte wie das sogenannte Casanova Coaching hervorgebracht, durch das Männer lernen sollen, Frauen anzusprechen und zu verführen. Pick-up-Artisten bringen den Männern Eroberungspraktiken bei und auch, wenn sie sich das finanziell leisten können, wie mann erfolgreich kommuniziert mit Frauen.

CHEF

Was die Chance erhöht, Chef zu werden? Die psychologisch-empirischen Karriereforscher sagen: groß gewachsen sein, gut aussehen, dominante Gesichtszüge haben, tiefe Stimme dazu und den richtigen Namen: Kaiser, König, Fürst, Herzog, Graf usw., aber nur nicht Becker, Bauer, Müller, Schäfer, Schulz usw. Sagen die.

CHRONOPHILIE

Von Chronophilie (gr. *chrónos* Zeit, *philia* Freundschaft) wird gesprochen, wenn das Alter des begehrten Menschen eine entscheidende Rolle spielt. Beispiele dafür sind → Ephebophilie; Gerontophilie; Hebephilie; Neoterophilie; Nepiophilie; Pädophilie; Pathenophilie und Theleiophilie.

CISGENDER

Wenn es Transsexuelle gibt, muss es logischerweise auch Zissexuelle geben. Die einen sind ohne die anderen gar nicht zu denken. Anfang der 1990er Jahre habe ich deshalb die Begriffe Zissexuelle und Cisgender eingeführt (vgl. insbesondere Sigusch 1991a, 1992, 1995b), die inzwischen in der westlichen Welt, insbesondere in den USA, allgemein verwendet werden (vgl. Wikipedia engl. und dt.). Das lateinische *cis-* bedeutet als Vorsilbe: diesseits. Das lateinische *trans-* bedeutet als Vorsilbe: hindurch, hinüber, jenseits, über – hinaus. Zissexuelle befinden sich folglich (vom Körpergeschlecht und damit vom kulturellen Bigenus aus gesehen) diesseits, Transsexuelle jenseits. Ich musste diese Worte erfinden, um die geschlechtseuphorische Mehrheit, bei der Körpergeschlecht und Geschlechtsidentität fraglos und scheinbar natural zusammenfallen, in jenes falbe Licht zu setzen, in dem das → Objektiv des Geschlechtsbinarismus, in dem nosomorpher Blick und klinischer Jargon nach wie vor die geschlechtsdysphorische Minderheit, damals vor allem die Transsexuellen, ganz sicher erkennen zu können glauben. Mit anderen Worten: Die alten (und neuen) geschlechtlich Unauffälligen sind jetzt Cisgender und die, die ihr Geschlecht gewechselt haben, sind Transgender.

CISSEXUELL

→ CISGENDER

COITUS GERMANICUS SIMPLEX

Das ist eine von mir immer wieder einmal kritisch gemeinte, aber durchaus böse Bezeichnung des gemeinen deutschen Geschlechtsverkehr im Sinne von Karnickelsex, die es in Christoph Winders Wörterbuch der Gegenwart (2009) geschafft hat.

COMING-OUT IM NETZ

Coming-out-Videos gehören inzwischen zum → E-Sex wie die Faust aufs Auge; wenn es schlecht läuft, aufs eigene. Als Zwillingsbrüder in den USA ihrem Vater auf diese Weise mitteilten, dass sie schwul seien, schauten sich das mehr als 20 Millionen Menschen im Netz an. Als sich eine junge Deutsche als lesbisch outete, waren immerhin dreieinhalb Millionen interessiert. Nicht selten aber handelt sich der mutige Bekenner Verachtung, Verfolgung, ja sogar die Trennung von der eigenen Familie ein – als hätte es noch eines Beweises bedurft, dass selbst in den westlichen Ländern die Homosexualität noch nicht allgemein als eine selbstverständliche Lebensweise anerkannt ist (vgl. auch → Erster Schwuler der Weltgeschichte, → Ehe Gleichgeschlechtlicher, → Homosexualität in Splittersätzen, → Homosexuelle und Tom of Finland, → Homosexualität und Umpolung). Drei bis neun Mal so viele homosexuelle Jugendliche als heterosexuelle nehmen sich in unserer Kultur das Leben, wie die Forschungen grob zusammengefasst ergeben.

COMPUTER-ARZT

Schock beim Lesen der Zeitung (*FR*, 27./28.2.2016, S. F16). Der Rhön-Konzern will zur »Optimierung der Patientensteuerung« Computer einsetzen, zunächst, von IBM unterstützt, in der Uni-Klinik Marburg. Ein Computer, nicht ein Arzt, soll vorschlagen, wie es mit dem Patienten weitergeht, und zwar finanziell besonders günstig für den Konzern. Das heißt, das jahrzehntelange Ringen um eine psychosoziale und psychosomatische Grundkompetenz der zukünftigen Ärzte, das einer wie ich als Geschäftsführender Direktor eines derartigen Zentrums mit Pflichtkursen für alle Medizinstudierenden betrieben hat, ist heute für die Katz, weil es nicht mehr auf das Verhältnis und Verständnis zwischen Patienten und Behandelnden ankommt, sondern weil es um die beste Rendite für einen Konzern geht, der Personalstellen abbauen kann, wenn die Computer nach seinen Vorstellungen funktionieren. Hoffentlich treffe ich im Notfall noch auf einen Arzt, dem ich begreifbar machen kann, dass ich nicht am ABCDT-Syndrom leide, sondern an einer vertrackten und schwer zu durchschauenden Familienkrise.

COOLIDGE-EFFEKT

Diese von Biologen und zunehmend auch Psychologen benutzte Bezeichnung geht auf eine Anekdote zurück. Der US-Präsident Calvin Coolidge (1872–1933) soll zusammen mit seiner Frau Grace einen Hühnerhof besucht haben.

Dort erfuhr seine geliebte Gattin, dass ein Hahn jeden Tag etwa zwölfmal begatte. Daraufhin soll sie gesagt haben: »Sagen Sie das mal meinem Mann.« Als dem Präsidenten das später erzählt worden sei, soll er sinngemäß gesagt haben: »Mit derselben Henne?« Nein, sei ihm gesagt worden, nicht mit derselben. »Sagen Sie das mal meiner Frau«, soll er daraufhin bemerkt haben. Als Coolidge-Effekt bezeichnen die Forscher heute ihre Beobachtung an Rattenmännchen, dass diese sexuell aktiver sind, wenn andere Weibchen angeboten werden, abhängig vom Dopaminspiegel. Allgemeiner wird in den Medien inzwischen vom Coolidge-Effekt gesprochen, wenn das Nachlassen des sexuellen Verlangens in einer festen Beziehung gemeint ist.

COUGARS

Nicht gemeint sind alte Männer wie Hugh Hefner, die sich eine 60 Jahre jüngere Partnerin nehmen. Seit der → Neosexuellen Revolution suchen sich auch nicht nur berühmte Damen einen deutlich jüngeren Mann, um nicht zu sagen einen Toyboy. Heute finden immer mehr junge Männer zu im Durchschnitt zehn Jahre älteren Frauen, die ihnen sagen und zeigen, was manfrau in einer Beziehung sexuell zustande bringen kann.

Cougar meint im Englischen Puma, ein Wort, das an Silberlöwe und Jagd denken lässt. Wurde dieses Wort früher abwertend benutzt, um ältere Frauen zu bezeichnen, die den letzten Mann in einer Bar erlegten, gelten heute Cougars ganz überwiegend als selbstsichere und erfolgreiche

Frauen wie zum Beispiel Madonna, die natürlich auch einen 30 Jahre jüngeren Partner hatte oder hat und einmal über ihre jungen Männer gesagt haben soll: They don't know what they're doing, but they do it all night long.

Mittlerweile sind Cougars in allen Medien präsent, von der Frauen-Zeitschrift über die Fernsehserie bis hin zum Dating-Portal im Netz, das CougarLife.com heißt und Ende 2015 über acht Millionen Mitglieder angab. Wird das gewünschte Alter der Gesuchten gewählt, kann man höchstens 65 anklicken. Das allerdings missachtet → Gerontophilie.

Aus sexualwissenschaftlicher Sicht, leuchtet die Beziehung zwischen einem jungen Mann und einer älteren Frau aus mehreren Gründen ein. Der junge Mann ist zum Beispiel sexuell noch unsicher, während die ältere Frau weiß, was sie will, und vor allem auch, dass und wie sie es bewerkstelligen kann. Sie ist nämlich auf dem Höhepunkt ihrer sozialen und sexuellen Potenz. Außerdem kann es für ältere Frauen besonders erleichternd sein, keine Kinder mehr bekommen zu können (→ Sugardaddy).

COUVADE

Die Couvade (frz. *couver* ausbrüten) wird auch Männerkindbett genannt. Wohl vor allem in einer Kultur zwischen Mutter- und Vaterrecht legt sich der Mann einer schwangeren Frau unter Beachtung der Reinlichkeits- und Ernährungsvorschriften für Schwangere ins Bett, vor allem um böse Geister, zum Beispiel aus der Familie der Schwangeren, zu täuschen und zu vertreiben. In Europa soll sich diese Sitte der symbolischen Übernahme bis ins 19. Jahrhundert hinein erhalten haben, bei sogenannten Naturvölkern sogar bis heute (→ Couvade-Syndrom).

COUVADE-SYNDROM

Von einem Couvade-Syndrom wird heute bei uns gesprochen, wenn Männer schwangerer Frauen Veränderungen wie bei einer Schwangerschaft zeigen: Gewichtszunahme, »Babybauch«, Erbrechen, Stimmungsschwankungen, ja sogar hormonelle Veränderungen. Tiefenpsychologisch drängt sich die Annahme eines Gebärneides der Männer auf. Angesichts der Realität ist es wohl für einige Männer schwer zu ertragen, dass sie nicht über die Potenz von Frauen verfügen, Menschen in die Welt zu werfen (→ Couvade).

CREATIVE SENTENCING

Weil die Gefängnisse der USA überfüllt sind mit etwa 2,5 Millionen Gefangenen, deren Betreuung pro Jahr rund 80 Milliarden US-Dollar kostet, hat der Oberste Gerichtshof schon vor mehr als zehn Jahren die Richter aufgefordert, *creative sentencing*, das heißt kreative Verurteilungen vorzunehmen. Und so kommt es, dass sich eine alkoholisierte Autofahrerin die Leichen anschauen muss, die Betrunkene zu verantworten haben. Oder dass der mit Pfefferspray traktiert wird, der es selbst angewandt hat. Da sehr oft die kriminelle Laufbahn erst richtig beginnt, wenn die erste Gefängnisstrafe abgesessen ist, wird sich das phantasievolle Rechtsprechen auszahlen. Nach bisherigen Berechnungen ist jedenfalls die Rückfallquote bereits drastisch niedriger.

CYBERBULLYING

Automatisch glauben wir, Pädophile seien für Kinder die größte Gefahr im Internet. Tatsächlich aber sind es gemeine Kinder. Durch das Mobben von Kindern durch Kinder, genannt Cyberbullying (von to *bully*, das heißt einschüchtern, schikanieren, drangsalieren) nehmen sich weltweit immer mehr Kinder das Leben (vgl. *SZ*, 29./30.5.2010, S. 3). Endete früher der Terror durch Mitschüler oft, wenn das Kind die Schule verlassen hatte, kommt er heute durch das Internet dann erst richtig in Fahrt. Nach einer Online-Befragung werden in Deutschland zurzeit zwölf Prozent der Kinder mehrmals in der Woche gebullyt. In den USA ist das Cyberbullying so verheerend, dass bereits mehrere Staaten ein Anti-Bullying-Gesetz erlassen haben.

DELIKTE

Ein Vorurteil lautet, Angehörige unterer Sozialschichten begehen mehr Delikte als Angehörige oberer Sozialschichten. In Wirklichkeit verhält es sich genau umgekehrt, wie repräsentative empirische Studien in der (alten) Bundesrepublik ergeben haben, die über Selbstbezichtigungen das sogenannte Dunkelfeld erhellen konnten (vgl. z. B. den Bericht über die Studie von Pamela Kerschke-Risch in der *FR*, 16.9.1992, S. 32): Bei den Massendelikten wie Ladendiebstahl, Steuerbetrug, Leistungserschleichung (z. B. durch Schwarzfahren) und Trunkenheit am Steuer führen männliche Selbstständige in akademischen Berufen, während Arbeiterinnen am wenigsten Delikte begehen. Professoren sind also, jedenfalls statistisch, krimineller als ihre Putzfrauen, was eigentlich jeder weiß. Das Vorurteil, das uns das Gegenteil weismachen will, wird vor allem dadurch bestärkt, dass die Polizei selektiv vor allem gegen Angehörige unterer Schichten ermittelt und dass sich die Gerichte nicht viel schichtenneutraler verhalten. Vor einigen Jahrzehnten nannten wir diese Ungerechtigkeit Klassenjustiz – ein Kampfbegriff, den die amtliche politische Eintopfknödelsuppe wie so vieles ertränkt hat.

DEMODEX

Kennen Sie Ihren Mitbewohner namens Demodex folliculorum oder Demodex brevis? Wenn Sie 70 Jahre oder mehr hinter sich haben, wettet die Forschung darauf, dass sich dieser Demodex, das heißt »Schmalzbohrwurm«, inzwischen auf Ihrer Haut eingenistet hat, und zwar als sogenannte Haarbalgmilbe, die man mit dem bloßen Auge nicht sehen kann. Diese Milben leben in Talgdrüsenfollikeln seborrhoischer Areale saprophytär und osmotroph. Sie ernähren sich also als Fäulnisbewohner von toter Substanz. Noch interessanter ist, dass die Forschung dabei ist zu beweisen, dass anhand der Besiedelung die Herkunft eines Menschen bewiesen werden kann, zum Beispiel, dass ein Amerikaner aus Europa stammt. Die Milben passen sich also ihren Bewohnern extrem an und setzen sich nur auf ebentalgdrüsigen Gefilden fort.

DENKER

Es ist kein Zufall, sondern eine Konsequenz, dass Denker wie Marx und Freud und Einstein oder Horkheimer und Adorno, die uns immer noch beschäftigen und bereichern, als Juden und nicht als → Normopathen aufgewachsen sind. Bemerkenswert ist übrigens auch, dass der Stifter des Nobelpreises, Alfred Nobel, eine jüdische Mutter hatte.

DENUNZIATIONSGESELLSCHAFT

In der Einleitung zu einem annoncierten, aber nicht geschriebenen Buch mit dem Arbeitstitel »Das Leben der infamen Menschen« legte Michel Foucault Anfang der 1980er Jahre recht konkret nahe, wir seien alle Denunzianten. Er umkreiste, materialreich wie so oft, einen strategischen Machtmechanismus, den er das Generaldispositiv einer Denunziationsgesellschaft hätte nennen können. Folgen wir Foucaults (1982, S. 51) Hinweisen, dann fuhren die sogenannten Geheimbriefe, mit denen der französische König an der regulären Justiz vorbei Untertanen verhaften und vernichten ließ, in der Regel nicht unvorhergesehen und unprovoziert als Zorneszeichen des Monarchen von oben hernieder. Sie wurden zumeist gegen eine bestimmte Person »von seiner Umwelt, von seinem Vater oder seiner Mutter, einem seiner Verwandten, seiner Familie, seinen Söhnen oder Töchtern, seinen Nachbarn« beantragt. Der scheinbar aus sich selbst geborene Wille des Absoluten war folglich »nur die Antwort auf die von unten kommende Forderung«. Durch den Mechanismus der Denunziation machten sich die Raffiniertesten, Infamsten, aber auch die, die in Berufs-, Rivalitäts-, Hass- und Liebesbeziehungen zuunterst standen, den Mechanismus der Souveränität zueigen. Die Souveränität fügte sich, von Untertan zu Untertan, in das elementare Niveau des Gesellschaftskörpers ein. Jeder war jetzt an den Spielen der Macht beteiligt. Jeder konnte für den anderen ein schrecklicher, translegaler König werden. Wir könnten vermuten: Unsere Demokratie beginnt im Absolutismus als Denunziation. Wir könnten aber auch denken: Die Psychologisierung der Machtspiele und die Ermächtigung des Psychologischen beginnen nicht erst im Absolutismus, weil es um Hass und Liebe schon seit längerem geht.

Im sogenannten Dritten Reich der Deutschen konnte die Gestapo gar nicht so viele Menschen verhören und verschleppen, wie bei ihr aus der Mitte der gesunden Normalbevölkerung heraus ans Messer geliefert werden sollten. Die verbreitete, weil entlastende Vorstellung, wenigstens der sogenannte Volksgerichtshof sei eine Ausnahme-Instanz im nationalsozialistischen Terrorregime gewesen, hat die jüngste Geschichtsforschung widerlegt (Marxen 1994). Mehr als ein Drittel der Verfahren der ersten Jahre, überwiegend gegen Widerstandskämpfer aus der politischen Linken, und etwa drei Viertel der Verfahren wegen sogenannter Wehrkraftzersetzung in den Jahren 1943/1944 wurden durch »private« Denunzianten in Gang gesetzt. Der Volksgerichtshof trug also seinen Namen zu Recht.

Das Denunziationsdispositiv im grauenerregenden Stasi-System der DDR schließlich braucht als weiteres historisches Beispiel nur erwähnt zu werden, weil wir alle noch damit beschäftigt sind. In der alten Bundesrepublik waren die Zeiten relativ denunziationsarm. Manfrau erinnere sich aber beispielsweise an die Zeit der »Berufsverbote«, als selbst Lebenszeitprofessoren bei ihren Dienstherren angezeigt wurden und um ihre Stellung bangten, wenn sie Marx in einer Vorlesung zustimmend zitiert hatten.

Denken wir nach, kennen wir alle irgendeine Form der Denunziation. Einmal kommt sie als nebulöse üble Nachrede daher, andermal gezielt als sogenannte sexuelle Denunziation (vgl. z.B. Sigusch 1984, Koch 1986). Geht es an den Universitäten um höhere Weihen, werden auch dort nicht selten die Register der Denunziation gezogen: Der Lehrstuhlaspirant soll dann seit einem Autounfall »wesensverändert«, der Habilitand ein notorischer Ehebrecher sein. Der Prototyp der wissenschaftlichen Denunziation aber ist die mehr oder weniger raffiniert eingefädelte Montage von Zitaten, die erst als Zitatfälschung entlarvt werden muss. Während manfrau sich, jedenfalls bei uns, dagegen zur Wehr setzen kann, auch wenn es alles andere als vergnüglich ist, macht die heimliche Denunziation wehrlos, weil sie im Dunkeln operiert.

Leider trifft es zu, dass eine Denunziation die nächste gebiert, sobald sie denunziert wird: eine endlose rohe Kette. Es kommt aber darauf an, was bezweckt wird. Die erste Denunziation will Zweifel setzen, einen Schatten auf den Denunzierten werfen, ihm schaden. Die Denunziation der Denunziation aber, auf die sich in kritischen Zusammenhängen die zweite Bedeutung des Verbs »denunzieren« beruft, will Licht in das Dunkel bringen. Anders kann, wenn überhaupt, die Kette nicht unterbrochen werden. Doch vergessen wir nicht: Wir sind alle Denunzianten.

DIALEKTIK DER AUFKLÄRUNG

Völkisch gegen weltbürgerlich; Heimat gegen Welt. Die Deutschen schreiben sich zugute, das Völkische entdeckt und die Antike wiederentdeckt zu haben. Das eine besorgte die Romantik, das andere die Klassik.

Die romantische Bewegung, deren Name von *lingua romana* und Roman kommt, ist eine Reaktion auf das im Westen der deutschen Länder aufgestellte Postulat der einen und unteilbaren und dazu noch vernunftbegabten Menschheit. Indem sie das Völkische betonte, postulierte sie das Einmalige und Besondere, das Wesen und den Wert des einen Volkes, wollte sie, dass sich das eigene Volk in seinen Eigenheiten bejaht und sein Schicksal annimmt, dass es durch Selbsterkenntnis ein weites, offenes Herz für die Eigenheiten anderer Völker erwürbe. In diesem Sinne machten Romantiker durch Übersetzungen das eigene Volk mit einem fremden Geist wie Shakespeare bekannt. Doch das Betonen des Eigenen diskriminiert, sondert aus, trennt von den anderen, birgt die Gefahr der Selbsterhebung in sich und des Chauvinismus, wenn die allgemeinen Verhältnisse nun einmal nicht vernünftig, gerecht und friedlich sind und die Herzen nicht warm und weit.

Was liegt da näher, als sich auf die angeblich glückliche Kindheit des Abendlandes zu besinnen, auf die Ursprünge der europäischen Zivilisation, die allen gemeinsam sei und alle verbinde trotz aller völkischen Differenzen. Das tat, so betrachtet, die deutsche Klassik, die, von Winckelmann bis Goethe und Hölderlin, die Antike wiederentdeckte. So ungeeignet diese geistige Bewegung war, auf die politischen und sozialen Fragen ihrer Zeit eine wirksame Antwort zu geben und das Völkische mit dem Übervölkischen, die Heimat mit der Welt zu versöhnen, so unabgegolten und folglich beständig ist sie, weit übers Deutsche hinausstrahlend. Der späte Foucault entnahm ihr, am Leben im 20. Jahrhundert verzweifelnd, sein *Souci de soi*, die Sorge um sich. Nietzsche aber bekannte schon in den 1880er Jahren in den »Liedern des Prinzen Vogelfrei«, nach Süden geflogen zu sein. Dort sei er übernationaler, europäischer, übereuropäischer, morgenländischer, endlich griechischer geworden, denn das Griechische sei die erste große Bindung und Synthesis alles Morgenländischen gewesen und eben damit der Anfang der europäischen Seele, die Entdeckung unserer »neuen Welt«. Einmal an- und nicht mehr zurückgekommen, wollte er gegen die Deutschen einen Weltkrieg entbrennen lassen.

Im dialektischen Gegenzug, der überdies auf die dunkle und nicht auf die helle Seite der Aufklärung setzte, haben dann später die Deutschnationalen und die Deutschvölkischen Weltkriege entfesselt, die humanistischen Gedanken Nietzsches barbarisch abwehrend, auch dadurch: dass sie sie für sich reklamierten.

Heute haben die europäischen Deutschen und die deutschen Europäer Konjunktur, ohne dass sich andere als wirtschaftliche Spekulationen und allgemeine Egoismen in der politischen Klasse wie im deutschen Volk mehrheitlich feststellen ließen. Was die vernunftgeleitete Aufklärung nicht leisten konnte, soll jetzt, so argumentieren die »Vernünftigen«, das wohlverstandene Eigeninteresse bewerkstelligen, ein ökonomischer und politischer Zwang, dessen Parole lautet: Verteidigung unseres Wohlstandes gegen die Wirtschaftsflüchtlinge der Welt, die wir zwar, soweit geht die Aufklärung schon, in den Jahrhunderten des Kolonialismus, des Kapitalismus und der freien Marktwirtschaft selbst auf den Plan gerufen haben, jetzt aber, schließlich sind wir ein kleines Land, nur mit dem Risiko verkraften könnten, alles hart Erarbeitete zu verlieren. Folglich wandert das Völkische ins Europäische und das Europäische, wie schon bei unseren Heroen von Kant bis Stefan George, ins Übervölkische, in die Menschheit schlechthin. Die Weltbürger sind wir, was die durchgesetzte Weltwirtschaft, deren Globalität sich nicht einmal Karl Marx hat vorstellen können, beispielsweise anhand von 30.000 bis 60.000 Kindern beweist, die jeden Tag nicht bei uns, sondern in der »Zweiten«, »Dritten« und »Vierten« Welt verhungern oder an bei uns heilbaren Krankheiten versterben.

DIFFERENTIA GENERIS SPECIFICA UND DIFFERENTIA SEXUALIS SPECIFICA

Jede Genderpersonalität und jede Sexualpersonalität – ich spreche in meiner Sexualtheorie (Sigusch 2015) von Differentia generis specifica und Differentia sexualis specifica – ist mit ihrer psychophysischen und psychosozialen Eigenart einmalig und zudem epistemologisch irreduzibel, setzt jeder gesellschaftlichen Konstruktion und jeder theoretischen Dekonstruktion Grenzen, die unhintergehbar sind. Mit anderen Worten: Keine Geschlechtlichkeit und keine Sexualität eines Menschen ist mit der eines anderen identisch. Die Differentia generosexualis specifica könnte also dazu dienen, einen Menschen zu identifizieren, wenn sie sich wie ein genetischer Fingerabdruck erfassen ließe. Gottseidank ist das nicht der Fall (→ Geschlechter und Geschlechterdifferenzen in Splittersätzen).

DISKURSIVITÄT

Von Vergewaltigung war bis zum Ende der 1980er Jahre in der Sexualwissenschaft und in der Schwulenbewegung nur die Rede, wenn es um Heterosexuelle ging. Man tat so, als gäbe es das nicht unter Männern. Dann setzte, erzwungen vom Diskurs über sexuelle Gewalt, empirische Forschung ein und belegte es. Jetzt erst wurde einem unter Scham berichtet: dass es der Fall war. Viele, die vergewaltigt worden waren, hatten das Ereignis bis zum Diskurs verleugnet, also wirklich nicht im Bewusstsein.

DISPOSITIV

An die Theoriestelle des diskursiven Ereignisses (*événement discoursif*) oder Diskurses, der bereits transsubjektiv, das heißt Subjekt überschreitend ist, tritt beim mittleren Foucault (vgl. z.B. 1976/1977: 35; 1978: 119 ff.) in der Genealogie und Analytik der Macht das »dispositif«. Darunter ist eine jeweils historisch spezifische Machtstrategie zur Integration von diskursiven und nichtdiskursiven Praktiken (Inhaltsformationen institutioneller, ökonomischer, sozialer, politischer usw. Art) zu verstehen, eine Integration von Innen (das Gleiche) und Außen (das Andere, das Schweigen). Die konkrete Gestalt des Dispositivs wird nicht philosophisch, sondern sozialgeschichtlich als eine allgemein installierte Strategie bestimmt. Hinter diesem Theorem steht eine Philosophie der Macht, die nicht zuletzt den Faden der Kritik der Politischen Ökonomie abreißen lässt. Deshalb spreche ich in meiner Theorie (Sigusch 2015) lieber von einem → Objektiv als von einem Dispositiv.

DOGGING

Mit diesem Wort wird das heimliche Beobachten von Paaren beim Sex im Auto bezeichnet.

EHE GLEICHGESCHLECHTLICHER

Diese Ehe ist in Deutschland trotz mehrerer politischer Versuche bisher grundsätzlich nicht möglich, aber unter bestimmten Umständen doch nebensätzlich. Nämlich dann, wenn in einer bestehenden Ehe von Mann und Frau ein Ehepartner das Geschlecht wechselt. Die Ehe bleibt dann bestehen, obgleich jetzt zwei Frauen oder zwei Männer verheiratet sind. Ermöglicht hat das eine Entscheidung des Bundesverfassungsgerichts vom 27. Mai 2008, die eine Bestimmung des Transsexuellengesetzes (TSG) gestrichen hat (§ 8 Abs. 1 Nr. 2).

2001 haben die Niederlande als erster Staat die Ehe für Gleichgeschlechtliche gesetzlich ermöglicht, also für lesbische und homosexuelle Paare. Zuletzt haben das katholische Irland und mühselig das dem Vatikan sehr nahe Italien ein entsprechendes Gesetz verabschiedet. Insgesamt erlauben zurzeit 21 Staaten Partnern des gleichen Geschlechts zu heiraten, darunter Argentinien und Brasilien, Kanada und Südafrika, Portugal und Spanien, Frankreich und Norwegen sowie teilweise die USA.

EHESTUDIUM

An der Northwestern University in Illinois/USA kann seit 15 Jahren Ehe studiert werden. Es gibt Vorlesungen, Seminare, Hausarbeiten, Mentoren, Prüfungen usw. Die Studierenden lernen zum Beispiel, dass die Gehirne von Verliebten im MRT-Test beinahe so aussehen wie die von Kokainabhängigen oder wie Konflikte zu lösen sind. Ist das nun die endgültige Entromantisierung der Liebesbeziehungen oder kann auf diese Weise die »Marriage 101« erreicht werden? Die Studierenden jedenfalls sollen sich um die Plätze reißen, berichtet Teresa Fries in *jetzt* der *SZ* (Nr. 2/14, S. 28 f.).

ELP

Diese Abkürzung steht für Eingetragene Lebens-Partnerschaft und meint staatlich anerkannte Lebensbeziehungen gleichgeschlechtlicher Menschen, die in der Regel lesbisch oder homosexuell orientiert sind, es aber nicht sein müssen. Das diese Neoallianz in Deutschland regelnde Lebenspartnerschaftsgesetz (LPartG) ist am 1. August 2001 in Kraft getreten.

EPHEBOPHILIE

Von Ephebophilie (gr. *éphebos* Jüngling, *philos* Freund) wird gesprochen, wenn erwachsene Männer jugendliche Männer erotisch-sexuell begehren.

ERFOLGSGEHEIMNIS

Warum wir immer noch über Kant, Hegel, Marx oder Freud reden? Weil sie Pro und Contra in sich vereinigen, weil ihre

Werke voller Widersprüche und Missverständnisse sind. Das belebt bis heute die widersprüchlichsten Interpreten.

ERKENNTNIS

Als Max Planck gefragt wurde, wann sich neue Erkenntnisse in einer Wissenschaft durchsetzen, sagte er: Wenn die gegenwärtige Generation ausgestorben ist.

EROTIK IN SPLITTERSÄTZEN

Im Grunde ist Erotik die mehr oder weniger anhaltende Überbrückung existenzieller Abgründe mit Hilfe eines Anderen, beispielsweise und vor allem mit Hilfe gemeinsamer Fetischisierungen, wobei ein Paläofetisch mit einer Person verbunden zu sein pflegt, ein Neofetisch aber nicht mehr erkennbar.

Nichts ist reiner und harmloser als die Erotik des Leibes und des Herzens, die sich zwischen einem Kind und einem Erwachsenen spontan entfaltet. Alle Erwachsenen, die sinnlich lieben, versuchen unwillkürlich, wieder zu Kindern zu werden.

Erotik und Wissenschaft gehen nicht zusammen. Wissenschaft ist kalt und duldet kein Geheimnis. Erotik ist warm und lebt vom Geheimnis.

Unsere Erotik und unsere Liebe gründen auf Einsamkeit und Gewalt ebenso wie auf grandioser Wunscherfüllung und dem Eintauchen ins psychosomatische All. Nichts ist wonniger, nichts ist ängstigender, als den ersten Menschen nah, als ihnen fern zu sein. Auf der Suche nach diesen Paradiesen gehen viele über Leichen (➔ Anteros).

Kann ein Lebenszeitbeamter noch erotisch sein, der den Plural von Dildo (er lautet Dildi) und sogar von Penis (er lautet Penes) kennt und nicht vom Genital (wie Urinal) spricht, weil unsere Sprache nur Genitale kennt?

ERSTER SCHWULER DER WELTGESCHICHTE

Vor Jahren habe ich den norddeutschen Latinisten, Rechtsgelehrten und Schriftsteller Karl Heinrich Ulrichs (1825 – 1895) als »ersten Schwulen der Weltgeschichte« bezeichnet – so der Untertitel eines kleinen Buches über ihn und sein Leben (Sigusch 2000a). Die Schwulen der Welt waren und sind nach wie vor begeistert, wie mir gerade ein bekannter Forscher auf diesem Gebiet berichtete. »Schwuler« soll heißen, Ulrichs begehrte und liebte nicht nur Männer, sondern er kämpfte auch historisch vorzeitig und überaus mutig um deren Menschenrechte (➔ Schwule).

Nicht erst im 20. Jahrhundert, sondern bereits im 19. Jahrhundert benahm er sich so, als gäbe es bereits eine Schwulenbewegung: Er klagte die Verfolger öffentlich an, verfasste Streitschriften, vernetzte sich mit Gleichartigen, richtete ein Archiv für die bis dahin Geschichtslosen ein, umwarb die sich für ein Entpönalisieren aussprechenden Normalen, verfasste Eingaben an die Gesetzgeber, listete berühmte Homosexuelle der Vergangenheit auf, die er übrigens Urninge nannte, drohte, namhafte Urninge der Gegenwart als solche zu entlarven, heute Outing genannt. Doch damit nicht genug. Er konzipierte auch einen »Urningsbund«, richtete eine Unterstützungskasse für in Not geratene Gleichgesinnte ein und praktizierte das, was erst einhundert Jahre später kollektiv möglich wurde und einen Namen erhielt: Coming out. Doch auch das war noch nicht alles.

1861 legte Karl Heinrich Ulrichs auch den ersten Versuch einer modernen, das heißt »(natur-)wissenschaftlichen« Theorie der mannmännlichen Anziehung vor. Zwischen 1864 und 1879 publizierte er zwölf Schriften über mannmännliche Liebe, die ersten fünf, zwischen 1863 und 1865 geschrieben, unter dem Pseudonym Numa Numantius (vgl. Ulrichs 1994). 1865 entwarf er die »Satzungen« für einen »Urningsbund«. Und am 29. August 1867 konfrontierte er auf dem Sechsten Deutschen Juristentag zu München mehr als 500 deutsche Juristen mit einem schreienden Menschenunrecht. Dieser Tag könnte als fassbarer Beginn einer Schwulenbewegung angesehen werden.

Ulrichs' Herz und Ulrichs' Verstand schlugen und kämpften für verachtete und verfolgte Menschen. Hören wir einmal im Original, wie er den Übeln seiner Zeit widersprach:

»[...] mögen sie heißen Pole, Hannoveraner, Jude, Katholik, oder sei es ein unschuldiges Geschöpf, das den Leuten ›anrüchig‹ ist, weil es so sittenlos war, außerehelich geboren zu werden, wie wir ja so unsittlich waren, mit der Urningsnatur ausgestattet geboren zu werden, oder mag es eine arme ›Gefallene‹ sein, die der hochsittliche Barbarismus des 19. Jahrhunderts zu Acten der Verzweiflung treibt, zu Kindsmord, Fruchttreibung, wohl gar zu Selbstmord. Wir, die wir wissen, wie es thut, vergewaltigt und gemartert zu werden: wir können so recht von Herzen die Partei jener ergreifen, die wir in ähnlicher Lage erblicken. Naturgemäß sympathisiren wir demnach mit einer Rückziehung des Arms der Gewalt von Polen und Hannover. [...] Neben dem Juden stehn wir, sobald ein übermüthiger Katholik ihn beschimpft, neben dem Katholiken (Ich bin nicht etwa selber Katholik), sobald ein intoleranter Liberaler ihn um seines Glaubens willen schmäht.« (Ulrichs 1870: 9 f.)

E-SEX

Spielt sich Sexuelles mit Hilfe des Internets ab, wird im Englischen von Cyber Sex, Computer Sex, Internet Sex, Netsex, Mudsex, TinySex usw. gesprochen. Im Deutschen ist vor allem von Internetsexualität die Rede oder auch von Online-Sexualität, wenn andere Computernetzwerke mitbedacht werden sollen. Ich spreche von E-Sex, wenn es gelegentlich oder über längere Zeiträume um virtuell-reale Sexualkontakte bis hin zum Orgasmus mittels zügigem Text- und/oder Bildwechsel geht. Von Cybersex (abgekürzt C6 oder CS) spreche ich, wenn es um Tele- oder Cyberdildonik geht, das heißt um eine noch nicht zu sich gekommene Kombination aus virtuell-realer Erotik und real-mechanischer Stimulation mittels Datenhelmen, Datenhandschuhen, Ganzkörperdatenanzügen, digitalen dreidimensionalen SpielgefährtInnen usw.

Der E-Sex, um den es mir hier geht, ist eine Neosexualität schlechthin. Ihn konnte es ohne Digitalia gar nicht geben, Deshalb ist er emergent, ja sogar fulgurativ, ein einzigartiger Höhepunkt der → Neosexuellen Revolution. Das World Wide Web ermöglicht die neosexuellen Prozesse der Zerstreuung, Zerteilung und Vervielfältigung, die ich vor allem als Dispersion sexueller Fragmente, Dissoziation alter Sphären und Diversifikation bisheriger Beziehungen beschrieben habe, in einem Ausmaß und mit einer Auswirkung, die unser Vorstellungsvermögen übersteigt. Die permanente Suche nach Erregung und letztlich nach der → Differentia sexualis specifica ist außerdem systemerhaltend. Schließlich passt zu unserer Marktgesellschaft nichts besser als ein Aufwühlen und Erregungssammeln rund um die Uhr ohne abschließende Befriedigung auf Dauer. Denn versorgten sich die Gesellschaftsmitglieder nachbarschaftlich selbst mit dem Allernötigsten, beschieden sie sich mit dem, was sie schon haben, begehrten sie nichts mehr und kämen zur Ruhe, bräche unsere Marktgesellschaft zusammen. Der E-Sex und die Internetpornografie helfen dabei, Begehrensmodi zu etablieren, die ich als Lean Sexuality und Selfsex beschrieben habe. Am eindrucksvollsten ist in dieser Hinsicht der allgemeine Umgang mit der Selbstbefriedigung, früher vor allem Onanie oder Masturbation genannt. Wurde sie einst mit allen Mitteln bekämpft, einschließlich chirurgischer Eingriffe, ist sie heute eine anerkannte Sexualpraxis, die in Beziehungen sogar dafür sorgt, dass Beziehungen andauern.

Wohin diese Anthropotechniken die nächsten Generationen führen werden, was eine zeitlos megapräsente, hypertextuelle, wissensnähere, interaktive, transversale, das alte Reale, Vernünftige oder Unbewusste umdirigierende

Anthropotechnik noch bewirken wird, wenn wir bedenken, dass schon heute Netzbewohnern die öffentliche Privatheit oder private Öffentlichkeit das WWW realer vorkommt als die immer noch sogenannte reale Welt, können wir nicht einmal phantasieren.

Die Erforschung der Online-Sexualität und insbesondere des E-Sexes wird zukünftig im Zentrum kritischer Sexualwissenschaft stehen müssen, nicht zuletzt auch, weil immer größere Bereiche des Sexuallebens gar nicht mehr ohne Computernetzwerke und insbesondere ohne das World Wide Web vorzustellen sind und weil die neuen Netzwerke technosoziale und psychosoziale Lebensformen fabrizieren, die es vordem nicht gab. Die Struktur jedenfalls, die das Bürgertum dem Sexogenerischen einst gegeben hat und die in unseren bisherigen Sexualtheorien widerscheint, diese Struktur wird gegenwärtig umgebaut.

FAMILIE

Im Verlauf einiger Jahrhunderte ist die Familie in unserer Kultur drastisch geschrumpft. Bestand das »Ganze Haus« aus zehn, zwanzig, hundert Personen, bewegen wir uns seit einigen Jahrzehnten auf das zu, was ich eine Kleinstfamilie nenne: Immer mehr Einzelpersonen werden zu ihrer eigenen Familie. Die Triade Vater-Mutter-Kind, noch vor zwei Generationen der Inbegriff der Familie, verblasst kulturell in einem ungeahnten Ausmaß. Durch das Aufkommen neuartiger Beziehungs- und Lebensformen verliert die traditionelle Familie an Bedeutung (→ Neosexuelle Revolution)

Es gibt jetzt neben der traditionellen Familie Singles und Alleinerziehende, Dauerbeziehungen mit Liebe, aber ohne sexuellen Verkehr, äußerst komplizierte Intimbeziehungen mit drei und mehr Akteuren differenter sexueller Vorlieben, Abstinenz und Partnertausch, diverse Formen der Prostitution, eine sehr vielfältige elektronisch basierte, sich nicht nur im Internet abspielende E-Sexualität sowie eine Unzahl perverser, pseudoperverser und neosexueller Inszenierungen. Die klassischen Perversionen sind inzwischen elektronisch ebenso zerstreut wie konzentriert und bis auf wenige Ausnahmen öffentlich weitgehend entdämonisiert worden. Und die alte Homosexualität wird zunehmend von Staats wegen heterosexualisiert, wie allein das neue deutsche Rechtsinstitut der »Eingetragenen Lebenspartnerschaft« (→ ELP) beweist. Dem Schrumpfen der traditionellen Familie ging eine prinzipielle Trennung von Ehe und Familie voraus. Das heißt manfrau hat auch dann ganz naturwüchsig eine Familie, wenn manfrau nicht verheiratet ist.

An einem demografisch nachweisbaren Wandel kann dieser Deregulierungs- und Entwertungsprozess abgelesen werden, ein Wandel, der sich seit dem Ende der 1960er Jahre, jedenfalls in den alten Bundesländern, zum Teil rasant vollzog: Abnahme der Heiratsrate; Zunahme der Scheidungsrate; Abnahme der Kinderzahl pro Partnerschaft und Ehe; Zunahme der partnerschaftlichen, früher außer- oder unehelich genannten Geburten; Zunahme der Ein- und Zwei-Personen-Haushalte; Zunahme der alleinerziehenden Mütter und ganz allmählich auch der alleinerziehenden Väter; Aufkommen von Drei- und Mehr-Personen-Haushalten unterschiedlicher Motivations- und Interessenlage, deren Mitglieder nicht miteinander verwandt sind.

Die soziale und emotionale Bedeutung der Herkunftsfamilie wurde durch die zunehmende Aufwertung subkultureller und freundschaftlicher Bindungen vom Jugendalter bis zum Tod erheblich reduziert, zumindest in den oberen Mittelschichten. Diese selbst gewählten Bindungen ließen die unfreiwilligen Blutsbande verblassen. Heute stehen vielen Menschen Freundinnen und Freunde näher als die eigenen Geschwister. Heute steht unter Todesanzeigen nicht selten ein Freundeskreis und nicht die Keimbahnfamilie, und zwar nicht nur bei Homosexuellen. Aus dem Schrumpfen der traditionellen Familie bis hin zur Kleinstfamilie und einem Haushalt, der nur noch aus einer Person besteht, aus der Vervielfältigung der Lebensweisen, aber auch aus dem Überschreiten der Generationenschranke resultieren neue Formen der Kontrolle, der Abhängigkeit und der Einsamkeit. Sie verbergen sich hinter der Idealisierung von Lifestyles. Es scheint so, als herrsche ein normatives Chaos, das es den meisten Menschen gestatte, so zu leben, wie sie wünschen. Tatsächlich aber ist in einem langen Prozess, den Hegel schon beschrieben hat, aus einer freien Unfreiheit eine unfreie Freiheit geworden, ein Prozess, durch den äußere und innere Zwänge zusammenfallen.

FAPPIEREN

Im Englischen bedeutet *to fap* masturbieren. Im Deutschen sind unter anderem abmelken, absahnen, onanieren, einen runterholen oder wichsen Synonyme (→ NoFap-Bewegung).

FELCHING

So wird das Heraussaugen von Samen aus Scheide oder Darm, zum Beispiel mit einem Strohhalm, genannt.

FEMALE BOUNCER

Das sind Frauen als *doorman*, die zum Beispiel in indischen Großstadtkneipen betrunkene oder randalierende Frauen aus dem Lokal schmeißen nach dem Prinzip Frau gegen Frau.

FETISCHE

→ VORLIEBEN

FEUCHTGEBIETE

Die seriöse Sexualwissenschaft ist wie jede Wissenschaft ein Trockengebiet. Ein Pamphlet von Charlotte Roche handelt dagegen von Feuchtgebieten und erwähnt das auch gleich im Titel. Offenbar war dieser Versuch, die Muschi endlich schamlos mit dem Schwanz konkurrieren zu lassen, in einer immer noch patriarchal-sexistischen Kultur fällig. Außerdem musste angesichts der verbreiteten Porno- und Sexografie schamlos zugelegt werden, indem sich die Heldin Vaginallubrikat hinters Ohr reibt, mit ihrer Muschi in Autoraststätten die Klodeckel sauber wischt, Sperma unter ihren Fingernägeln trocknen lässt, sich in üblen Gerüchen suhlt, trotz Hämorrhoiden anal verkehrt, sich als »die beste Nutte, die es gibt« bezeichnet, ihren Erfolg als »Gehirnfick« erlebt, auf Geräusche im Publikum mit dem Satz »Da ist wohl gerade jemand gekommen, oder?« reagiert, prominente Personen mit dem Trinken von Sperma konfrontiert oder in einer TV-Sendung von Harald Schmidt ihre Schneidezahnprothese herausnimmt, so weiter und so fort. Erotisch wird das alles erst, wenn manfrau sich die geruchslosen, ausgetrockneten und glattrasierten Körper der gegenwärtigen Frauengeneration in Erinnerung ruft. Die Muschi der Heldin aber riecht. Und das ist gut so. Nur eines hat die Autorin nicht verstanden: Scham zerstört nicht die Person, sondern hält sie zusammen.

FISTING

Das Fisting (von engl. *fist* für Faust), auch Fisten, Fausten oder Faustverkehr genannt, ist eine insbesondere in BDSM-Kreisen beliebte Intimpraktik, bei der Gliedmaßen (einige Finger, die Hand, mehrere Hände oder auch ein

Fuß) in die Vagina oder in den Anus eingeführt werden, im Extremfall auch gleichzeitig. Wer das machen möchte, sollte sich vorher insbesondere über die Gefahren informieren, was im Internet umstandslos möglich ist, und auf jeden Fall saubere Handschuhe und Gleitmittel ohne betäubende Wirkung benutzen, damit Infektionen vermieden und bereits leichte Verletzungen schnell bemerkt werden.

FRAUENTRIEB

»Mädchen haben gar keinen Sexualtrieb, sie wollen doch bloß im Mondschein spazieren gehen und Händchen halten.« Dieser Satz fiel in einem Seminar über weibliche Sexualität, das ich vor Jahren zusammen mit der Psychoanalytikerin Renate Franke an der Universität Frankfurt/Main abgehalten habe. Gesprochen wurde er von einem Studenten offenbar nicht nur im Rückblick auf die vergeblichen Mühen der eigenen Jugendzeit. Andere Studenten stimmten ihm zu und begannen, ihrerseits in Erinnerungen an frustrane Sexualkämpfe um das andere Geschlecht zu schwelgen. Die alte Frage »Was will das Weib?«, die zu den »großen« Fragen der europäischen Zivilisation gehört, ist offenbar noch immer aktuell. Dass sie patriarchalisch ist, beweist bereits die Gegenprobe; denn die ungestellte Frage »Was will der Mann?« lautet seit Jahrtausenden: »Was will der Mensch?«

Der Verdacht, den die Studenten geäußert haben, ist nicht aus der Luft gegriffen. Als aus dem Triebhaften die Sexualform Sexualität gesellschaftlich fabriziert wurde, erhielt sie zwangsläufig ideologisch eine patriarchalische Struktur: in einer Männergesellschaft von Männern für Männer konstruiert. Philosophen und Wissenschaftler verwandten viel Energie darauf, Frauen eine eigenständige Sexualform und damit eine eigenständige Sexualität abzusprechen, nachdem ihre Vorgänger Frauen nur als Trieb- und Gemütswesen hatten sehen können. Da der Frau allgemein der Status eines Subjekts vorenthalten wurde, das Sexuelle aber nur individuell wirklich ist, blieben als ideologische Fluchtpunkte nur die Schöpfungsordnung einerseits und die Naturzwecke der angeblich Aufgeklärten andererseits, das heißt die sexuelle Triebhaftigkeit der Frauen war keine Angelegenheit von Individuen; sie hatte den Gattungszweck der Fortpflanzung zu erfüllen, sich der Schöpfung instinktiv, transindividuell einzuordnen.

Beim Lesen dieser Literatur der letzten Jahrhunderte fällt einem irgendwann eine gelungen paradoxe Wendung Freuds ein, die er vor allem auf die Rückentwicklung des Geruchssinnes beim Menschen angewandt hat: Das sexuell-aggressiv Triebhafte der Frauen wurde so lange und so erfolgreich gesellschaftlich verdrängt, bis es schien, als sei es einer »organischen Verdrängung« erlegen. Etwas davon lastet auch heute noch auf dem »Geschlechtssinn« der Frauen, etwas, das konstanter ist als seelische Verdrängung und inkonstanter als eine somatische Involution. Ähnliches meinten wohl die alten Sexuologen wie Max Marcuse, wenn sie davon sprachen, die Frigidität des Weibes sei so allgemein, dass man sie gar nicht als krankhaft bezeichnen könne, oder wenn sie meinten, den Frauen sei der Geschlechtstrieb »wegerzogen« worden.

In den jüngeren Werken der Psychoanalyse, der Sexualwissenschaft und des Feminismus können beide Tendenzen, die der Enttrieblichung der Frauen und die der Vertrieblichung, gefunden werden. So wurden von der patriarchalischen Wissenschaft, nicht zuletzt von Ärztinnen spekulative phylogenetische Konstruktionen propagiert, die den Frauen eine gewissermaßen archaische, biologisch begründbare Frigidität attestieren. So haben breite Strömungen des Feminismus das sexuell Triebhafte der Frauen generell links liegen lassen oder entsinnlicht oder wenigstens seines aggressiven Anteils zu entledigen versucht. Andererseits haben Sexualforschung und Feminismus »bewiesen«, dass das Sexuelle der Frauen nicht organisch verdrängt ist. Ich erwähne nur den Kinsey-Report über die Sexualität der Frauen (Kinsey et al. 1954) und die Berichte von Nancy Friday (1973/2001) und Isabel Azoulay (1996) über die sexuellen Phantasien von Frauen.

FREIHEIT UND INSTITUTION

Wie immer ist entscheidend, worauf das Gewicht gelegt wird. Während Arnold Gehlen betont, die Menschen seien auf Institutionen angewiesen, sie bedürften ihrer, um Freiheit überhaupt erreichen zu können, legt Theodor W. Adorno den Schwerpunkt auf die Kritik und betont, dass sich die Institutionen in das Bewusstsein der Menschen hineinverlängern, dass es das gibt, was Hegel »objektiver Geist« genannt hat, also feste Formen innerhalb des Bewusstseins und vielleicht sogar im Unbewussten, die den Menschen gegenübertreten, eine Art Selbstständigkeit angenommen haben. Es handelt sich dabei um jene Phänomene, die Emil Durkheim *Faits sociaux* nannte; diese Phänomene sind solche Institutionen, vergegenständlichte Beziehungen zwischen Menschen, von einzelnen Menschen relativ unabhängig.

Der US-amerikanische Soziologe Thorsten Veblen spricht in seinem Institutionalismus von »Habits of thought«, das sind die eingeschliffenen Denk- und Verhaltensweisen, das heißt, die in die Menschen hineinverlängerten Institutionen. Gehlen meint, das müssten die Menschen nicht ohne Weiteres als bedrückende Macht erleben. Adorno antwortet: Aber mit Weiterem und verweist auf zwanghafte Vorstellungen. Ohne Vergegenständlichung von sozialen Formen gäbe es Freiheit nicht. Im Schutz der Institutionen und gegen sie bildet sich Freiheit heraus. Gehlen verweist darauf, welche Entlastung das für die Menschen bedeutet. So gebe es jetzt professionelle Gelehrte, die Menschen brauchten nicht mehr und nicht immer wieder mit dem kleinen ABC der Lebensnotdurft zu beginnen. Aber, antwortet Adorno, die Institutionen haben die Tendenz, mit der Freiheit in Konflikt zu geraten. Bezogen auf die Hochschulen verweist er auf die Verschulung einerseits und die Lebensweise eines lebendigen geistigen Menschen andererseits. Nach Kant sollen die Institutionen dem Schutz der Freiheit dienen. Zugleich bilden sie aber in sich Tendenzen aus, die die Freiheit einschränken.

Gehlen wendet sich gegen »moralischen Eintopf«. Die verschiedenen Institutionen hätten ein verschiedenes Ethos. Das sei im Rathaus ganz anders als in der Ehe. Adorno betont das unterschiedliche Gewicht, obgleich Institutionen logisch auf derselben Ebene liegen. Er stellt den Sportverein der Ökonomie gegenüber. Und er widerspricht Gehlens Rede vom Pluralismus. Den gäbe es nicht angesichts des tatsächlichen Zustandes. Die mächtigsten Institutionen würden entscheiden. Er meint damit die Ökonomie.

Nähme man die Institutionen weg, käme nach Gehlen nicht nur der gute, natürliche Mensch hervor, sondern auch der gefährliche. Nach Adorno ist das Freiheitsbewusstsein ein historisch sich Bildendes. Dass jetzt darüber diskutiert werden könne, dass es Reflexion gebe, beraube die Institutionen ihrer unbefragten Selbstverständlichkeit. Freiheit und Institution sind als Gegensatzpaar doch in sich vermittelt, keines der Momente wäre ohne das andere. Ihr großes Gewicht ist mit Mündigkeit nicht zu vereinbaren. Institutionen wären auf jene Rolle zu reduzieren, die Kant ihnen zugewiesen hat, das heißt, sie haben allein darüber zu wachen, dass die Freiheit keines Menschen die eines anderen verletzt.

Das Faktum der Institutionsbedürftigkeit bestreitet Adorno nicht. Schließlich habe er ein Buch wesentlich verantwortet, das vom autoritätsgebundenen Charakter handelt, nein diese Charakterstruktur nachweist. Doch würden die Institutionen ihrem eigenen Begriff gerecht, müssten sie auf eine mündige Menschheit hinarbeiten. Sie wären nur noch zum Verwalten von Sachen da, nicht für Herrschaft über Menschen.

Wie aber, fragt Gehlen, komme ich zur Freiheit, wie kann ich mich meiner eigenen Mentalität entziehen (wobei er sich auf den affektiven Protest von Studenten bezieht). Freiheit sei, sich von sich entfremden. Adorno antwortet, ja, Hegel habe von der Freiheit zum Objekt gesprochen, das heißt, sich seiner eigenen Zufälligkeit entäußern. Das Verhältnis von Freiheit und Institution sei dialektisch. Doch es sei nicht hinzunehmen, dass, wenn man etwas Falsches kritisiert, gleich etwas Positives mitgenannt werden soll. (Gehlen hatte zuvor von Alternative gesprochen.) Der unverdächtige Gottfried Keller habe auf die Aufforderung, nicht niederzureißen, geantwortet, es sei schon verdienstlich, wenn eine Mauer verschwinde und freies, frisches Sonnenlicht durchgelassen würde.

Institutionen sind Vergegenständlichungen menschlicher Verhältnisse. Sie sind nichts um ihrer selbst Daseiendes, und deshalb weisen sie ihrem Zweck nach auf die Menschen, in denen sie, wie immer auch dunkel und verworren, entsprungen sind. Geist bewegt sich wesentlich im Medium der Kritik. Auch die Medienerkenntnis oder -anschauung enthält das kritische Moment. Die ganze Geschichte der Philosophie ist eine Geschichte der Kritik. Der Schutz durch die Institutionen tut not, weil keine Autonomie ist. Die Institutionen hätten dafür zu sorgen, dass Menschen in ihnen als mündige existieren. Autoritätsgebundene Charaktere heißt nicht autoritäre Charaktere (→ Schuld).

FUNDAMENTALISTEN

Jagdbesessene Christen lassen in Alabama ihre Asche zu Munition verarbeiten, damit sie noch nach dem Tod töten können.

GEBURTENRATE

Das Statistische Bundesamt teilte Ende 2015 mit: In Deutschland wurden 714.927 Kinder im Jahr 2014 geboren. Das Alter der Mutter beim ersten Kind betrug durchschnittlich 29,5 Jahre. Die Geburtenziffer, nach diesen Daten für das ganze Leben einer Frau berechnet, lag bei 1,47 Kinder je Frau. 2011 betrug sie 1,39. Liegt die Geburtenziffer unter 2,1, sinkt die Einwohnerzahl Deutschlands, sofern nicht Einwanderer hinzukommen. Die Kinderlosenquote betrug 22 Prozent.

Auf je 1.000 Einwohner kamen in Deutschland nach diesen Daten 8,8 Neugeborene. In Italien betrug diese Bruttogeburtenziffer 8,3, in Polen 9,9, in Schweden 11,9 und in Frankreich sogar 12,4.

GEDROSSELTER DRANG

Wenn mancher so könnte wie er möchte, blickte er am Ende seiner Tage auch auf 99 Frauen und etwa 250 Kinder zurück wie es Sobhuza II., König von Swasiland, getan haben soll.

GEGENSÄTZE

Jeder Mensch war bisher mit aporetischen existenziellen Gegensätzen konfrontiert, die sein Leben wesentlich bestimmten: Natur vs. Unnatur (Wider-, Obernatur); Gesellschaft vs.

Individuum; Mann vs. Frau; Kindheit/Jugend versus Alter; Leben versus Tod. Hinzu kamen und kommen viele Ableitungen wie normal versus pervers; gesund versus krank; sozial versus a-/unsozial; reif versus unreif; undsoweiter. Diese Gegensätze werden mindestens teilweise transformiert. Nur der Gegensatz arm vs. reich scheint immer stabiler zu werden (→ Gerechtigkeit; Hylomatie; Neosexuelle Revolution).

GEHEIMNIS

Goethe sagte in den *Römische Elegien*: »Zieret Stärke den Mann und freies, mutiges Wesen, / Oh, so ziemet ihm fast tiefes Geheimnis noch mehr«. Der Volksmund weiß das natürlich: »Kein Feuer, keine Kohle kann brennen so heiß / Als heimliche Liebe, von der niemand nichts weiß.«

GENDER PAY GAP

Neudeutsch wird die Lohn- oder Gehaltsdifferenz zwischen weiblichen und männlichen Beschäftigten zuungunsten der Frauen Gender Pay Gap genannt (→ Pink Tax; Schande).

»GENITAL«

Selbst seriöse Tageszeitungen und Fachzeitschriften schreiben inzwischen »Genital«, wenn sie Genitale meinen, ein Wort ohne e am Ende, das es im Deutschen bisher offiziell gar nicht gibt, das jetzt aber im Zuge des allgemeinen Abschleifens zunehmend auftaucht und mich ärgert.

GENITIV

Die soziale Herkunft kann bei uns recht verlässlich am Gebrauch des Genitivs oder auch des Dativs erkannt werden, nicht am Gebrauch der Geschlechtswerkzeuge.

GENITALVERSTÜMMELUNG

Vor allem in afrikanischen Kulturen werden aus alter Tradition nach wie vor die Genitalien von Frauen vor der Heirat verstümmelt, zum Beispiel zugenäht oder ihres Lustzentrums, der Klitoris, operativ beraubt, damit eine »reine« Frau geheiratet werden kann. Nach *Terre des Femmes* sind weltweit 125 Millionen Mädchen und Frauen betroffen, vor allem in 28 Ländern Afrikas. Dank des Engagements vor allem von *Terre des Femmes* haben inzwischen in Afrika viele Dörfer der Genitalverstümmelung abgeschworen. Bei uns wird sie seit 2013 strafrechtlich verfolgt (→ Brustbügeln).

GEPLAPPER

»Die sozialistische Utopie ist gescheitert, kein Grund zur Trauer«, sagte eine Ansagerin der ARD vor einer Diskussionsrunde. Was man sich nach der deutsch-deutschen Kopulation alles anhören musste. Natürlich wusste der Redakteur, der ihr das Geplapper aufgeschrieben hatte, nicht, dass für Marx der Sozialismus zur Vorgeschichte der Gattung Mensch gehörte.

GERECHTIGKEIT

Anfang 2016 konnte manfrau in vielen Zeitungen lesen: 62 Milliardäre sind so reich wie 3,6 Milliarden Menschen, die die ärmere Hälfte der Menschheit ausmachen. Während das Vermögen der Milliardäre seit 2010 um 44 Prozent zunahm, verringerte sich der Besitz der ärmeren Weltbevölkerung um 41 Prozent. Gleichzeitig wussten wir, dass jedes Jahr drei Millionen Kinder an Unterernährung sterben müssen und eine Million Menschen wegen mangelnder Hygiene an Magen-Darm-Infektionen. Ganz akut ging die Meldung um die Welt, dass gerade eine Million Menschen in Äthiopien vom Hungertod bedroht sind und dass die reichste Familie in den USA ebenso reich ist wie die 130 Millionen ärmsten Amerikaner.

GERONTOPHILIE

Von Gerontophilie (gr. *géron* Greis, *philia* Freundschaft) wird gesprochen, wenn Menschen immer oder über längere Lebensphasen sehr viel ältere Menschen sexuell begehren. Der Altersabstand beträgt etwa 40 bis 70 Jahre oder auch mehr. Der Mann ist also zum Beispiel 30 Jahre alt und die begehrte

Frau 70 oder 95. In einer New Yorker Gerontophilen-Szene lautete nach meiner Kenntnis vor Jahrzehnten der Bekennersatz: »Das Schamhaar muss weiß sein«. Früher wurde die Gerontophilie den krankhaften → Perversionen zugerechnet. Heute wird sie hetero- und homosexuell in Fernsehserien und Filmen dargestellt, zum Beispiel 2013 im Film *Gerontophilia* (dt. »Geron«) von Bruce LaBruce.

GESCHLECHTER UND GESCHLECHTERDIFFERENZEN IN SPLITTERSÄTZEN

Der Druck, sexuell zu sein, ist in unserer Gesellschaft immer noch groß. Der Druck, geschlechtlich zu sein, ist total. Obgleich inzwischen die Grenze zwischen dem Natur- und dem Gesellschaftsprozess geöffnet ist, wie allein das Klonen beweist, wird in unserer Kultur noch immer die geschlechtliche Zuordnung heftiger verlangt als die sexuelle.

In dieser Gesellschaft eine Geschlechtsidentität haben, heißt immer noch, erstarrt sein in Klischees.

Körper ist eine notwendige, aber keine zureichende Bedingung für Geschlecht. Heinz-Jürgen Voß (2010, 2011) hat sogar Studien vorgelegt, die biologisch-prozessural viele Geschlechter und nicht zwei oder drei belegen. Offensichtlich ist die von US-Medizinern eingeführte Differenzierung Gender vs. Sex bereits erkenntnistheoretisch und kulturell überholt, weil sie Sex als das unhintergehbare biologische Fundament unterstellt.

Die Meinung, in der anatomischen, hormonellen oder genetischen Ausstattung der Menschen habe man das Radikal der Sexualität und der Geschlechtlichkeit vor sich, ist vorwissenschaftlich. Denn es ist ein Ungedanke, sich den Menschen ohne Blut und ohne Gliedmaßen vorzustellen und die Erektion fleischlos. Menschsein beginnt erst an jenem Punkt, an dem Menschen ihre Hände mit Blut beflecken und die sexuelle Erregung mehr ist als ein Reflex oder als mehr genommen wird.

Es ist nicht vorstellbar, dass ein epistemisch-historisch Fabriziertes, psychosozial Zusammengesetztes und kulturell Vermitteltes wie eine sogenannte sexuelle oder geschlechtliche Identität von Genen wesentlich bestimmt wird.

Geschlechtsidentität sollte Geschlechtserfahrung genannt werden, weil die Identitäten heute brüchig geworden sind.

Jede Geschlechterdifferenz ist dialektisch in einem eminenten Sinn, weil sie nicht nur ein Niederschlag im Unbewussten und eine Tatsache des Bewusstseins ist, sondern beides zu einem erheblichen Teil selbst produziert.

Eine Gleichberechtigung von Frauen und Männern – wie im Grundgesetz vorgeschrieben – existiert bei uns nicht. Das Bundessozialministerium teilte laut dpa im März 2016 mit, dass Frauen »im Schnitt brutto 21,6 Prozent weniger als Männer« verdienen.

Erst wenn die Geschlechter gleich behandelt würden und gleich handeln könnten, weil sie als gleichwertig in jeder Hinsicht angesehen werden, bildeten sich erstmalig jene Geschlechterdifferenzen heraus, die ein biotisch-körperliches Fundament haben, eine Basis, die als »fester Kern« bezeichnet werden könnte. Noch aber bestimmen sich die

Geschlechterdifferenzen nicht zuletzt *more oeconomico* (und nicht per Volkshochschule, Selbsthilfe oder *per deconstructionem*).

Über die Phantasie haben alle Geschlechter freien Zugang zu beidem: Vagina und Penis, menstruieren, lubrizieren, erigieren, penetrieren, ejakulieren, kontrahieren, zeugen, empfangen, schwanger sein, gebären, stillen.

Phantasmatisch empfangen Frauen nicht nur, sie zeugen auch. Dieses zuinnerst Menschliche ist dem binär somatiformen Denken ein böhmisches Dorf, das dem Erdboden gleich gemacht werden muss.

Keine Geschlechtsidentität ist mit einer anderen identisch. Daher meine Rede von der → Differentia generis specifica. Das ergibt sich logisch, sofern nicht vorausgesetzt wird, dass die Menschen gesellschaftlich geklont würden. Einerseits. Andererseits zwingen die allgemeinen Geschlechtsrollenzuweisungen und Geschlechtsdiskriminierungen die Vielfalt der individuellen Geschlechtserfahrungen unter zwei große Hüte: einen, der männlich sein soll, und einen, der weiblich sein soll. Dabei verschwindet, was die Phantasie an anders- und gegengeschlechtlichen Vorstellungen und Sensationen produziert und in Psychoanalysen eindrucksvoll zu Tage tritt.

Von psychischen Geschlechterdifferenzen kann solange nicht wirklich gesprochen werden, so lange die materiellen nichtpsychischen vorgängigen Geschlechterdifferenzen so groß und so wesentlich sind wie sie bei uns immer noch sind.

Bisher kennen wir nur die Geschlechterdifferenzen zwischen Mann und Frau, die unter materieller und sozialer und politischer und damit auch seelischer Zurück- und Herabsetzung des weiblichen Geschlechts in Erscheinung treten.

In dem Moment, in dem das kleine Kind die Männer-Frauen-Geschlechterdifferenz wahrnimmt, erfährt es, dass nicht alle Menschen gleich sind. Dass die oder der Andere minderwertig sei, sagen aber nicht die Körper, sondern die vergesellschafteten Menschen.

Das weibliche Minderwertigkeitsgefühl, das Freud beobachtete und naturalistisch-patriarchal als anatomisches »Schicksal« missverstand, ist noch immer ein gesellschaftliches »Schicksal« – wie, nebenbei gesagt, das männliche Stärke-zeigen-Müssen auch.

Erst wenn die Frau gesellschaftlich gleichwertig ist, kann das kleine Kind seine Mutter so wahrnehmen. Erst wenn beide Eltern dem Kind bewusst und unbewusst ihre eigene Gleichwertigkeit in der Differenz signalisieren, kann vielleicht der kollektive Teufelskreis unterbrochen werden, der von Generation zu Generation aus dem weiblichen Geschlecht das Zweite Geschlecht, Sexus sequior, macht und aus dem männlichen das Erste Geschlecht, Sexus potior.

Die von US-amerikanischen Sexualforscherinnen gern geführte Rede von der »primären Weiblichkeit« entspringt demselben ursprungsmythologischen Denken wie die Rede vom Sexus potior.

Das superiore Männliche durchs superiore Weibliche zu ersetzen, ist nichts als die Inversion dessen, was sowieso ist.

Wissenschaftliche Leistungen von Menschen werden nach ihren Geschlechtsteilen beurteilt. Das ist experimentell nachgewiesen. Beispiel: Steht eine Verfasserin auf einem wissenschaftlichen Manuskript, wird es von Fachleuten schlechter beurteilt, als wenn eine Person mit männlichem Vornamen auf demselben Manuskript als Verfasser genannt wird.

Großkategorien wie Gender oder Frausein werden durch fundierende Differenzen, die mit der ethnischen Zugehörigkeit, der sozialen Klasse oder der sexuellen Präferenz zusammenhängen, epistemologisch wie politisch grundsätzlich in Frage gestellt.

Sapere aude! Habe Mut, dich subversiv deiner eigenen Differenz zu bedienen! ist der Wahlspruch des gegenwärtig avanciertesten, meta-physischen Feminismus. Heraus kommen Selfsex und Selfgender, selbstmächtig selbst produziert und selbst reguliert, die die → Neosexuelle Revolution auf die Tagesordnung gesetzt hat.

Frage: Wissen die meisten Jungs heute, dass die Klitoris ein bewundernswertes Organ ist?

Kein Mann wird je ohne wesentliche Differenz erfahren, was die Blutfüllung der Vorhof-Schwellkörper, die Vergrößerung der Klitoris, der Einbruch der Menstruation und der Brüste, was Schwangerschaft, Geburt und Stillen oder das natürliche Verlieren der Fruchtbarkeit in einem Alter, das heute keineswegs als hoch angesehen wird, wirklich bedeuten.

Eine entscheidende Schwächung des Patriarchalismus dürfte ohne eine materielle Gleichheit von Männern und Frauen nicht zu erreichen sein.

Ein Feminismus, der keine theoretische Vorstellung von Gesellschaft hat, kann Geschlechterdifferenz gar nicht denken.

Weil die gesellschaftliche Tendenz zur Unterdrückung die Tendenz zur Befreiung logisch voraussetzt, weil Unterdrückung nicht gedacht und nicht erfahren werden kann ohne Befreiung, sind Kapitalismus und Feminismus logisch und realgeschichtlich miteinander verbunden.

Die altmarxistische Hierarchisierung von kapitalistischer Produktionsweise und Patriarchat im Sinn von Haupt- und Nebenwiderspruch ist theoretisch und politisch falsch.

Weil das Kapital weder männlich noch weiblich ist, muss die feministische Herausforderung ihre Begrenztheit reflektieren. Weil wir alle der allgemeinen Mystifikation und Verstofflichung erliegen, die nicht auf den phallischen Monismus oder die Andromorphie reduziert werden können, muss die Gesellschaftsformation in Frage gestellt werden und nicht nur das Patriarchat.

Gleichstellung der Frauen, ja Emanzipation der Frauen heißt in einer unfreien Gesellschaft Emanzipation zu den geschlechterübergreifenden Widersprüchen hin, Gleichstellung mit dem geschlechtsunabhängigen Unrecht. Obwohl das so ist, müssen Frauen diesen Weg gehen.

Durch die → neosexuelle Revolution sind inzwischen mehrere Geschlechter in Erscheinung getreten, die sich eindeutig von Mann und Frau absetzen. Es ist eine überaus erfreuliche Tatsache, dass wir heute sechs bis sieben Geschlechtern mit Respekt und zunehmend auch freundlicher Gelassenheit begegnen: Neben Männern und Frauen mit ihren mehr oder weniger deutlichen geschlechtlichen Fraktalidentitäten und Fraktalerfahrungen sind das → Transsexuelle, Transgender, → Intergender resp. Intersexuelle, → Liquid Gender sowie → Agender.

Heute sind die Neogeschlechter ein einzigartiger kultureller Gewinn, der vor allem ein Mehr an Erfahrung beinhaltet. Schließlich leben heute Bio-Männer unter uns, die als Neo-Frauen eine Bio-Frau heiraten, die jetzt ein Neo-Mann ist. Und die alten Transsexuellen leben heute in hetero- und homosexuellen Beziehungen, Transmänner inzwischen auch mit Scheide und Transfrauen auch mit Penis. Sie sind inzwischen ein höchstrichterlich anerkanntes Neogeschlecht und ein psychosoziales Kunstwerk, das nur bewundert werden kann.

Wir sollten uns über die inzwischen erreichte Vielfalt der Geschlechter freuen. Facebook hat gerade 58 Optionen offiziös zugelassen.

In letzter Hinsicht kommt es nicht darauf an, welches Körpergeschlecht wir haben, sondern wie es kulturell gefesselt und entfesselt, seelisch repräsentiert und erlebt, geistig definiert und begriffen, sozial bestimmt und bewertet wird.

Ein Traum: Der Mann fasst seine schwellenden Brüste an, die Frau führt ihr Glied in die pochende Scheide.

GESCHLECHTER UND FRAUENHEILKUNDE

Es geht um eine Tatsache, die mich wiederholt empört hat: Zu meiner Zeit als Universitätsprofessor und Direktor in der Medizin gab es keine Frau, die in Deutschland einer Universitätsklinik für Gynäkologie und Geburtshilfe als Direktorin vorstand. Alle Frauenkliniken wurden von Männern geleitet. Die meinten offenbar, sie wüssten besser als das »Weib«, wie »es« sich fühlt, wenn »es« blutet, wenn ein neues Leben in »ihm« entsteht, wenn »es« gebiert, wenn »es« ein neues Leben stillt usw. Exakt so habe ich zu den deutschen Ordinarien für Gynäkologie gesprochen, als ich vor vierzig Jahren nach einem Vortrag alle um mich versammelt fand. Sie haben geschwiegen und mich nie wieder eingeladen. Heute soll es eine Frau als Direktorin geben. Donnerwetter, welch ein Fortschritt in diesem aufgeklärten und gerechten Land!

GEWALT GEGEN FRAUEN

Der International Day for the Elimination of Violence against Women, kurz V-Day genannt, wird seit 1981 am 25 November weltweit von Menschenrechtsorganisationen wie *Terres des Femmes* begangen. Er soll daran erinnern, dass weltweit eine Milliarde Mädchen und Frauen männlicher Gewalt ausgeliefert sind. Die Gewaltformen reichen von der häuslichen Erniedrigung und Gewalt, vom sexuellen Missbrauch und der Vergewaltigung, der genitalen Beschneidung und Zwangsheirat über die verweigerte Rechts- und Wahlfähigkeit bis hin zur Zwangsprostitution und dem Femizid.

Doch schauen wir zunächst einmal vor die eigene Tür. In dem so menschenfreundlichen Frankfurt am Main wurden 515 Sexualdelikte wie Vergewaltigung und sexuelle Nötigung im Jahr 2014 bekannt. Zu 91,1 Prozent waren Mädchen und Frauen die Opfer. Häusliche Gewalt wurde in 1456 Fällen registriert. Auch hier waren Mädchen und Frauen in 84,3 Prozent der Fälle die Opfer (vgl. *FR* vom 15.2.2016, S. F5).

GLÜCK

Unerkanntes Glück ist auch, wenn wir uns dort kratzen können, wo es juckt.

GRÄFENBERG-ZONE

Der Gynäkologe Ernst Gräfenberg hat 1950 eine etwa vier bis fünf Zentimeter vom Eingang entfernte Zone der Vagina entlang der Harnröhre als besonders erogen beschrieben. Diese Zone, auch G-Spot, G-Zone oder fälschlicherweise G-Punkt genannt, ist mit den Fingern entlang der Vaginavorderwand zum Bauch hin erreichbar und fühlt sich leicht erhaben und etwas rau an. Anatomieprofessoren, die ich als junger Sexualforscher um eine wissenschaftlich haltbare Erforschung der Zone ersuchte, sahen sich außerstande, es an einer Leiche zu tun. Bis heute ist die Gräfenberg-Zone wissenschaftlich nicht ausreichend erforscht und folglich umstritten. Aus meiner Sicht, die ich bereits vor Jahrzehnten physiologisch begründet habe (Sigusch 1970), ist auf jeden Fall die Unterscheidung zwischen einem klitoridalen und einem vaginalen Orgasmus falsch, weil der Orgasmus eine physiologische Einheit ist, unabhängig davon, ob er von der Klitoris her oder von der Vagina her ausgelöst wird.

HEBEPHILIE

Von Hebephilie wird gesprochen, wenn Erwachsene pubertierende Mädchen oder Jungen erotisch-sexuell begehren. Hebe war die griechische Göttin der Jugend.

HEGELS EHRE

Für Hegel war die bürgerliche Gesellschaft im Gegensatz zum Staat ein »geistiges Tierreich«, in dem »jeder sich alles und der andere ihm nichts«, aufgrund des ökonomischen Getriebes und nicht von Unmoral. Der Staat war ihm aus Einsicht in die Not, aus Notwendigkeit die Instanz, die Vernünftigkeit und Freiheit herstellen soll. Etatist war er also, wie behauptet, nicht. Und die Subjekte hat er folglich auch nicht verschwinden lassen, sondern in ihr Recht setzen wollen. Staat war für Hegel erst Staat, wenn er die Freiheit realisierte. Dialektiker und nicht Metaphysiker war er, weil er von der Idee zum Begriff gegangen ist, der auf die Wirklichkeit bezogen ist (vgl. auch den Abschnitt »Bedürfnisse« in der Rechtsphilosophie: Klassenantagonism, Kolonialism).

HETEROSEXUELL

Überraschung: In dem unattraktiven Wort heterosexuell steckt das Wort *eros*. Es ist nur nicht leicht zu entdecken. Und in dem Generalwort Geschlecht steckt das Wort *schlecht*.

HODEN

Der Hoden heißt lateinisch bei den Medizinern *testis* (= Zeuge). Sie wissen aber nicht, warum. Er heißt so, weil es Zeiten gab, in denen kein Mensch ohne einen Hoden vor einem Gericht Zeugnis ablegen durfte.

HOMILOPHILE

Als homilophil werden Menschen bezeichnet, die sich aktiv oder passiv zu einer Predigt (lat. *homilia*) oder einem Vortrag hingezogen fühlen.

HOMOSEXUALITÄT IN SPLITTERSÄTZEN

Homosexuelle und Lesben begehren und lieben einen anderen Menschen. Das soll ihr »Verbrechen« sein? Wer ist hier verrückt? Die Liebenden oder die Mordenden?

Im Dezember 2008 stimmten nur 66 von 192 Ländern in der UN-Generalversammlung für eine Erklärung gegen die Diskriminierung Homosexueller.

Amnesty International teilte im Mai 2015 mit, dass in 76 Ländern Homosexualität und andere sexuelle »Abweichungen« wie Transsexualismus als ein Verbrechen behandelt werden. Länder wie der Iran, Saudi-Arabien, Jemen, Mauretanien, Sudan, Malediven und einige Bundesstaaten Nigerias bestrafen Homosexuelle mit dem Tode. Länder wie Kenia, Burundi, Indien und Pakistan drohen mit mindestens zehn Jahren Haft. In vielen Ländern sorgen evangelikale Christen für die Verfolgung.

Auch in unserer christlichen Kultur waren männerliebende Männer Steinigung und Folter, Zuchthaus und KZ ausgesetzt. In Gesamtdeutschland fiel der »abscheuliche Homosexuellenparagraph« (Theodor W. Adorno) erst 1994 im Zusammenhang mit der Wiedervereinigung auch im Westen. Das war 99 Jahre nach dem Tod von Karl Heinrich Ulrichs (→ Erster Schwuler der Weltgeschichte).

Irgendwie werden Männer von Männern seit Jahrtausenden begehrt. Wie dieses Begehren erlebt und bezeichnet wird, bestimmt die jeweilige Kultur. Kein Wunder, dass die Differenz zwischen dem antiken mannmännlichen Eros, der zur platonischen Staatskunst aufstieg, und unserer gegenwärtigen Homosexualität enorm ist. Was immer Sokrates, Wittgenstein und Tschaikowski, Benjamin Britten und Cole Porter, Charles Laughton, James Dean, Cary Grant und Anthony Perkins, der Ökonom John Maynard Keynes, der FBI-Chef J. Edgar Hoover oder der Kolonialist Cecil Rhodes (»Rhodesien«) gefühlt und praktiziert haben mögen – schwul waren sie mit Sicherheit nicht, wie heute unhistorisch gesagt wird. Und auch Bi-straight, Bi-bi oder Bi-gay, wie es neuerdings heißt, können sie nicht gewesen sein, weil es das noch gar nicht gab.

Auf die erste deutsche Homosexuellenbewegung, die sich im Kaiserreich und in der Weimarer Republik formiert hatte, folgte Anfang der 1970er Jahre nicht nur die zweite Homosexuellenbewegung, sondern etwas Neues: die *Schwulen-*

bewegung. Sie veränderte das Selbstverständnis jener Männer entscheidend, die unsere Medizin seit dem Ende des 19. Jahrhunderts als irgendwie Perverse pathologisiert hatte. »Bewusste« Homosexuelle drehten damals den Spieß der Spießer einfach um, indem sie das Schimpfwort »schwul« mit erhobenem Kopf zum öffentlichen Kampfwort machten und dadurch zu einem guten Teil seines feindseligen Charakters beraubten (→ Schwul und Homosexuell als Worte).

Seit der → Neosexuellen Revolution ist in Deutschland die allgemeine Lage paradoxal. Einerseits hat bei uns die gelebte sexuelle und geschlechtliche Vielfalt in den letzten Jahrzehnten deutlich zugenommen. Lesben, Bisexuelle und Schwule können heute auch höchste Staatspositionen einnehmen. Auch die, die eine sehr seltene Vorliebe leben möchten, finden dank Internet Gleichartige. Andererseits suchen orthosexuelle Forscher nach wie vor ein sogenanntes Homo-Gen, das es nicht gibt, ist auf den deutschen Schulhöfen »schwul« noch immer ein Schimpfwort ersten Ranges, verschweigen beinahe alle Sportler ihre Homosexualität, ob Männer oder Frauen.

Ihr Umgang mit AIDS hat den Homosexuellen als Minderheit gesellschaftliche Akzeptanz beschert.

Heute wollen immer mehr Homosexuelle nur noch normal leben, gleichgestellt und amtlich registriert. Der Spruch »Wir sind die Hellen, die Schnellen, die Homosexuellen« gilt nicht mehr. Beendet ist auch das Drama, dass es für Homosexuelle nur zwei Geschlechtsrollen gab. Die früher beliebten Pissoirs, genannt Klappen, werden geschlossen, die Standesämter geöffnet. Normal zu sein ist offenbar für viele nach wie vor das Schönste von der Welt.

Bei uns öffentlich bekannte Lesben? Mir fallen nur ein: eine Tatort-Kommissarin, eine ARD-Moderatorin, eine Professorin und die Bundesministerin Barbara Hendricks, die sich gerade öffentlich bekannt hat (*SZ*, 4.2.2016, S. 8). Andere namhafte Frauen möchten nach wie vor nicht als Lesben auftreten. Deshalb werde ich sie auch nicht nennen.

Der Hass der Normalen auf die Homosexuellen wie die Angst vor ihnen ist unabstellbar, solange beide für die Heterosexualität konstitutiv sind und dazu noch weitgehend dem Bewusstsein entzogen. Solange es Hetero- und Homosexualität als abgegrenzte allgemeine Sexualformen gibt, so lange wird das so sein.

In einem »Wort zur Bundestagswahl« des Jahres 1998 erklärte die Katholische Bischofskonferenz Deutschlands homosexuelle, auf Dauer angelegte Partnerschaften zu einer Todeskraft, die unsere Gesellschaft zerstöre. In seiner Weihnachtsansprache 2008 soll Papst Benedikt XVI. über Homo- und Transsexuelle gesagt haben, sie lebten »gegen die Wahrheit und den Geist des Herrn« (zit. nach *Die Zeit*, 31.12.2008, S. 2). Und der Vertraute des gegenwärtigen Papstes und Chef der Vatikanregierung Kurienkardinal Pietro Parolin nannte gerade die Entscheidung der irischen Bevölkerung für die Homo-Ehe »eine Niederlage der Menschheit« (zit. nach *SZ*, 28.5.2015, S. 9), setzt sie also mit Krieg und Völkermord gleich.

Kolumbien erlaubt seit 2015 Homosexuellen, Kinder zu adoptieren. Die Verfassungsgerichtspräsidentin erklärte, Homosexualität sei »kein Zeichen mangelnder sittlicher, körperlicher oder geistiger Eignung« zur Adoption von Kindern (afp, 6.11.2015). Unsere Bundeskanzlerin sieht das bekanntermaßen anders.

Eine schwere ökonomische Krise mit parteipolitischem Rechtsruck könnte das, was die neosexuelle Revolution an Freiräumen ermöglicht hat, wieder beseitigen (→ Coming-out im Netz; Erster Schwuler der Weltgeschichte; Ehe Gleichgeschlechtlicher; Homosexuelle und Tom of Finland; Homosexualität und Umpolung).

HOMOSEXUELLE UND TOM OF FINLAND

An den Zeichnungen des Touko Laaksonen (1920–1991) aus Kaarina nahe Turku, der unter dem Künstlernamen Tom of Finland vor allem unter Homosexuellen weltberühmt geworden ist, könnte beides gezeigt werden: die Stabilität einer Sexualform und ihre Diversifikation, konkreter: die variable Hülle einerseits und den fester Kern der europäischen Homosexualität andererseits. So ist der Mann, den Tom of Finland zeichnet, in den 1940er Jahren (»the queen and trade years«) gerade aus dem Teenageralter heraus, entweder eine Queen/Tunte oder ein ganzer Kerl in Uniform, tanzt eng in Hosen mit Bügelfalten, hat volles Haar, ist immer angezogen, nichts Partiales, um nicht zu sagen Perverses, spielt eine Rolle, die Tunte ist angestellt, der Kerl ist Soldat oder Matrose. In den 1950er Jahren (»the lumberjack years«) ist der Mann Anfang 20, männlich, muskulös mit Waschbrettbauch, Kopfhaar ordentlich geschnitten, Ober körper frei, lacht immer, trägt Messer am Gürtel und Gummistiefel bei der Arbeit, lebt in der freien Natur und lässt sich dort treiben. In den 1960er Jahren (»the biker years«) ist der Mann Ende 20, trägt weiche Lederkappe, die Kopfhaare in Fransen, dazu Koteletten, lacht nicht mehr so oft, bevorzugt enge weiße T-Shirts, immer Lederjacke, schläft in Jeans, trägt Motorradstiefel, ist stark körperbehaart, zeigt Hosenschlitz mit Knopfleiste, raucht, geht neuerdings ins Fitnessstudio, trainiert auch Brustmuskeln und massiert sich die Brustwarzen. In den 1970er Jahren (»the clone years«) ist der Mann Anfang 30, die Haare sind regelmäßig geschnitten, die Koteletten sind noch da, dazu ein Schnäuzer, hervorstehende Adern, geht in schwule Kneipen, sieht zufrieden aus, lacht aber nicht, Popperfläschchen immer griffbereit, entdeckt Tom-Gürtel und Ledershorts mit Reißverschluss, Motorradstiefel, keine Körperbehaarung, steht auf leichten SM, schwingt gern mal die Peitsche und kennt seinen Handschellen-Code, Ohrring, Fitnessstudio weiter, noch mehr Brustmuskeln, hat kein Motorrad, macht den Anhalter. In den 1980er Jahren (»the fetishist years«) ist der Mann Ende 30, seit Mitte des Jahrzehnts erstmalig nicht selten schwarzer Hautfarbe, mit Irokesenschnitt oder kahl rasiertem Schädel, Koteletten weg, stramme Schirmmützen aus Leder, wieder Lachen, richtiger Schnäuzer, treibt Bodybuilding massiv, dicke Titten, gusseiserne Hüften, Hals breiter als Gesicht, neuerdings manchmal mit Vorhaut, Degenkoppel, Reithosen, Hosenschlitz wieder mit Knopfleiste, breiter Gürtel, Reitstiefel, benutzt Kondome, hat den größten Schwanz und weiß es (vgl. Riemschneider 1998).

Da Tom of Finland schon 1991 gestorben ist, können wir den Fortgang in den 1990er Jahren nur vermuten: kein Schnäuzer mehr, dafür Piercing von Brustwarzen und Penis, Haare wieder etwas länger, Vorhaut häufiger ... Eindrucksvoll aber ist die Stabilität der männlich-gleichgeschlechtlichen Sexualform, die Tom of Finland über Jahrzehnte erfolgreich präsentierte: 1. Penisfetischismus, alle homosexuellen Männer haben einen Megapenis und leiden an Penishypertrophie. 2. strotzende Männlichkeit, die auch dann erhalten bleibt, wenn der Mann unten liegt, das heißt anal koitiert wird, wie überhaupt in dieser Hinsicht eine große Flexibilität herrscht: alle Männer bumsen und lassen sich bumsen; 3. aggressive und sadomasochistische Praktiken kommen immer vor, sie werden dadurch abgemildert, dass sie am Ende einvernehmlich über die Bühne gehen. Beruhigend ist, dass es immer auch ganz andere Homosexuelle gegeben hat. Werden die Veränderungen und der feste Kern so wie hier betrachtet, erinnern sexuelle Revolutionen an Moden, die nicht die Tatsache aus der Welt schaffen, dass Menschen sich kleiden.

HOMOSEXUALITÄT UND UMPOLUNG

Dass parafaschistische und radikalchristliche Fanatiker versuchen, Menschen ihr homosexuelles Begehren auszutreiben, wissen wir alle. Dass das aber auch ganz normale deutsche Psychotherapeuten und Psychoanalytiker heute noch versuchen, irritiert einen sehr. Hatten wir doch vor inzwischen fünfzig Jahren den lieben Kollegen – es ging tatsächlich immer nur um Männer – erläutert, warum Homosexualität keine Krankheit ist. So schrieb beispielsweise der Sexualforscher Martin Dannecker (1975) für mein erstes Buch über die Therapie sexueller Störungen den Beitrag »Warum die Therapie der Homosexualität die Lage der Homosexuellen verschlechtert«, und der Schweizer Psychoanalytiker Fritz Morgenthaler (1980) erläuterte in meinem zweiten Therapie-Buch den Psychoanalytikern, warum die Homosexualität keine Krankheit ist. Zehn Jahre später, 1990, strich die Weltgesundheitsorganisation (WHO) die Homosexualität aus dem internationalen Krankheitsregister. Sigmund Freud, der Begründer der Psychoanalyse, hat übrigens die Homosexualität nie als Krankheit angesehen. Er hat vor einem Jahrhundert angenommen, dass alle Menschen der gleichgeschlechtlichen Objektwahl fähig sind, und er hat den Homosexuellen auch vollste seelische Männlichkeit attestiert – zwei humanitäre Einsichten, von denen unsere Kultur trotz aller Liberalisierungen offenbar noch meilenweit entfernt ist.

Interessanterweise hat jetzt in Hessen ein junger Mann, dem nach seinem Erleben ein Psychoanalytiker seine Homosexualität wegtherapieren wollte, Klage vor Gericht erhoben. Die Prozesse begannen 2009 und endeten 2015 mit einem Vergleich vor dem Oberlandesgericht Frankfurt am Main. Der Kläger erhielt 19.000 Euro. Ob ein Umpolungsversuch oder eine sogenannte Konversionstherapie stattgefunden hat, wurde nicht entschieden (vgl. Danijel Majic, *Frankfurter Rundschau* vom 9./10.1.2016, S. F8 f.).

HYLOMATIE

Es scheint, die leblosen Dinge sind seit den Material- und Giftgasschlachten des Ersten Weltkrieges und der ersten sogenannten Weltwirtschaftskrise frei und erfolgreich, die Menschen aber unfrei und erfolglos. Seit Auschwitz sind Aufklärung und Humanitarismus inklusive Humanwissenschaften bis auf die Knochen diskreditiert, weil sie dem Räderwerk des Grauens und der Vernichtung nichts entgegenzusetzen hatten. Jetzt »heißt den Tod fürchten, Schlimmeres fürchten als den Tod« (Adorno 1966, S. 364). Seit Hiroshima muss der *homo creator* als *homo extinctor* begriffen werden, sind Menschen ebenso allmächtig wie ohnmächtig. »Gegenüber der Möglichkeit der totalen Katastrophe ist Verdinglichung ein Epiphänomen; vollends die mit ihr verkoppelte Entfremdung, der subjektive Bewußtseinsstand, der ihr entspricht« (ebd., S. 191).

Seit dem Kollaps des sogenannten realexistierenden Sozialismus scheinen Freiheit und Egoismus historisch endgültig kongruent zu sein. Das kapitalistische Wirtschaften schöpft seine Werte aus sich selbst, gilt als selbstverständlich bis sakrosankt, ist zur Alltags- und Staatsreligion geworden. Seit der Krise des sogenannten Fordismus, der nach dem letzten Weltkrieg beinahe drei Jahrzehnte lang durch einen Integrationskomplex aus Kapital, Staat und Gewerkschaften »sozialen Frieden«, Wohlfahrt und Vollbeschäftigung beschert hat, ist aber nicht mehr zu übersehen, dass selbst am »Standort Deutschland« Millionen von Menschen nicht einmal mehr als bereits existenziell reduzierte Arbeits-«Kräfte« benötigt werden, die sich bereitwillig aussaugen lassen. Nicht mehr zu übersehen ist auch, worauf das neue Akkumulationsregime und die neue Regulationsweise, deren Ineinandergreifen *Postfordismus* genannt werden könnte, hinauslaufen: fortschreitende ökonomische Funktionalisierung und soziale Desintegration, insgesamt zunehmende Atomisierung der Gesellschaftsindividuen im Gewand der Pluralität. Könnte als Elementarform der foucaldischen Disziplinargesellschaft das Gefängnis mit dem Generalobjektiv Normalisierung und als Elementarform des marxischen Kapitalismus die Ware mit dem Generalobjektiv Tausch bezeichnet werden, tritt in der postfordistischen Gesellschaft nicht mehr übersehbar die Elementarform Wissen hinzu mit dem längst objektivierten Objektiv Ver- und Entstofflichung. Dessen Ausgangsmechanismus ist Dispersion. Er zwingt die einzelnen Allgemeinen ins System, indem er sie aus allem, was als Ganzes gedacht werden könnte, herausreißt. Dispersion entwurzelt, marginalisiert, fragmentiert und anonymisiert die Individuen; zugleich werden sie durch diesen Mechanismus diversifiziert, vernetzt und unterhaltsam zerstreut; und zum Dritten werden sie in die Verstofflichung getrieben. Unterm Strich kommt mannigfaltige Atomisierung heraus.

Das allgemeine, längst zur fest installierten Struktur gewordene → Objektiv, das der antike Mythos bereits beschwört und das von der Marxschen Kritik der Politischen

Ökonomie ebenso antizipiert wird wie von der Luhmannschen Systemtheorie angedeutet, von ihnen aber wegen ihres ökonomischen oder funktionalistischen Reduktionismus und wegen ihrer optimistischen Postmissen nicht begriffen werden kann, habe ich in ersten Versuchen eindimensional pessimistisch mit dem Wort *Verstofflichung* zu bezeichnen versucht. Heute denke ich, ein Terminus wie *Hylomatie*, in dem griechische Worte des Lebens und des Todes, der Selbstbewegung, Raserei und Stillstellung (wie Stoff, Automation oder Manie) aufscheinen, ruft den Prozess, der bezeichnet werden soll, dialektischer beim Namen, weil die Verstofflichung von Menschen mit der Entstofflichung von Dingen und die Entstofflichung von Menschen mit der Verstofflichung von Dingen einhergeht, weil es nicht nur abbauende, reduktive, totstellende und vernichtende, sondern auch aufbauende, vermehrende, erweiternde und lebensspendende Ver- und Entstofflichungen gibt und weil der mehrdimensional unschöne Neologismus Hylomatie das Neo-Logische, Auto-Matische, Insichselbstlaufende des Prozesses betont.

Eine Theorie der Hylomatie (Sigusch 1997), auf die ich hier nur einen Ausblick geben kann, müsste, wie angedeutet, sowohl Theoreme der Autodestruktion, die vor allem Anders und Adorno entwickelt haben, wie Theoreme der Autopoiesis fortdenken, die vor allem Marx und Luhmann entfaltet haben. Denn Hylomatie ist beides: subjektlose Selbstfortsetzung wie subjektlose Selbstvernichtung, wobei deren einerseits produktiv-erhaltende, andererseits unproduktiv-vernichtende Mechanismen über die epistemische, ökonomische und dispositionelle Sphäre miteinander dialektisch vermittelt sind, aber »automatisch« ablaufen. Als sogenannte Sachzwänge, angeblich apriorische Dichotomien, angeblich gesichertes Wissen und angebliche wissenschaftliche Standards sind sie dem Willen der einzelnen Allgemeinen systematisch entzogen. Von den Menschen her gesehen, läuft Hylomatie vor allem auf Verstofflichung hinaus, indem ihnen einst zugesprochene Lebendigkeit, Beweglichkeit, Autonomie und Eigendynamik an die Dinge, nicht zuletzt an die Warendinge, übergehen, die jetzt ein »Eigenleben« führen. Von den Dingen her gesehen, läuft Hylomatie vor allem auf Entstofflichung hinaus, indem sie jetzt über Qualitäten verfügen wie »Liebreiz« (Marx), *sex appeal*, Kommunikabilität, Kreativität, Reproduktivität und Destruktivität, die ihnen von den tonangebenden Vertretern der Subjektphilosophie abgesprochen worden sind. Hylomatie ist also zugleich eine Vermittlungskategorie – im Blick auf die erwähnten Theoreme und im Blick auf die Prozesse, die für die moderne Gesellschaft charakteristisch sind: unablässige Metamorphosen von Leben und Tod, durch die Lebendiges totgestellt und Totes verlebendigt wird, durch die Leben und Tod, Natur und Gesellschaft ineinander übergehen. Die Dialektik dieser Gesellschaft fängt die Kategorie der Ver- und Entstofflichung eher ein als die allzu »weiße« Kategorie Autopoiesis und die allzu »schwarze« Kategorie Autodestruktion.

Nachtrag: Zur Zeit wird eine »hylomatische« Drohne erörtert, also wen und wann eine Maschine von sich aus Menschen tötet und welche anderen Algorithmen der überklugen Konstrukteure sich auch schon »befreit« haben.

INTERNETSEXUALITÄT

→ E-SEX

INTERSEKTIONALITÄT

Mit diesem Begriff wird in den entsprechenden Forschungen und Bewegungen auf die Tatsache verwiesen, dass Diskriminierung und Unterdrückung sich oft nicht nur auf einen oder wenige Bereiche beziehen wie Rasse, Klasse und Geschlecht, auch Triple Oppression genannt, sondern auf weitere oder andere Bereiche und Merkmale wie Ethnizität, Nationalität, Staatsangehörigkeit, Kultur, Religion, Besitz, Behinderung, Alter, Aussehen und nicht zuletzt die sexogenerische Orientierung und Lebensweise. So kann erkannt und bekämpft werden, dass eine muslimische Frau nicht nur wegen ihres Geschlechts, sondern auch oder sogar heftiger wegen ihrer Religion diskriminiert wird. Oder ein weißer Politiker wird in einem demokratischen Land nicht nur wegen einer körperlichen Behinderung benachteiligt, sondern auch, weil er Männer liebt.

INTERSEXUELLE

Die Intersexuellen, die körperlich Zwischen- bzw. Doppelgeschlechtliche sind und früher Hermaphroditen oder Zwitter genannt wurden, sind bisher rechtlich und medizinisch schandbar behandelt worden. Erst im Zuge der → Neosexuellen Revolution der letzten Jahrzehnte im euroamerikanischen Kulturkreis konnten sie sich organisieren und ihre Interessen gemeinsam vertreten. Ihre Organisationen verfassten Erklärungen, besetzten Fachkongresse, befragten den Gesetzgeber und machten Torturen öffentlich, mit denen sie von der Medizin, oft die ganze Kindheit und Jugendzeit hindurch, einem und nur einem Geschlecht zugeordnet werden sollten. Erst in den letzten Jahren wurde dieses große Problem ohne Beschönigung in seiner Komplexität erörtert, zum Beispiel vom Deutscher Ethikrat (2012) und in einem Sammelband, herausgegeben von den deutschen Sexualforscherinnen Katinka Schweizer und Hertha Richter-Appelt (2012). Das ist neu.

Bis vor wenigen Jahren maßte sich die Medizin generell und ohne jede Reflexion an zu entscheiden, welche Klitoris zu groß und welcher Penis zu klein ist. Während es bei diesen »Patienten« um körperliche Eigenheiten ging, die nach heutigen Einsichten keiner Behandlung bedürfen und im Falle der Etikettierung der Betroffenen als »Zwitter« zu einer Traumatisierung und im Falle der Behandlung zu anhaltenden Schmerzen führen, gibt es andere zwischengeschlechtliche Formen, bei denen eine vertrauensvolle Zusammenarbeit mit Ärzten sinnvoll oder sogar notwendig ist, beispielsweise bei einer lebensbedrohlichen Salzverlustkrise.

Die Intersexuellen, die eigentlich Intergeschlechtliche sind, plädieren gegenwärtig dafür, die Geschlechtszugehörigkeit nicht durch frühzeitige körperliche Eingriffe und psychosoziale Weichenstellungen festzulegen, sondern die

Entwicklung einer Geschlechtsidentität abzuwarten und die Entscheidung über Eingriffe den Betroffenen im Erwachsenenalter zu überlassen. In Deutschland erhielten die organisierten Zwischengeschlechtlichen im Jahr 2008 zum ersten Mal eine allgemeine Beachtung, als die Bundesregierung in einem offiziellen Bericht an die Vereinten Nationen auf ihre Lage einging und ein Gericht einen Arzt zur Rechenschaft zog, der eine Intergeschlechtliche ungefragt operiert hatte.

Im Vorwort zu dem erwähnten Buch von Katinka Schweizer und Hertha Richter-Appelt (2012: 9 ff.) habe ich geschrieben. »Während es in anderen Kulturen ein drittes Geschlecht neben dem männlichen und dem weiblichen gibt, bleibt es in unserer Kultur unvorstellbar, dass sich eine intersexuelle Person mit männlichem Körperbau einschließlich Penis, der in der Pubertät Brüste wachsen, selbst als einen Gewinn erlebt und als solcher von den Mitmenschen begrüßt wird, weil endlich wieder schönste Geschlechtsmerkmale in einer Person vereinigt sind – wie vor Jahrtausenden, als es der aristophanischen Legende zufolge nicht nur zwei, sondern wenigstens drei Geschlechter gab: Doppelmann, Doppelweib und Mannweib. In unserer ach so neoliberalen Gegenwartskultur aber gibt nach wie vor nicht nur die Heteronormativität den Ton an, sondern auch eine Zweigeschlechternormativität. Umso wichtiger ist es, dafür zu sorgen, dass die Zeiten zu Ende gehen, in denen intersexuelle Kinder und ihre Familien unaufgeklärt einer selbstherrlichen Maschinerie des körpermedizinischen Zurechtschneidens eines angeblich richtigen Geschlechtskörpers ausgeliefert werden. Heute wird erfreulicherweise dafür plädiert, die intersexuellen Menschen altersgemäß über ihre Situation aufzuklären, und zwar vollständig. Tabuisierung und Verheimlichung der Diagnose und der Behandlungen wie zu Zeiten des US-amerikanischen Forschers John Money sollen der Vergangenheit angehören. Letztlich müssen die betroffenen Personen bzw. ihre Familien selbst entscheiden, ob eine und, wenn ja, welche medizinische Behandlung indiziert ist.«

In Gutachten für oberste Gerichte, die zur Zeit noch mit dem Problem befasst sind, habe ich mich etwa wie folgt geäußert: Da staatskulturell zur Zeit bei uns nicht zu erreichen sein wird, die rechtlich verbindliche Zuordnung entweder zum weiblichen oder zum männlichen Geschlecht abzuschaffen, plädiere ich für mindestens einen dritten Geschlechtseintrag, sofern er gewünscht wird. Er sollte auf keinen Fall erzwungen werden können, auch im Blick auf jene Länder, die Andersartige verfolgen und dadurch erkennen könnten. Liegt zum Zeitpunkt der Geburt der Verdacht auf Intergeschlechtlichkeit vor, sollte generell auf einen Eintrag verzichtet werden, um die Eltern nicht unter einen normopathischen Entscheidungszwang zu setzen. Auch sollte es Volljährigen erlaubt werden, einen bereits vorhandenen Eintrag einschließlich des Vornamens ohne medizinische Begutachtungen zu revidieren. Die Bezeichnung der dritten Option sollte offen sein für kulturell bereits weitgehend anerkannte Neogeschlechter (→ Neosexuelle Revolution). Als mögliche Bezeichnungen wurden zum Beispiel bereits genannt: »neo«, »anderes« oder »inter/divers«. Als Alternative kommt in Frage, dass für die große und präsente Gruppe der im engeren Sinne Intergeschlechtlichen der Eintrag »inter«, »zwischengeschlechtlich« oder »intersexuell« vorgesehen wird und für die verbleibenden Neogeschlechter »neo« oder »divers«. Wie der Bundesverband »Intersexuelle Menschen e. V.« die Lage aktuell einschätzt und welche Forderungen er stellt, kann im Internet erfahren werden unter http://www.intersexuelle-menschen.net/. Zur Zeit der Drucklegung konnte nach dem PStRÄndG vom 7. Mai 2013 auf einen Geschlechtseintrag gemäß des neuen § 22 Abs. 3 PStG verzichtet werden.

IRRITATIONEN

Im Selbstbedienungscafé lässt die Frau neben mir ihre *Bild*-Bundesausgabe vom 15. März 2016 liegen. Ich greife zu und erfahre zunächst, wie bekannte Künstler eigentlich heißen: Götz George heiße eigentlich Götz Schulz, Roberto Blanco Roberto Zerquera, Erol Sander Urcun Salihoglu usw. Ich wusste nur, dass Conchita Wurst eigentlich Tom Neuwirth heißt. Aber da zieht mich schon eine andere Seite mit einer nackten Frau an. Titel: »Kinder, seid stolz auf Mama!« Ich bin in die Rubrik *Bild Girl* geraten: »Dann bewirb dich mit einem Foto.« Das bringe einmalig 500 Euro, als Jahressiegerin 10.000 Euro und ein *Playboy*-Shooting. Die 40-jährige Zahnarzthelferin, die nackt vor mir liegt, ist eine geborene Madagassin, hat drei Kinder und einen Mann, der die Bewerbung eingeschickt habe. *Bild* fragt sie: »Dein schönstes Körperteil«? Sie antwortet: »Mein Popo!«

JESUS

An Weihnachten ging mir durch den Kopf: Jesus »Christus« von Nazaret ist doch ohne Zutun eines Mannes als Sohn Gottes und Marias, seiner Mutter, gezeugt worden und war außerdem, jedenfalls laut Legende, mit Maria und Josef ein Flüchtling. Das muss doch einerseits die Feministinnen begeistern und andererseits die Christlichsozialen beschämen. Auf jeden Fall würde Jesus heute nicht Hohepriester zur Ordnung rufen, sondern Nationalrassisten und Investmentbanker (→ Menschheit).

JUGENDSEXUALITÄT

Um es vorweg zu sagen: Über die Sexualität der Jugendlichen wird kräftig phantasiert. Falsch ist: Jugendliche haben immer früher Sex. Richtig ist: In den letzten zehn Jahren hat sich das Alter beim ersten Geschlechtsverkehr praktisch nicht verändert. Falsch ist: Jugendliche haben ihren ersten Geschlechtsverkehr im Durchschnitt mit 15 Jahren. Richtig ist: Im Durchschnitt (Median) haben Mädchen den ersten Verkehr mit 16,5 Jahren, Jungen etwas später. Mit 15 Jahren ist heute etwa ein Viertel der Jugendlichen koituserfahren, belegt die noch nicht vollständig veröffentlichte Jugendsexualitätsstudie der Bundeszentrale für gesundheitliche Aufklärung (BZgA) aus dem Jahr 2015. Falsch ist: Viele Jugendliche kümmern sich nicht um die Verhütung. Richtig ist: Beim ersten oder letzten Geschlechtsverkehr haben heute über 90 Prozent der Jugendlichen mit Pille und/

oder Kondom verhütet, belegen die bereits erwähnte Studie der BZgA sowie Silja Matthiesen et al. (2009). Seit den 1970er Jahren ist die Verhütung immer effektiver geworden.

Geht es um Jugendsexualität, ist die deutsche Sexualwissenschaft empirisch in einer glücklichen Lage. Denn seit mehr als vier Jahrzehnten wird vorrangig deren Sexualleben studiert. So wurden beispielsweise 11- bis 16-jährige Schülerinnen und Schüler, 16- und 17-jährige Jugendliche, 20- und 21-jährige Arbeiterinnen und Arbeiter, 19- bis 30-jährige Studierende sowie Homosexuelle und Paare mit sexuellen Problemen aus allen Altersgruppen interviewt. Da einige Studien in großen Abständen wiederholt worden sind, ist es möglich, gesicherte Aussagen zu den Veränderungen im Verlauf der letzten Jahrzehnte zu machen (vgl. vor allem Giese und Schmidt 1968, Sigusch und Schmidt 1973, Schmidt et al. 2006, Matthiesen et al. 2009, Matthiesen 2013, Matthiesen, i.V. [2016].

Ende der 1960er Jahre stellten wir fest, dass sich die damals 16- und 17-Jährigen sexuell so verhielten wie die 19- und 20-Jährigen zehn Jahre zuvor (Sigusch und Schmidt 1973). Das, was »sexuelle Revolution« genannt wurde, bestand also hinsichtlich des Verhaltens darin, etwa drei Jahre früher mit Verabredungen, Küssen, Petting und Geschlechtsverkehr zu beginnen. Die tradierten Wertvorstellungen wurden jedoch nicht in Frage gestellt. Liebe, Treue, Ehe und Familie bestimmten weiterhin die moralischen Vorstellungen der Jugendlichen. Sie interpretierten sie aber nicht so eng und vor allem nicht so männerzentriert wie die Generationen davor. Statt einer festen Beziehung vor der Ehe plädierten sie für mehrere Liebesbeziehungen mit gegenseitiger Treue, sodass wir damals den Standard »passagere Monogamie vor der Ehe« diagnostizierten. Wichtig ist, dass damals viele Jugendliche Sexualität als lustvoll und beglückend erlebten und nicht mehr so stark wie ihre Eltern unter Ängsten und Schuldgefühlen litten. Das war historisch etwas wirklich Neues, vor allem für Mädchen und junge Frauen. Neben der allgemeinen sexuellen Liberalisierung in der Gesellschaft hat sicher die Einführung der »Pille« zu dieser Entspannung beigetragen.

Wie sah es zwanzig Jahre später aus? Einerseits sehr ähnlich, andererseits recht diffent (Schmidt 1993/2000). Ähnlich, weil Jugendliche heute mit Dating, Küssen, Petting und Geschlechtsverkehr nicht früher beginnen und auch keine umfangreicheren Erfahrungen machen als am Ende der sechziger Jahre. Insofern hat sich die »sexuelle Revolution« nicht fortgesetzt. Berichte in den Medien, nach denen die heutige Jugend entweder sexuell enthemmt sei oder sich von der Sexualität ganz verabschiedet habe, gehen gleichermaßen an der Wirklichkeit vorbei. Nach wie vor haben mit 16 oder 17 Jahren etwa drei Fünftel der Jungen und Mädchen schon einmal genitales Petting und etwa zwei Fünftel schon einmal Geschlechtsverkehr erlebt.

Auch die zentralen Wertvorstellungen haben sich nicht wesentlich verändert. Heute binden junge Männer die Sexualität sogar noch stärker an eine feste Liebesbeziehung mit Treue als vor einer Generation. Sie sind zwar noch nicht so romantisch wie junge Frauen, legen aber deutlich größeren Wert auf gegenseitiges Verstehen und Vertrauen. Häufiger als früher gestehen sie ihrer Freundin Gefühle, vor allem die der Liebe. Große Angst haben Jugendliche vor dem

Verlassenwerden, vielleicht weil sie als Nachkommen der sexuellen »Revolutionäre« erfahren mussten, dass Ehen weder heilig sind noch ewig.

Was aber hat sich geändert? Wie in der Gesellschaft insgesamt hat auch für Jugendliche die symbolische Bedeutung der Sexualität abgenommen. Sie ist heute selbstverständlicher, ja banaler, wird nicht mehr so stark mystisch überhöht. Weil sie nicht mehr die große Überschreitung ist, kann sie auch unterbleiben. Junge Männer, die sexuell abstinent leben, können sich heute eher dazu bekennen, ohne von ihren Freunden automatisch verhöhnt zu werden. Junge Frauen geben heute seltener an, dass ihre sexuellen Erlebnisse lustvoll und befriedigend waren. Jungen erleben die Pubertät nicht mehr wie früher als den unbeherrschbaren Einbruch des Sexualtriebes. Auch später erleben sie ihre Sexualität nicht mehr als so dranghaft und unaufschiebbar.

Dazu passt, dass sie heute weniger Sexualpartnerinnen haben als vor einer Generation. Von Promiskuität kann sowieso keine Rede sein. Nur Minderheiten haben im Jugendalter mehr als zwei Sexualpartner. Gleichzeitig sind Selbstbefriedigung und gleichgeschlechtliche Erlebnisse nicht mehr so bedeutungsvoll. Während der Rückgang der Onanie nur gering ist, sind homosexuelle Kontakte inzwischen eine Rarität. Früher machte beinahe jeder fünfte Junge derartige Erfahrungen, heute sind es nur noch zwei bis vier Prozent.

Für diese Veränderungen gibt es viele Gründe. Genannt habe ich bereits die kulturelle Entmystifizierung der Sexualität. Sie ging in den letzten Jahrzehnten mit dem Abbau von Sexualverboten und der Egalisierung der Geschlechter einher. Heute wachsen Mädchen und Jungen von der Kindheit an zusammen auf, wie sich an der allgemein durchgesetzten Koedukation ablesen lässt. Sexuelle Betätigung im Jugendalter, allein oder zu zweit, wird heute von vielen Eltern akzeptiert oder sogar befürwortet. Geschlechtsverkehr findet ganz überwiegend nicht mehr heimlich an konspirativen Orten statt, sondern zu Hause inmitten der Familie. Diese »Familiarisierung« der Jugendsexualität bringt natürlich neue Probleme im Sinne einer fürsorglichen Belagerung mit sich.

Der Wegfall der Verbote und die Annäherung der Geschlechter haben der homophilen Jugendphase, die einst von den Dichtern besungen worden ist, den Garaus gemacht. Seitdem die Homosexualität als eine eigene Sexualform öffentlich verhandelt wird, steht die Befürchtung der Jungen im Vordergrund, als »Schwuler« angesehen zu werden. Dass die Homosexualität auch noch mit der Krankheit AIDS auf besonders enge Weise verbunden ist, schreckt gewiss zusätzlich ab. Insgesamt ist die Bedeutung von AIDS für die sexuelle Entwicklung Jugendlicher nicht ganz leicht einzuschätzen. Nach dem, was sie bewusst im Kopf haben, scheint der Einfluss relativ gering zu sein. So kennen die meisten Jugendlichen die Übertragungswege des Erregers, und die allermeisten verhalten sich so, dass es gar nicht zu einer Infektion kommen könnte. Wie es jedoch im Unbewussten aussieht, welche irrationalen Ängste Heranwachsende haben, wissen wir viel zu wenig.

Doch zurück zum Verhältnis der Geschlechter, das heute im Zentrum des Geschehens steht. Ging es vor ein bis zwei

Generationen um den Trieb des Mannes und den Orgasmus bzw. die Anorgasmie der Frau, geht es heute darum, wie junge Frauen und Männer am besten mit einander zurechtkommen. Wichtiger als der sexuelle Akt ist eine feste Beziehung, in der sich die Partner angenommen und aufgehoben fühlen. Pointiert gesagt, ist das der historische Weg von der Wollust zur Wohllust. Beschritten werden konnte er nur, weil Tabus und Geschlechterdifferenzen abgebaut worden sind und sich Jungen allmählich trauen, Gefühle zu zeigen und darüber mit ihrer Freundin zu sprechen, obgleich sie immer noch – eher als Mädchen – dazu erzogen werden, stark und hart zu sein.

Das Heft aber haben die jungen Männer heute nicht mehr unwidersprochen in der Hand. Hier schlägt sich sehr konkret der Jahrzehnte lange Kampf vieler Frauen um Selbstbestimmung nieder. Dafür ein Beispiel: Sehr viel häufiger als früher bestimmen heute junge Frauen, was in einer Beziehung geschieht und wie weit sexuell gegangen wird. Die sexuelle Initiative geht heute deutlich seltener vom Jungen und deutlich häufiger vom Mädchen aus. Das gilt auch für den ersten Geschlechtsverkehr. Ende der 1960er Jahre willigten beinahe 90 Prozent der Mädchen »dem Jungen zuliebe« ein. Vier Jahrzehnte später waren es nicht einmal 30 Prozent.

Recht vernünftig ist das Verhütungsverhalten der Jugendlichen. Beim ersten Geschlechtsverkehr haben 1980 20 Prozent der Mädchen und 29 Prozent der Jungen keine Verhütungsmittel angewandt, 2014 waren es nur noch 8 Prozent der Mädchen und 6 Prozent der Jungen. Später kümmern sich heute beinahe alle um die Verhütung. Als sichere

Mittel nennen heute 77 Prozent der Mädchen und 70 Prozent der Jungen das Kondom, 51 Prozent der Mädchen und 50 Prozent der Jungen die Pille. Zur Akzeptanz des Kondoms bei Jugendlichen haben sicher die AIDS-Präventionskampagnen beigetragen, die dessen Anwendung als erwachsen und verantwortungsbewusst darstellten. Auch die Kontrazeption ist heute eine Angelegenheit beider Geschlechter. Neben die Empfängnisverhütung der Frauen ist die Zeugungsverhütung der Männer getreten.

Obgleich das Verhütungsverhalten heute rational und wirksam ist, gehört die Angst vor einer ungewollten Schwangerschaft nach wie vor zu den großen Belastungen der Jugendzeit. Über 70 Prozent der jungen Frauen haben schon einmal Angst gehabt, schwanger zu sein. Demgegenüber hat weniger als ein Zehntel der Jugendlichen schon einmal befürchtet, sich auf sexuellem Weg mit dem HI-Virus infiziert zu haben.

Neben der Angst vor dem Ende einer Beziehung und vor einer ungewollten Schwangerschaft belasten sexuelle Übergriffe das Liebesleben der Heranwachsenden und damit das Verhältnis der Geschlechter zu einander. Viele deutsche Mädchen und noch mehr Mädchen mit einem so genannten Migrationshintergrund geben an, mindestens einmal sexuell attackiert worden zu sein. Bei den Jungen sind es sehr viel weniger. Nach den Daten der BZgA-Studie von 2010 haben von den sexuell erfahrenen Jugendlichen 22 Prozent der Mädchen ohne und 30 Prozent der Mädchen mit einem Migrationshintergrund sexuelle Gewalt erleben müssen. Bei den Jungen sind es 3 bzw. 6 Prozent. Mädchen werden offensichtlich ausschließlich von Männern attackiert, Jungen ganz überwiegend. Im Gegensatz zu früher sind Jugendliche heute für das Problem des sexuellen Missbrauchs durch den öffentlichen Diskurs stark sensibilisiert.

Doch wie geht es nach der Jugendphase weiter? Statistisch gesehen, werden die jungen Frauen bei der Heirat 27 oder 28, die Männer fast 30 Jahre alt sein. Beinahe jede dritte Ehe wird geschieden werden. Immer mehr Männer und Frauen werden unverheiratet zusammen leben oder allein bleiben. Im Durchschnitt wird eine Frau ein bis zwei Kinder bekommen, statistisch: eineinhalb. Jede dritte Frau wird kinderlos bleiben. Der Tendenz nach bewegen wir uns auf eine Single-Gesellschaft zu, in der alle zusehen müssen, wie sie alleine durchkommen. In den Großstädten zählen die Blutsbande schon heute nicht mehr sehr viel. Umso wichtiger ist es, sich durch einen bestimmten Lifestyle subkulturell zu vernetzen.

Die oft »ungeile« Beziehungsliebe wurde in den vergangenen Jahrzehnten immer deutlicher von Selbstliebe und »geilen« Events flankiert. Die Beziehungsdisziplin wurde durch allerlei Aufputschungen und Selbstdrapierungen erträglich gemacht. All das konnte bisher am Besten an den Love Parades abgelesen werden. Dort herrschte der Augensinn, nicht der Sex. Alle waren individuell und unterschiedlich, gleichzeitig aber in Gemeinschaft. Alle verließen den alten Rahmen und waren gerade dadurch eingebunden und formiert. Aufgebrezelt wurde die Verschmocktheit des Alltagslebens bis zum Zusammenbruch gesampled abgefeiert – um es in der Sprache der vorletzten Jugendgeneration zu sagen.

Das war und ist ebenso schrill und bunt wie realistisch. Denn in der Gesellschaft haben die Jugendlichen nichts mehr zu lachen. Dort ist nur noch die Rede von Arbeitslosigkeit, Fremdenfeindlichkeit, Drogen und Gewalt, wenn es um die Generation geht, die unsere Zukunft ist. Neben diesem negativen Bild von »der« Jugend verblassen die jungen Christen und die jungen Forscher, obgleich sie eine Moralität einklagen und eine Kreativität beweisen, die in der Gesellschaft der Erwachsenen ihresgleichen suchen. Es ist schon paradox: Unsere Gesellschaft frönt dem Fetisch Jugendlichkeit, doch die Jugend selbst ist eine vergessene Generation. Sie steht nicht im Zentrum des gesellschaftlichen Geschehens, sondern an dessen Rand. Der Jugendfetisch, den wir anbeten, verlangt von uns allen, neugierig, frisch, glatt, dynamisch, gesund und zukunftsorientiert zu sein.

Doch der jungen Generation, die die Zukunft eigentlich kreativ gestalten sollte, wird von Erwachsenen bedeutet, sie sei ein Problem, eine Last, bereite mehr Sorgen als Hoffnung. Wirklich ernst genommen und umworben werden Jugendliche nur als Konsumenten. Ihre gesellschaftliche Bedeutung kommt folglich aus zweiter Hand. Im Nachkriegsdeutschland ist noch keiner nachgewachsenen Generation so brutal bedeutet worden, dass sie zu großen Teilen weder kulturell noch gesellschaftlich benötigt wird. Ein erheblicher Teil der Eltern- und Großelterngeneration lebt spätestens seit '68 in dem Wahn, Jugendlichkeit und Durchblick gepachtet zu haben. Vor allem Männer dieser Generationen, die es zu etwas gebracht haben, können nicht alt werden. Mit 60 oder 70 Jahren kleiden, bewegen, sprechen und handeln viele noch so, als seien sie gerade 30 geworden.

Es müsste uns Erwachsenen doch sehr zu denken geben, dass wir trotz des herrschenden Jugendfetischs nicht mit der Jugend tauschen würden. Nicht einmal die, die schon mit ihrem verwelkten Leib und ihren verschlissenen Bandscheiben konfrontiert sind, möchten heute noch einmal von vorne anfangen. Arme Jugend. Ist sie nicht angesichts dieser Lage erstaunlich sanft und diszipliniert? Müsste sie in dieser Lage nicht noch sehr viel schriller, gewaltbereiter und undisziplinierter sein?

JUNGFRÄULICHKEIT

Die Wiederherstellung der Jungfräulichkeit, medizinisch Hymenorrhaphie oder Hymenalplastik genannt, wird in bestimmten Kreisen immer beliebter. Sie kostet zurzeit bis zu 5.000 Euro und soll bewirken, dass die Braut in der Hochzeitsnacht blutet. Ein zentrales Problem wird von den Verneblern übersehen oder mit Hilfe von Gott Hymenaeus verschwiegen: dass nämlich normalerweise nur jede zweite Frau beim ersten penetrierenden Geschlechtsverkehr Blut verliert. Außerdem gibt es auch Kunstfalten und Kunstblut.

KAIROS UND KAIROPHOBIE

Kairos ist in der griechischen Mythologie der Gott der günstigen Gelegenheit und des rechten Augenblicks und nach Ion von Chios (490–421 v. Chr.) der jüngste Sohn des griechischen Göttervaters Zeus. Vom Bildhauer Lysippos wird er als blühender Jüngling mit geflügelten Schuhen dargestellt, dem eine Haarlocke in die Stirn fällt, während er am Hinterkopf nur spärliche Anzeichen von Haarwuchs erkennen lässt. Von dieser Statue weiß man, weil der griechische Dichter Poseidippos (3. Jh. v. Chr.) sie in einem Epigramm in Dialogform beschreibt: »Wer bist du?« »Kairos, der alles bezwingt.« »Warum gehst du auf Zehenspitzen?« »Ich laufe unablässig.« »Warum hast du Flügel an den Beinen?« »Ich fliege wie der Wind« usw.

In Trogir (Kroatien) fand sich, jedenfalls vor Jahren, im kleinen Museum des Nonnenklosters St. Nikolaus ein Relief (3. Jh. v. Chr.) mit einer Darstellung des Kairos, der als nackter Jüngling offenbar eine Waage vor sich her trägt. Es wird vermutet, dass dieses Relief der verlorenen Statue des Lysippos nachgebildet ist. Die Redensart, »die Gelegenheit beim Schopfe« zu packen, wird auf diese Darstellung des Gottes zurückgeführt. Wenn die Gelegenheit vorbei ist, kann man sie am kahlen Hinterkopf nicht mehr fassen. Dementsprechend bezeichnet man in der Psychologie die Angst, Entscheidungen zu fällen, als Kairophobie.

Im Gegensatz zu Kairos steht Chronos im Altgriechischen für einen »langen Zeitabschnitt«. In biblischen Texten steht Kairos für einen von Gott gegebenen Zeitpunkt, für eine besondere Chance und Gelegenheit, den Auftrag zu erfüllen. In sozialphilosophischen Werken wird Kairos historisch ähnlich verwandt, zuletzt von Immanuel Wallerstein in seinem Buch *Unthinking Social Science.*

KANT UND DE SADE

Vernunft vs. Unvernunft? Bei kritischer Betrachtung ergibt sich eher das Gegenteil. Der Marquis de Sade ist der Verkünder des vernünftigen Egoismus, den die europäische Aufklärung zum Maßstab erhoben hat, und Immanuel Kant, der Königsberger Weise, spricht zwar auch von der Vernunft, ohne die Sinnlichkeit, wie viele denken, abschätzig zu behandeln, unterzieht sie aber als »reine« einer radikalen Kritik und stellt ihr ein Reich »dunkler Vorstellungen« gegenüber, das, wie später erst Freud angeblich erkannt hätte, »praktisch unendlich« sei. Hinzu kommen bei Kant: Hang, sich täuschen zu lassen; Schauspielerei; unumgänglicher moralischer Schein usw. Bei de Sade dagegen kommt der Egoismus (und die Rationalität) der Aufklärung zu sich: das heißt er entlarvt sich selbst als mitleidslos, zynisch, gemütslos, schamlos, technisch, gewalttätig, eigensüchtig usw. Daher der Rang des poèt maudit als Philosoph von hohen, wenngleich nicht selbstreflexiven Graden. Ihn verbrennen? Um der Vernunft willen!? Zur Pflichtlektüre muss er gemacht werden für die Chefs der Trusts!

KAREZZA

Unter Karezza (ital. *carezza* Liebkosung) wird eine ursprünglich aus indischen und chinesischen Quellen stammende tantrische bzw. daoistische Liebespraktik verstanden, die zuletzt in unserer Kultur im Zuge der → Neosexuellen Revolution als eine Slow-Sex-Bewegung schubweise praktiziert wurde. Zuvor war sie in den USA und Europa bereits von John Humphrey Noyes und Alice Bunker Stockham am Ende des 19. Jahrhunderts empfohlen worden.

Die Karezza ist das Gegenteil vom euroamerikanischen Karnickelsex: rein, raus, rein, raus, abspritzen, fertig, umdrehen, schlafen. Es ist auch das Gegenteil von Karamba und Karacho. Amors Pfeil soll nicht schießen, sondern streichelnd berühren. Denn bei der Karezza geht es nicht um einen Höhepunkt, um Orgasmus, Leistung und Konsum, sondern um Entschleunigung, Ströme sexueller Energie, genannt Magnetation, um seelische und spirituelle Vereinigung der Liebenden, um ein tiefes, auch Stunden anhaltendes, meditatives Transzendieren mit orgasmatischen Empfindungen ohne den üblichen Samenerguss des Mannes mit Orgasmus, obgleich sich sein Penis in der Vagina befindet.

Wie oft das Karessieren bei unerfahrenen Männern unserer Kultur mit Schmerzen im Genitalbereich verbunden ist, die unter anderen Umständen nicht selten beim Ausbleiben des Orgasmus trotz starker sexueller Erregung beobachtet werden, ist bisher sexualmedizinisch nicht untersucht worden.

KATHOLIKEN

Im Mai 2006 spricht Papst Benedikt XVI. im KZ Auschwitz-Birkenau. Eine »Schar von Verbrechern« habe »unser Volk zum Instrument ihrer Wut des Zerstörens« gemacht (zit. nach *SZ*, 30.5.2006, S. 6 und *FR*, 31.5.2006, S. 7). »Unser Volk« hat also keine Schuld so wie die Katholische Kirche samt Vatikan keine Verantwortung hat für die jahrhundertelange Hetze gegen die Juden und das Schweigen zur Nazi-Zeit. Jedenfalls ging Benedikt XVI. in Auschwitz im Angesicht der Mordstätte und seines Herrn weder das Wort Schuld noch das Wort Verantwortung über die trockenen Lippen. »Unser Volk«, er meint die Deutschen, ist für ihn wie die polnischen Katholiken und die Juden ein Opfer einer handvoll Nazi-Verbrecher wie der Katholizismus durch einen von außen injizierten Antijudaismus und Antisemitismus und gegenwärtig speziell in Afrika durch einen Antikondomismus mit nachfolgendem AIDS-Tod offenbar auch nichts als ein Opfer ist.

Im Juli 2008 reiste Papst Benedikt XVI. mit seinem Lieblingsprälaten und Lebensgefährten um den Globus, von Amerika bis Australien, um zu versichern, wie unangenehm ihm der präventive Gebrauch von Kondomen gegen AIDS und der sexuelle Gebrauch von Kindern durch Hunderte seiner Priester sei. Er verstand nicht, wie es dazu kommen konnte und sah keinen Weg, das eine zuzulassen und das andere zu verhindern. Der Weg, den er nicht sah, heißt seit einiger Zeit übrigens Aufklärung. Vielleicht hätte er ihn sehen können, wenn nicht die zwölfjährige Maria vom

Heiligen Geist geschwängert worden wäre, ohne sexuell gebraucht oder gar missbraucht worden zu sein.

Im Mai 2010 sagte Papst Benedikt XVI. über seine Priester, die Kinder sexuell missbraucht hatten, sie seien »Unkraut mitten in der Kirche« (zit. nach *SZ*, 14.5.2010, S. 1). Offenbar hatte der Deutsche auch vergessen, was seine Landsleute mit »menschlichem Unkraut« gemacht haben. Sie haben »es« ausgerottet. Konnte einer, der so sprach, noch an Gottes Liebe glauben? In seiner Rede vom 22. September 2011 vor dem Deutschen Bundestag nannte dieser Papst alle Menschen, die nach christlicher Vorstellung nicht gelingen, »Unkraut«. Offenbar weiß er nicht, dass so die Rassenhygieniker vor und im so genannten Dritten Reich gesprochen haben. Der gegenwärtige Papst Franziskus erfand gerade in einem anderen Zusammenhang den malediktolorisch interessanten Ausdruck »Wortbomben« (vgl. *SZ*, 3.2.2016, S. 8). Außerdem sorgte er gegen den Widerstand seiner Umgebung dafür, dass jetzt in der katholischen Liturgie auch Frauen zum Ritual der Fußwaschung zugelassen werden dürfen. Selbst Frauen! Was für ein unglaublicher Akt der Humanisierung! Sie dürften jetzt bedient werden! Von Männern! Donnerwetter!

Apropos Männer. Die Katholische Kirche hat noch andere zum Himmel und zur Humanität schreiende Probleme. Ganz offensichtlich haben sich in ihren zölibatär-männlichen Einrichtungen mehr sexuell unreife oder sexuell abnorme Missbrauchstäter versammelt als in jeder anderen Männer-Organisation. In Irland zum Beispiel haben im 20. Jahrhundert katholische Mönche und Priester häufiger Kinder sexuell missbraucht als alle anderen Männer des Landes zusammengenommen. Die Bischöfe und Päpste, die Polizei und die Regierungen schauten weg.

Im Januar 2016 steht in vielen Zeitungen, dass bei den Regensburger Domspatzen nach bisherigen Erkundungen mindestens 231 Kinder von Priestern und Lehrern sexuell missbraucht, geschlagen oder gequält worden seien. Der unabhängig ermittelnde Rechtsanwalt Ulrich Weber erklärte, die Dunkelziffer sei sehr groß; er rechne damit, dass etwa jeder Dritte der rund 2.100 Schüler gequält worden sei. Einige Medien fügen hinzu, dass der Domkapellmeister Monsignore Georg Ratzinger, Bruder des damaligen deutschen Papstes, zugeschaut habe. Die *Süddeutsche Zeitung* vom 18. Januar 2016 fasst in einem einseitigen Beitrag von Andreas Glas dieses Elend unter dem Titel »Hölle auf Erden« zusammen.

Will die Katholische Kirche angesichts ihrer seelenzerstörenden Seelsorger in Zukunft als moralische Instanz in Sachen Sexualität mitreden, muss sie sich zunächst einmal selbst geißeln und dann begreifen, dass das Sexuelle zum Menschen gehört wie das geistige Phantasieren und das körperliche Verdauen und dass es als solches nichts Böses ist. Sollte sie das eines Tages tatsächlich begreifen, wird sie im Einklang mit den heiligen Schriften den Zölibat abschaffen, Frauen zu Priesterinnen weihen, Geschiedene und Homosexuelle nicht mehr diskriminieren und die Pädosexuellen in ihren Reihen mit Herzensgüte und Respekt in abstinente Pädophile verwandeln. Und die heute heimlich mit einer Frau oder einem Mann zusammenlebenden Priester könnten sich als Hetero- oder Homosexuelle zu ihrer Liebe bekennen. Oh, mein Gott.

KEUSCHHEIT

Keuschheit ist ohne das Laster nicht zu denken, und das Laster ist nicht ohne die Keuschheit zu denken. Laster und Sittlichkeit gehören untrennbar zusammen wie Promiskuität und Monogamie. Große Denker wie Karl Hauer haben schon vor einhundert Jahren erkannt, dass die Tugend der Keuschheit eine Begierde ist, die ins Geistige vertrieben wurde als eine geheime Erotik, die die Sünde in der Form des heroischen Widerstandes anbetet.

KINDERSEXUALITÄT

Kinder haben vor der Pubertät grundsätzlich eine hohe sexuelle Potenz (→ Säuglingsorgasmus). Wenn der sexuelle Lernprozess bei uns nicht so stark behindert und prolongiert würde, könnten höchstwahrscheinlich fast alle Kinder lange vor der Pubertät Orgasmen erleben. Bei Jungen ist die Fähigkeit, multiple Orgasmen zu erreichen, vor der Pubertät am größten. So erlebte zum Beispiel ein vierjähriger Junge in 24 Stunden 26 Orgasmen. Bei Mädchen nimmt dagegen das Vorkommen multipler Orgasmen mit dem Alter zu.

Bereits 1886 schrieb Hirschsprung in einer der ersten größeren Arbeiten über Säuglingsonanie: »Das Typische ist [...] das Kreuzen der Beine im Sitzen und dann hin- und herrückende Bewegungen mit glühendem Gesicht, starren Augen, vollständiger Beklommenheit bis zur Erreichung des Höhepunktes; der Anfall endet oft mit einem Schluchzer und Collaps.« Onanie ist im Säuglingsalter und in der frühen Kindheit ubiquitär; »kaum ein Individuum entgeht« ihr, heißt es in Freuds *Drei Abhandlungen* von 1905. Von 317 Jungen, die bei sexuellen Betätigungen von Erwachsenen beobachtet worden waren, erreichten rund 30 Prozent im Alter von 2 bis 12 Monaten, 60 Prozent im Alter von 2 bis 5 Jahren und 80 Prozent im Alter von 10 bis 13 Jahren einen Orgasmus (Kinsey et al. 1948). 14 Prozent der von Kinsey et al. (1953) interviewten Frauen konnten sich daran erinnern, vor der Pubertät einen Orgasmus erreicht zu haben; das war die Hälfte der Frauen, die überhaupt sexuelle Empfindungen registriert hatten.

Immer wieder ist berichtet worden, dass Kinder auch »volle« sexuelle Kontakte haben. So schrieb bereits Forel (1909): »Der siebenjährige Sohn [...] fing ganz von sich an, [...] Mädchen nachzustellen, dieselben durch Zuckerzeug ins Gebüsch oder an andere versteckte Stellen zu locken und sich mit ihnen in regelrechter Form zu begatten.« Und aus einem Schwarzen-Slum in St. Louis wurde berichtet (Hammond und Ladner 1969): »Viele Mütter gaben mit den sexuellen Eroberungen ihrer kleinen Söhne an [...]. Eine Mutter [...] meinte dazu: »Die Kinder in dieser Gegend werden eben schnell erwachsen; die fünf oder sechs Jahre alten Krabben von Mädchen wissen über Ficken schon so gut Bescheid wie ich. Mein Sechsjähriger hat schon mit zwei oder drei von diesen scharfen kleinen Bienen gevögelt, und meinem Vierjährigen bringe ich auch bei, wie er die Frauen aufs Kreuz legt. Ich mache ihnen über das Leben nichts vor – sie können es sowieso jeden Tag in jedem Treppenaufgang, Flur oder Aufzug hier in der Gegend sehen!«

Bisher haben vor allem so genannte kulturanthropologische Forschungen direkt gezeigt, in welchem Ausmaß Kinder sexuelle Interessen und Wünsche haben; sie haben auch den direkten Beweis dafür erbracht, dass Jungen und Mädchen mehrere Jahre vor der Pubertät »volle« sexuelle Beziehungen aufnehmen, wenn sie nicht daran gehindert oder wenn sie dabei sogar unterstützt werden, wie beispielsweise bei den Trobriandern, Cewa oder Leptscha. Bei den Hopi und Sirionó masturbieren die Eltern ihre Kinder. Auf Ponape werden Kinder vom 4. bis 5. Lebensjahr an im Koitusverhalten unterwiesen (Ford und Beach 1968).

Die Medizin kannte Kindersexualität schon lange vor Aufkommen der Psychoanalyse und bekämpft sie kontinuierlich. Am eindrucksvollsten ist ihre Antimasturbationskampagne, die im 18. Jahrhundert erste Tiefpunkte erreichte. Freud hat die Kindersexualität nicht entdeckt; er hat sie aber erstmals als »gesunde« und »normale« Erscheinung aufgefasst und theoretisch umfassend eingeordnet. Vor ihm wurde von sexueller Paradoxie gesprochen, wenn ein Kind sich offen sexuell betätigte. Heute denkt man nicht viel anders. Durch die Amnesie der meisten Erwachsenen für die frühe Kindheit wird das Tabu gegen infantile Sexualität lebendig gehalten. Es gehört zu den stärksten, die wir kennen. Die Verdrängung zur Verleugnung ist enorm. Angst- und schuldbeladene Erwachsene brauchen das asexuelle und unschuldige Kind als Gegenbild und Fluchtstätte. Das alles wendet sich nach wie vor auch gegen die Forschung und die ärztliche Praxis.

Kindersexualität ist nicht schädlich oder abnorm und schon gar nicht behandlungsbedürftig; sie wird es erst durch die sekundäre Problematisierung unter bestimmten gesellschaftlichen Verhältnissen. Zu warnen ist immer wieder vor dem Zusatz »exzessiv«, der kein Epitheton ornans ist, sondern oft die scheinbar überwundenen Vorurteile durch die Hintertür wieder hereinlässt. Nachweislich wird er nur nach Maßgabe eigener Ängste und Moralvorstellungen weiter oder enger ausgelegt und ist somit in aller Regel undefinierbar, wissenschaftlich unbrauchbar und gefährlich.

Nach meinem Eindruck war es vor Jahrzehnten (vgl. Sigusch 1974) leichter, in der Medizin über Kindersexualität zu sprechen als heute. Wie die kritische Sexualwissenschaft die kindliche Sexualität gegenwärtig im Einzelnen sieht, kann zum Beispiel bei Düring (2007), Meyenburg (2000), Richter-Appelt (2000) und Sigusch (2015) nachgelesen werden.

KINSEY, ALFRED C.

Als eines der wichtigsten Werke des bedeutendsten Sexualforschers der USA vor 60 Jahren erschienen war, rief mich ein Journalist für dpa aus New York an:

»Herr Professor, seinerzeit war Kinsey ein Skandal, heute gilt er als der große Pionier. Was war er denn nun wirklich?

Kinsey hat eine enorme Bedeutung für die westliche Welt. Seine empirische Sexualforschung ist die eindrucksvollste von allen. Er hat Methoden entwickelt, die die Sexualwissenschaft noch heute bewundert. Er hat 17.502 Leute befragt. Von so einer Stichprobengröße und von so einem Datenbestand konnten wir in Deutschland nur träumen.

Außerdem hat Kinsey enorm wichtige Feldbeobachtungen gemacht, zum Beispiel bei Prostituierten. Er hat 1.000 junge Männer beim Masturbieren gefilmt und herausgefunden, dass es bei den meisten nur tröpfelt, während bei einigen der Samen mehr als zwei Meter weit herausschießt. Er hat selbst zur Sodomie im engeren Sinne, also zu Sex mit Tieren, schon geforscht.

Aber ist es nicht wahrscheinlich, dass vor allem die die Fragebögen beantwortet haben, die ohnehin offener über Sex dachten? Und dass die Verklemmten sich eben zurückgehalten haben?

Kinsey hat immer wieder ganze Gruppen rekrutiert. Er war sehr erfolgreich darin, Leute zu überzeugen, ganz offen über intime Dinge zu sprechen. Und bei diesem Vorgehen lässt sich schon ein deutlicher Schluss ziehen. Natürlich war es insgesamt auch eine begrenzte Gruppe, es waren vor allem gut ausgebildete Weiße im mittleren Alter. Aber trotzdem ist seine Stichprobe eine hervorragende Forschungsgrundlage. Kinsey hat geradezu besessen geforscht. Er ist schon mit 62 gestorben. Wer weiß, was er noch durchleuchtet hätte.

Der Insektenforscher Kinsey hat den Menschen selbst nur als eine Gattung betrachtet und entsprechend auch dessen Gattungsverhalten untersucht. Aber muss man nicht gerade beim Menschen auch so etwas wie Emotionen berücksichtigen?

Das ist Stärke und Schwäche seiner Untersuchung zugleich. In der Tat hat er fast alles, was die Psychoanalyse inzwischen auf die Tagesordnung gebracht hatte, ignoriert. Aber die westliche Sexualkultur war damals auch in einem abscheulichen Zustand. Da war es gut, dass er den ganzen ideologischen und moralischen Ballast einfach nicht beachtet hat. Das war das Aufklärerische damals!

Kinsey war also nicht nur für die Wissenschaft wichtig?

Kinsey ist bis heute ein Meilenstein der Sexualwissenschaft. Er ist der größte empirische Sexualforscher und einer der erfolgreichsten Aufklärer, die wir je hatten. Und entsprechend hat er die Gesellschaft verändert. Wir können uns die moralinsaure Situation von damals heute gar nicht mehr vorstellen. Sie war erbärmlich. Und dann kam Professor Kinsey, hat auf den Tisch gehauen und gesagt: »Ja, es gibt Selbstbefriedigung, Homosexualität und voreheliche Sexualität in allen sozialen Schichten!«

Ich füge hier hinzu: Wer mehr über Alfred Charles Kinsey (1894–1956), sein dramatisches Leben und seine Forschungen erfahren möchte, sollte vor allem lesen, was der bedeutendste deutsche empirische Sexualforscher dazu geschrieben hat in unserem *Personenlexikon der Sexualforschung* (Schmidt 2009).

KLEINSTFAMILIE

Von einer Kleinstfamilie spreche ich, wenn heutzutage Einzelpersonen zu ihrer eigenen Familie werden (→ Familie; Neosexuelle Revolution).

KLITORIS

Was ich in meiner »Theorie« zu sagen versäumt habe? Dass die Klitoris der Frau das einzige menschliche Organ ist, das nur der sexuellen Erregung dient. Der Penis des Mannes dagegen muss noch einer anderen Funktion dienen, der Absonderung von unangenehm riechenden Körperabfällen.

KONDOME

In Frankreich heißen sie *capotes* (Kapuzen), in Spanien *gomas* (Gummis), in Italien *guanti* (Handschuhe), in Portugal *camisinhas* (Hemdchen) usw.

KONSEQUENZ

Im Juni 1991 schaffte die UdSSR die Todesstrafe auf Wirtschaftsverbrechen ab und führte das kapitalistische Wirtschaften ein.

KORRIGIERENDE VERGEWALTIGUNG

Mit dieser verharmlosenden Wendung werden sexuelle Vergewaltigungen von lesbischen Frauen durch heterosexuelle Männer bezeichnet.

KRANKHEIT UND THERAPIE IN SPLITTERSÄTZEN

Die vorbürgerliche Welt kannte Psychologie noch nicht, in der total vergesellschafteten wird es sie wohl nicht mehr geben.

Heute ist Psychologisches in aller Munde – wie wenn seelisch noch etwas zu bestellen wäre.

Eigentlich ist es verrückt, darum zu kämpfen, normal zu sein. Denn nichts ist langweiliger als das. Aber. Nichts ist zugleich beruhigender.

Ist eine Erkrankung tödlich und deren Mystifikation verheerend, fällt es uns allen unendlich schwer, die Wirklichkeit von ihren Verdrehungen zu trennen und die Realangst von der neurotischen.

Gerade weil das Individuum mit dem Allgemeinen zusammengebrannt ist, muss die Differenz von Krankheit und Gesellschaft betont werden. Vernünftige Aufklärung ist nur möglich, wenn eine Krankheit wie → AIDS von ihrer Indienstnahme getrennt wird. Erst dann können die gesellschaftlichen, sozialen und seelischen Instrumentalisierungen erkannt werden. Angesichts der Aufpeitschung ist das Trennen unumgänglich, weil die Menschen sonst von Angst, Ekel, Rache und vom Hass auf die Ansteckenden überschwemmt werden.

Die Instanz, die eine Krankheit und ihre Versachlichung realisiert und mit einer Bedeutung versieht, ist die Personalität als Individualität. Jedes Krankheitsgeschehen ist ebenso allgemein wie individuell. Wäre es nur allgemein, realisierte sich die Krankheit selbst, ohne dass eine handlungsfähige, bedeutende Person dazwischen käme, und jene vom Subjekt abgewandten Wissenschaften hätten recht, die ihre Krankheitstheorie als Analogon der noch vor dem Mond operierenden Wissenschaften konzipieren und idealisieren, mit den zumindest falsch betonten Prämissen, dass erstens dem Krankheitsprozess sein Verlauf an die Stirn geklebt und zweitens die Vielheit der krankhaften Erscheinungen gesetz- oder regelmäßig reduzibel sei. Beiden Prämissen widerspricht die kranke Person, die trotz aller Konventionalisierungen, Mystifikationen und Verdrehungen nicht aufhört, den Facta bruta zu widersprechen – bis hin zur Genesung, die die naturwissenschaftlich imprägnierten Experten ausgeschlossen hatten.

In Wirklichkeit enthält jede pathogenetische Gleichung, die für eine Sexualstörung aufgestellt wird, die Unbekannten, die dem Untersucher wegen seines eingeengten krankheitstheoretischen oder persönlichen Blicks oder aus prinzipiellen Gründen verschlossen bleiben.

Heute ist der Körper entweder das Tierische, das Schlechte, das Sterbliche, die Leiche, die schon der antike Geist aus ihm gemacht hat, oder er ist das letzte Bollwerk gegen das alles durchdringende Gesellschaftliche, der letzte Schlupfwinkel, in den sich die Natur als das scheinbar Ursprüngliche zurückgezogen hat.

In der heutigen Allerweltspsychotherapie als Pipifax und Massage, als Show und leichtes Volksnahrungsmittel reflektiert sich die Fatalität des Ganzen.

Das Ziel der Allerweltspsychotherapie ist das Gesellschaftsmitglied, das wie geölt funktioniert, letztlich jener

Typus, der weder ein Ich hat noch unbewusst handelt, vielmehr reflexartig reagiert, dem objektivalen Zug entlang.

Sexuelle Funktionsstörungen sollten Erlebens- oder Befriedigungsstörungen heißen, wenn es gar nicht um das mechanisch-körperliche Funktionieren der Geschlechtsorgane geht, sondern darum, dass das Erleben beeinträchtigt ist oder die Befriedigung trotz des Funktionierens ausbleibt.

KRÄNKUNGEN DER EIGENLIEBE

Bekanntlich behauptete Freud (1917: 11), »daß das Ich nicht Herr sei in seinem eigenen Haus«. Er nannte das »die dritte Kränkung der Eigenliebe«, die als psychologische der kosmologischen des Kopernikus und der biologischen des Darwin gefolgt sei. Ahnen konnten die alten Sexuologen ebenso wenig wie Freud, dass Adorno (1966) eine vierte Kränkung hinzufügen würde, indem er das Transzendentalsubjekt als bewusstlos erkannte, und dass Foucault (1966/1971: 462) zur selben Zeit archäologisch darauf wetten würde, »daß der Mensch verschwindet wie am Meeresufer ein Gesicht im Sand«. Dabei sind Wissen und Wahrheit bei dem »Archäologen« Foucault nicht mehr bezogen auf kritisch-souverän entwerfende und prüfende Subjekte, jedenfalls nicht bis zur späten Wende des zweiten Bandes seiner *Histoire de la sexualité* (1984), in dem er sich als »Genealoge« immerhin daran erinnert, dass das Begehren individuell ist und der antike Bürger durch Selbstpraktiken souverän. Heute ist der so genannte Bürger nicht nur nicht »Herr im eigenen Haus«, er ist ein Fremder in fremdem Haus, in seinem eigenen Ausland.

KRITIK DER SEXUALMEDIZINISCHEN FACHSPRACHE

Die westlichen Gesellschaften haben keine Sexualkultur hervorgebracht, die den Namen Ars erotica verdiente. Folglich kommt unsere Sprache der Liebe und der Lust entweder aus der Kinderstube oder aus der Gosse oder aus dem medizinischen Lexikon. Doch das ärztliche Vokabular ist auch nicht ohne Tücken. Wörter und Worte, die einer benutzt, lassen darauf schließen, wie er empfindet, wie er etwas sieht und an welche Denksysteme er sich anlehnt. Man sage also nicht, es sei gleichgültig, ob wir von Schamlippen sprechen oder von Labien oder von Venuslippen. Hinter jedem Ausdruck steht eine Geschichte oder eine Intention, die oft so sehr in Fleisch und Blut übergegangen ist, dass wir sie nur mit Mühe erkennen können. In der Wissenschaft ist es außerdem aus Gründen der möglichst unverzerrten Kommunikation und des Operationalisierens notwendig, sich über die verwendeten Begriffe Klarheit zu verschaffen. Bis vor einigen Jahren war es leider beinahe allgemein üblich, sexuelle Funktionsstörungen mit globalen Ausdrücken wie *Impotenz* zu bezeichnen, sodass wir heute zum Beispiel nicht beurteilen können, ob der Chirurg nach dem Eingriff eine Erektionsstörung oder eine Ejakulationsstörung oder eine Orgasmusstörung als Operationsfolge in seiner Veröffentlichung angeben wollte.

Ausdrücke wie *Frigidität* und *Gefühlskälte* benutzen wir überhaupt nicht, weil sie nicht nur verwaschen, sondern auch unauslöschlich diskriminierend sind. Früher wurde mit dem Ausdruck *Frigidität* allen »anständigen« Frauen unterstellt, gefühlskalt zu sein, unfähig, sich »geschlechtlich hinzugeben«. Heute sollte dieser Terminus, um einmal mit der Jugend zu sprechen, megaout sein. Wer ihn weiterhin benutzt, setzt sich dem Verdacht des Sexismus aus und ignoriert die Geschichte der Austreibung der weiblichen Lüste, die in ihm zusammenschießt wie in kaum einem anderen Fachausdruck der alten Psychoanalyse, Sexualwissenschaft und Gynäkologie.

Sexuelle Dysfunktion wird heute in der medizinischen Literatur mit dem älteren Ausdruck *sexuelle Funktionsstörung* gleichgesetzt und diesem oft vorgezogen. Was ist von diesem Ausdruck zu halten? Vor Jahrzehnten habe ich in pragmatischer Hinsicht vorgeschlagen, eine primär organisch-mechanisch bedingte Funktionsstörung »sexuelle Dysfunktion« und eine primär psychosozial bedingte »funktionelle Sexualstörung« zu nennen. Unter der Bezeichnung »sexuelle Funktionsstörung« sollten beide zusammengefasst werden. Wenn die Ausdrücke in Kurzform benutzt werden, wird noch deutlicher, was gemeint war: *Dysfunktion versus Sexualstörung*. Auch heute noch spreche ich von »Dysfunktion«, wenn die Organogenese betont werden soll, von »Sexualstörung« aber, wenn die Psychogenese primär im Vordergrund steht. Das hat übrigens auch semantische Vorteile, sobald der Terminus »Dysfunktion« mit einem anderen Wort verbunden wird. Zum Beispiel: *erektile Dysfunktion*.

Diese inzwischen gängige Bezeichnung ist sinnlos, nein: blödsinnig, weil sie besagt: schwellfähige Fehlfunktion.

Ausdrücke wie *Impotenz* und *Potenzstörung* sind ebenso nichts- wie vielsagend. Werden alle Beeinträchtigungen des sexuellen Erlebens und Reagierens unabhängig von abgrenzbaren Funktionsstörungen gemeint, kann natürlich weiterhin von »Impotenz« gesprochen werden, wie wir es auch gelegentlich tun. Bedacht aber werden sollte, dass viele Menschen diesen Ausdruck als herabsetzend erleben. In der alten und zum Teil auch in der gegenwärtigen Literatur werden die Leitsymptome Appetenzstörung (Impotentia concupiscentiae), Erektionsstörung (Impotentia erectionis), Ejakulationsstörung (Impotentia ejaculationis) und Satisfaktionsstörung (Impotentia satisfactionis oder Impotentia emotionalis) als spezielle Impotenzen bezeichnet. Dem ärztlichen Hang zum Latinisieren folgend, der mir nicht fremd ist, könnte die Erregungsstörung Impotentia excitationis und die Lubrikations-Schwell-Störung Impotentia lubricationis genannt werden. Die Schmerzstörung müsste wohl aber Turbatio sensationis heißen.

Lustlosigkeit ist ein Ausdruck, der am Ende des 20. Jahrhunderts von Sexuologen aufgegriffen worden ist. Seither wird vor allem bei Patientinnen zunehmend »Lustlosigkeit« dort diagnostiziert, wo früher Störungen des Verlangens und der Erregung oder eine Anorgasmie angenommen worden waren. Bei kritischer Verwendung soll der Ausdruck der Parallelisierung des so genannten sexuellen Reaktionszyklus von Männern mit dem von Frauen, wie seit Masters und Johnson (1966) üblich, widersprechen und die Geschlechterdifferenz beachten, die sich beispielsweise insofern niederschlägt, als Frauen sich nicht selten dann als »lustlos« bezeichnen, wenn sie andere Bedürfnisse haben als der Partner oder seltener Geschlechtsverkehr haben möchten als er. Problematisch an dem Ausdruck ist, dass er nichts über das aussagt, was trotz allem da ist: andersartige Wünsche und missachtete lustvolle Äußerungen von Frauen, andersartige Vorstellungen von einer erotischen oder sexuellen Beziehung.

Libidostörung wird vor allem von Somatikern synonym zu Appetenzstörung benutzt. Ich finde ihn aus zwei theoretischen Gründen falsch. Zum einen bezeichnet »Libido« in der Sexualtheorie etwas vollkommen Abstraktes, Metapsychologisches, das keinen fassbaren psychophysischen Boden hat. Zum anderen wird fälschlicherweise insinuiert, es läge so etwas wie eine endogene »Triebstörung« vor. Blühender Unsinn ist es übrigens, bei der Frau einen Libido-Quotienten, genannt LQ, bestimmen zu wollen, wie es einige »Experten« versuchen.

Viele Menschen finden zweifelsohne auch den Ausdruck *Perversion* diskriminierend. Mit ihm werden tatsächlich im öffentlichen Gerede die Abscheulichkeiten schlechthin belegt, von der Neutronenbombe bis hin zum Holocaust. Dass wir ihn trotzdem weiterhin benutzen, hat mit differenten Überlegungen zu tun. Zum einen wäre seine Aufgabe mit einer Distanzierung von der bisherigen Perversionslehre verbunden. Dafür könnten zwar etliche Argumente ins Feld geführt werden, wenn wir daran denken wie niederträchtig einige Psychiater und Psychoanalytiker über perverse Menschen gesprochen haben. Andererseits haben solche Menschenfreunde auch niederträchtig über Homosexuelle gesprochen, ohne dass dieser Ausdruck, der die von ihm getroffenen Personen stigmatisierend reduziert, aufgegeben worden wäre. Im Gegenteil, die Homosexuellen selbst haben das Schimpfwort »schwul«, das ihn noch übertrumpft, ins Kämpferisch-Stolze gewendet. Ähnliches, wenngleich nicht von einer sozialen Bewegung flankiert, ereignet sich zurzeit mit dem Ausdruck »pervers«, jedenfalls in den USA und Großbritannien. Zum anderen verfügen wir über kein Wort, das weder verlogen noch verharmlosend wäre. Im Klinischen geht es nicht um soziologisch definierte Abweichungen im Sinne einer Deviation und auch nicht um Harmlosigkeiten wie sie der Ausdruck Paraphilie nahelegt. Päd*ophilie* heißt beispielsweise Zuneigung, Hinwendung, Liebe zum Kind. Das gibt es bei »Pädophilen«. Verschwiegen aber werden die Risiken und Katastrophen. Da ist es schon deutlicher, von Päd*osexualität* zu sprechen. Nach meinem Gefühl entspricht der Ausdruck Perversion nach wie vor mit seiner Affekt- und Stereotypnähe der persönlichen psychosozialen Situation, in der sich Menschen befinden, deren Sexualleben von Zwängen und Süchtigkeiten bestimmt wird.

KRITISCHE THEORIE

Merkwürdig. Die Kritische Theorie (KT) unterscheidet sich laut Adorno (1969/2003: 292) von der traditionellen und von der marxistischen Theorie durch folgende Annahmen: 1. Der »subjektive Faktor« wird einbezogen als »Kitt«, der die Gesellschaft zusammenhält. 2. Philosophische Fragen können nicht durch Weltanschauungen vorentschieden werden, das heißt auch der Marxismus kann nicht einfach Philosophie werden. 3. KT ist in jeder Hinsicht antitotalitär, auch politisch. 4. KT ist keine Ontologie, kein positiver Materialismus; verwirklichter Materialismus ist zugleich dessen Abschaffung. 5. KT kann nicht Wissenschaft sein wie Marx und Engels postulierten; Wissenschaft ist »eine unter anderen gesellschaftlichen Produktivkräften und verflochten in die Produktionsverhältnisse«. 6. Das heißt, der Marxismus muss sich selbst kritisch reflektieren, und der Positivismus ist »eine beschränkte Gestalt der Vernunft«. 7. Gegen den Materialismus als Metaphysik nimmt KT Dialektik »unvergleichlich viel schwerer als der etablierte Marxismus«. 8. Insofern es KT um eine menschenwürdige Gesellschaft geht, ist sie praktisch, nicht aber ist sie zu messen »nach Praxis als einem thema probandum«; eine Einheit von Theorie und Praxis hypostasiert sie nicht. Jetzt verstehen wir, warum Kritische Theoretiker die Polizei gerufen haben, als die Studierenden zur Zeit der zweiten sexuellen Revolution protestierten. Merkwürdig aber die anhaltende Rede von der »Objektivität der Wahrheit« (ebd.).

KULTUR UND GESELLSCHAFT IN SPLITTERSÄTZEN

Anders als in anderen Kulturen geht es bei uns seit Jahrtausenden immer stärker und seit Jahrhunderten vorrangig um das Externalisieren von Wünschen, um das reale Befriedigen unserer Gier. Das ist aber nur möglich, wenn das zum Irrationalen Erklärte auch real dazu wird, damit es herausgetrieben werden kann. Der frühe Foucault hat das geradezu physisch empfunden. Vor ihm hatten es Künstler am eigenen Leib gespürt.

Als Gott und die Religion ausgespielt hatten, installierten sich Vernunft und Reflexionsphilosophie als neue oberste Gerichte. Eine andere, totale Partialisierung entstand: die der identifizierenden Vergesellschaftung.

Das Kapital ist heute das moderne Goldene Kalb, um das getanzt wird. Es ist das Ineffabile, das das Tabu und Gott abgelöst hat.

Der Kapitalismus ist bei uns zur Allerwelts- und Staatsreligion geworden. Reiche und Arme, Kapitalisten und Lohnabhängige sitzen fundamentalistisch gegen den Rest des Weltmarktes in einem Boot. Das Boot ist voll mit Egoismus und heißt Standort Deutschland. Keine Stimme von Gewicht sagt etwas anderes. Parteien haben sich zu einem Kartell der An- und Vorbeter vereinigt.

Das »Verrückte« am Kapitalismus ist, dass er Freiräume eröffnete, im Kopf und als reale Möglichkeit im Leben, von denen die voraus gegangenen Generationen nicht einmal träumen konnten.

Die alte Klassengesellschaft zeichnet sich ebenso wie die alte Massen-Arbeitnehmergesellschaft durch die Diversifikations-, Spaltungs-, Marginalisierungs- und Aussonderungsprozesse nur noch schemenhaft am historischen Horizont ab.

Nach dem, was bisher zu erkennen ist, läuft der Postfordismus in vielem auf das exakte Gegenteil dessen hinaus, was der Fordismus etabliert hat. Statt Egalität, Sicherheit, Standardisierung und sozialem Frieden stehen jetzt Ungleichheit, Flexibilität, Deregulierung und soziale Kämpfe auf dem Plan.

Vereinzelung *und* Vergesellschaftung, Befreiung *und* Unterdrückung, Befriedigung *und* Versagung, Aufklärung *und* Mystifikation – das sind Tendenzen, die den Kapitalismus so paradox machen.

Das Hand-in-Hand von Vereinzelung *und* Vergesellschaftung bedeutet, dass zwar neue Fragen gestellt, Probleme erörtert und Differenzierungen vorgenommen werden können; der allgemeinen Fetischisierung entgeht aber nichts, auf die Adaequatio wird alles gezogen.

Die aporetische Paradoxie von subjektivem Selbstbewusstsein einerseits und gesellschaftlicher Verstofflichung andererseits spannt unsere Welt zum Zerreißen an.

Der Patriarchalismus kann womöglich wesentlich psychologisch verstanden werden, die Gesellschaft aber nicht.

Die kritische Sexualwissenschaft betont die Nichtidentität von Patriarchat und Kapitalismus, von Patriarchalismus und »sozialer Marktwirtschaft«. Denn der Sturz des einen hätte keineswegs den Sturz des anderen zur Folge; das Verschwinden von phallischem Monismus und Patriarchat bescherte uns keinen Verein freier Menschen. Diese »Weltanschauung«, die im liberalen Feminismus vertreten wird, ist röhrenförmig eingeengt wie es die sowjetmarxistische Ökonomieorthodoxie war.

Es stimmt: Der Denunziant ist der größte Lump im ganzen Land. Doch vergessen wir nicht: Wir sind alle Denunzianten, weil wir in einer → Denunziationsgesellschaft leben.

Das Medium, das Generalität besitzt, ist Geld, nicht Wahrheit. Von der Wahrheit der Wissenschaft, allzu korrumpiert, haben viele die Nase voll. Und die Wahrheiten der Politik, eine Fusion von Wahrheit und Unwahrheit, hat spätestens Günther Anders als ein perennierendes (Sich-)Wahr-Lügen entlarvt.

Dass die Deutschen Abführmittel und Ohrschmalzentferner in einem ebenso unschönen wie schmuddeligen Beutel bei sich tragen, den sie durch das vorgesetzte Wort Kultur zu adeln suchen, spricht Bände über den Stand ihrer Zivilität.

Für Saubermänner und Sauberfrauen ist nichts befriedigender als das Operieren am Volkskörper.

Weil die kapitalistische Gesellschaft heute hochkomplex ist, sind andere Theorien und Analysen als solche des Kapitals notwendig: zum Beispiel → Hylomatie. Außerdem sind Theorien notwendig, die historisch fortgeschleppte Strukturen betreffen: zum Beispiel Patriarchalismus, Rassismus.

Das Unrechtssystem hört auf, ein Unrechtssystem zu sein, wenn es von innen heraus angeklagt wird.

Die bürgerliche Gesellschaft hat sich ihr Herz mit allen Arterien in Auschwitz herausgerissen und ihre Vernunft, die die Barbarei gedanklich vorbereitete und, als sie hässlicher aussah und brutaler war als sie dachte, nicht verhinderte.

Seit Auschwitz beinhaltet jeder Zustand der Lust und des Glücks nicht nur die lautlosen Schreie der proletarischen Mütter, er ist von den Schreien der auf die Rampe Geschleppten durchgellt. Das macht jedes Wohlbehagen in der Kultur objektiv ruchlos.

Seit Auschwitz muss jeder menschenfeindliche Ton als bare Münze genommen werden.

Heute wissen alle Bescheid, und keiner hat eine Ahnung.

LEBEN

Das ganze Leben ist ein einziger Abschied: von der Kindheit, von den Eltern, von der Schule, von den Lehrerinnen und Lehrern, von der Gesundheit, von der sexuellen Potenz, vom Erinnerungsvermögen, vom Waldlauf, von den Rucksackreisen, von den frühen Schlagern, vom Musikinstrument, von Liebespartnerinnen und Liebespartnern, von Freundinnen und Freunden, die einfach wegsterben und so weiter, und so fort.

LIEBE ALS EINZIGARTIGE KOSTBARKEIT

In einer Welt, in der scheinbar alles fabriziert und gekauft werden kann, ist die Liebe unser kostbarstes Gut. Niemand kann sie herstellen, niemand kann sie erzwingen und niemand kann sie verkaufen. Sie ist gewissermaßen das Negativ der Ware. Das aber ist in einer Welt des Machens und Verkaufens ebenso phantastisch wie einzigartig. Nicht vergessen sei, dass die personale Liebe eine erst vor wenigen Generationen durch den Sieg der Bourgeoisie und das Ende der Hungersnöte bei uns allgemein möglich gewordene, instabile Fähigkeit der Menschen ist, derer sie in menschlichen Verhältnissen nicht werden entraten wollen. In ihr überwintert in der gesellschaftlichen Kälte eine Einzigartigkeit.

LIEBE ALS MYSTIFIKATION

In unserer gegenwärtigen Kultur ist die individuelle Geschlechtsliebe ein Fetisch, eine gesellschaftliche Mystifikation. Als fetischisierte schöpft die Liebe ihren Wert aus sich selbst, setzt sich in ihr eigenes Recht. Dann sind Naturgesetze am Ruder, gegen die niemand etwas auszurichten vermag. Wer liebt, kann kommen und gehen, wann er will. Denn die Liebe ist auch die Moral schlechthin. Sie lässt sich nicht begründen und bedarf keiner Begründung. Stellt sie sich ein, ist das ersehnte volle persönliche und intime Leben errichtet, die alltägliche Verstofflichung überwunden. Das Verhältnis von Mensch zu Mensch scheint endlich eines der Unmittelbarkeit zu sein, dem Diktat der allgemeinen Berechnung und Käuflichkeit entzogen. Noch als Fetisch aber ist die alltägliche Liebe, obgleich selbstgerecht, maßlos und stereotyp, ein lebenserhaltendes Erfordernis in der gesellschaftlichen Abstraktion, Kälte und Distanz. Sie ist ein Modus des irrationalen Überlebens in einer Welt der disziplinierenden Rationalität. Mehr noch: Sie ist eines der kostbarsten Güter im Leben. Wo denn sonst könnten sich die Individuen verstanden, geborgen und nahe fühlen, wenn nicht in ihren Liebesbeziehungen?

Ist der Liebe wie dem Sexuellen seelisch und sozial die Funktion zugewiesen, gesellschaftliche Leere zu überbrücken, Lücken aufzufüllen, Sinn vorzutäuschen, Lebendigkeit einzublasen, die Menschen überhaupt noch etwas Menschliches spüren zu lassen, so tun beide eben dies alles. Denn wir wollen alle lieben und geliebt werden, auf dass unsere kleine Welt voller erregter Harmonie sei und die große wenigstens augenblicklich in Ordnung. Wir wollen alle mit einem Menschen glücklich sein. Dieser Wunsch der Wünsche hat die Kraft einer Naturgewalt. Er wird gebildet in den ersten Verhältnissen zu anderen Menschen. Er repräsentiert den Himmel der Paradiese ebenso wie die Hölle der Zuchthäuser, in die wir als Kinder geraten. Von Generation zu Generation wird trotz aufwühlender sexueller Revolutionen an der Idee der Liebe festgehalten wie am Fetisch. Deshalb versuchen die Liebenden immer wieder mit den Mitteln des Rauschs, der Sucht und des Wahnsinns, das Erstarrte zum Tanzen zu bringen. Das aber ist ein Wagnis, weil wir auf Abwehr, das Niederhalten der Affekte und das Einpassen in die erstarrte Realität ebenso angewiesen sind. Da es so widersprüchlich, ambivalent und egoistisch zugeht, werden wir nicht nur auf die Kurzlebigkeit und das Versagen der mystifizierten Liebe gefasst sein müssen, sondern auch auf ihre Substitution.

Der Fetisch Liebe befestigt nicht nur die Einheit des Scheins, weil Barrieren gegen das Auseinanderfallen in widerborstige Lustmomente errichtet werden müssen. Er gründet auch auf anderen Widersprüchen und Paradoxien, die sich zeigen, wenn das zerstört wird, woran sich alles zusammenfügte, wenn mit Hass quittiert wird, worum die Selbstaufgabe und das Fallenlassen nicht wussten. Entsprechend beim Reizmoment. Es ist ja nicht menschenfeindlich, wenn Bedürfnisse und Wünsche geweckt und erzeugt werden. Warenästhetik meint ja auch, dass nicht nur mit Schein befriedigt wird, sondern dass neue Hungrigkeiten ihr Recht suchen werden. Hier wird nicht nur verheißen; die Möglichkeit ist objektiv. Die von der Warenwelt in ungeheurer Zahl und Qualität ausgestrahlten Reizmomente lassen durch

Schablonisieren und endloses Rotieren die Phantasiewelt nicht nur versanden. Sie bereichern auch, putschen auf und kritisieren die Festigkeit der objektiven Formen, ohne die es sie gar nicht gäbe. Die unendliche Vielfalt und Virulenz der isolierten Reizmomente entwirft unwillkürlich das Bild eines gesellschaftlichen Zustandes, in dem nicht jeder Sinnenreiz vom Verstand blau geschlagen würde, weil er plötzlich einschießt, ohne höhere Weihe, oberflächlich und kurzlebig ist. Es scheint, als sei jetzt die Idee des freien, gleichen, individuellen Sinnenreizes in die Welt gesetzt, gegen dessen Isoliertheit an sich sinnlicher- und vernünftigerweise nichts einzuwenden ist. Das gleichzeitige Vorhandensein von dauerhafter Sinnesgemeinschaft und kurzlebiger Drangabfuhr erinnert daran, dass beides einmal in ein Gleichgewicht kommen könnte. Indem die gesellschaftliche Mystifikation des Sexuellen die Idee der individuellen Liebe allgemein erledigt, setzt sie sie erneut in die Welt.

LIEBE ALS STRÖMUNGSART

Inhaltlich sind verschiedene Arten der Liebe zu unterscheiden: die rasend besitzergreifende, die verspielt erobernde, die vorteilhaft praktische und vor allem die romantisch leidenschaftliche Liebe. Über sie sagte eine weise Frau, sie bestehe aus sexuellem Begehren, emotionaler Zuneigung, tiefem Vertrauen und uneingeschränkter Verantwortung. Fehle eine dieser Strömungen, ginge es gerade noch. Fehlten zwei, sei die romantisch leidenschaftliche Liebe am Ende.

LIEBE ALS HOHES UND ALS NIEDERES LIED

Alle ahnen: Paarbildung, in welcher Form auch immer, garantiert keinen sicheren Unterschlupf. Umso verbissener wird es versucht. Und stellt sich die Liebe ein, muss um den Erhalt dieser Einzigartigkeit, dieser Kostbarkeit in unserer Welt der Virtualitäten und Käuflichkeiten gekämpft werden – gegen die allgemeine Tendenz zur Verhinderung und gegen die Mystifikation. Unsere Fähigkeit zu lieben ist eine Anpassungsleistung; sie geht auf Prozesse des Verbindens und Gewährens, des Trennens und Versagens zurück. Liebe und Sinnlichkeit gründen auf Einsamkeit und Gewalt ebenso wie auf kolossaler Wunscherfüllung und dem Eintauchen ins psychosomatische All. Sie sind real und irreal, pragmatisch und irrational. Das, was wir Liebe nennen, enthält einander entgegengesetzte Strebungen. Repräsentiert die eine den Himmel, steht die andere für die Hölle des ersten Verhältnisses zu einem Menschen. Folglich singen wir lebenslänglich ein hohes und ein niederes Lied.

Das hohe Lied der Liebe klingt bekanntlich so: Mein Geliebter ist leuchtend rot, auserkoren unter Tausenden. Sein Haupt ist das feinste Gold, seine Locken sind rabenschwarze Dattelrispen, seine Augen sind wie die Augen der Tauben an den Wasserbächen, mit Milch gewaschen und in Fülle stehend, seine Lippen sind Blumen, die von fließender Myrrhe triefen, sein Leib ist reines Elfenbein, mit Saphiren geschmückt, seine Schenkel sind Alabastersäulen, gegründet auf goldenen Sockeln, sein Gaumen ist lauter Süße. Alles an ihm ist Lust. Er ist ganz lieblich. Wenn er mich doch küsste mit den Küssen seines Mundes! Auch an der Geliebten ist kein Flecken. Ihre Brüste sind wie zwei junge Rehe, die unter Rosen weiden. Doch als er sie küssen will mit den Küssen seiner Rosen, sind sie alle im Garten der Lust versiegelt: Milch und Honig, Granatapfel und Aloe, Narde, Safran, Zimt und Kalmus, all die edlen Früchte des Weihrauchs, die ihm das Herz genommen haben. Die Geliebte ist eine verschlossene Quelle, ein versiegelter Born lebendiger Wasser. Steht auf ihr Winde, muss er rufen, weht durch den Garten, dass seine Würzen triefen! So begann das niedere Lied der Liebe bereits vor Jahrtausenden, seine Verse zu suchen. Heute können wir sie alle im Schlaf hersingen, weil die Liebenden des salomonischen Lieds der Lieder keine Pioniere mehr sind. Seit es unser Individuum gibt, jedenfalls auf dem Papier, sollen wir alle wie Daphnis sein oder wie Cloë.

Auf den Schlachtbänken, die zwischen uns und den antiken Bürgern liegen, wurde ein neuer sittlicher Maßstab errichtet: Liebe als freie Übereinkunft autonomer Subjekte, als ein Menschenrecht beider, des Mannes und der Frau, ebenso erregend wie gewissenhaft. Konnte die Installation gelingen, obgleich die Voraussetzungen (»freie Übereinkunft«) falsch, die Zutaten (»autonome Subjekte«) unkäuflich und die Vertragsabsichten (»Menschenrecht beider«) uneinlösbar waren? Dieser Idee von der freien, gleichen, individuellen Geschlechtsliebe, die die Bourgeoisie zur allgemeinen erhoben hat, geht es im alltäglichen Leben, jenseits der Romane und Traktate, unablässig an den Kragen.

Von klein auf geängstigt und entwertet, tagein, tagaus, wenn es hoch kommt, ein Rädchen in der Maschinerie des Bestehenden, eingestanzt ins Verhältnis von Herr und Knecht, sollen wir im Liebesleben das Gegenteil all dessen sein – plötzlich wir selber, lebendig und unverstellt, die Seele ganz gelöst.

LIEBE IN SPLITTERSÄTZEN

Die Liebe eines Menschen ohne jede Berechnung ist das wirksamste Heilmittel für jedes Leid.

Wie der Fetisch Liebe seinen Wert aus seinem Wesen selbst schöpft, nimmt ihn die Verliebtheit aus der Raserei der Affekte.

Das Sichverlieben ist so natürlich oder unnatürlich wie die sich suchtartig entwickelnde Perversion.

In der Liebe fallen Animalität und Humanität, Abstraktion und Konkretion zusammen.

Wie es keine unmittelbare Kundgabe einer unmittelbaren Wesenheit Geschlecht gibt, so gibt es keine unmittelbare Kundgabe einer unmittelbaren Wesenheit Liebe.

Besteht der Fetischcharakter der Liebe im Nichttauschwertversprechen, hat er in der Sphäre des Reizes eine andere Gestalt. Nicht der Schein des Nichttauschwerts fungiert hier als Tauschwert, sondern der Schein des Gebrauchswerts, das Gebrauchswertversprechen. Doch hier wie dort bemächtigt sich der Schein von Lust und Unmittelbarkeit des Tauschwerts. Heraus kommen lustvolle Lustfeindschaft und Menschenverachtung in Liebe.

Wer von klein auf geängstigt und entwertet wird, kann in der Liebe nicht kühn und souverän sein.

Schüchternheit ziert dann am meisten, wenn sie zwar überwunden, nicht aber beseitigt wird.

Das normale und glückliche Liebesleben ist seit Jahrhunderten die Ideologie seiner Verhinderung.

Unsere Helden der Liebe sind ebenso Indices des falschen Lebens wie unsere so genannten Sexualstraftäter. Unsere Liebe ist egomanisch und asozial, eine nahe Verwandte des Wahnsinns und der Sucht. Sie ist blind und ungerecht. Einerseits. Andererseits ist sie so menschenfreundlich wie sonst nichts.

Nur ihre Überschätzung in der Kultur bewahrte die Liebe gewöhnlich davor, als Krankheit im Sinne der Reichsversicherungsordnung liquidiert zu werden.

Erich Kästner: »Die Liebe ist ein Zeitvertreib, man nimmt dazu den Unterleib.«

Lange Liebesbeziehungen ohne einen Fetisch beginnen mit Orgasmen und enden mit Begrüßungsküssen.

LIEBESSTILE

Der kanadische Soziologe John Alan Lee hat bereits vor Jahrzehnten Einpersonen-Liebesstile beschrieben und mit einem griechischen Wort bezeichnet: *Eros* (leidenschaftlich, romantisch), *Mania* (besitzergreifend, eifersüchtig), *Ludus* (spielerisch, erobernd), *Storge* (freundschaftlich, kooperativ), *Pragma* (vernünftig, vorteilhaft) und *Agape* (selbstlos, altruistisch).

LIGURINUS-SCHOCK

Das ist, etwas laienhaft gesagt, aus psychoanalytischer Sicht die Wiederholung einer narzisstischen Pubertätskrise, die Männer im Alter von etwa 50 Jahren nicht selten durchleben. Ligurinus ist der Name des Knaben, dessen Schönheit Horaz in seinen Oden besingt (10. Ode des 4. Buches). Eindrucksvoll beschrieben hat der Psychoanalytiker Gunter Mecke diese Krise in der Zeitschrift *Psyche* (1975).

LIMERENZ

Die US-amerikanische Verhaltenspsychologin Dorothy Tennov hat mit ihrem Buch *Love and Limerence* (1979) diesen Ausdruck bekannt gemacht. Sie meint damit eine extreme Verliebtheit, die in ihrer Besessenheit, Süchtigkeit und Egomanie an Wahnsinn grenzt. Mehr ist dazu nicht zu sagen.

LINGAM

Lingam oder Linga (Sanskrit Symbol, Zeichen) meint, grob gesagt, das männliche Prinzip im Hinduismus, symbolisiert den Phallus des Gottes Shiva, abgebildet in Stein, Metall usw. Lingam symbolisiert aber auch die aufbauenden und zerstörerischen Kräfte der Natur. In den heutigen westlichen Gesellschaften wird Lingam als Synonym für den Penis benutzt (→ Yoni)

LIQUID GENDER

Um einem speziellen kulturellen Wandel auch semantisch gerecht zu werden, habe ich 2013 in der ersten Auflage meines Buches *Sexualitäten. Eine kritische Theorie in 99 Fragmenten* die Worte *liquid* (lat. *liquidus* flüssig, fließend) und *gender* (engl. kulturelles Geschlecht) zusammengeführt zu Liquid Gender (vgl. Sigusch 2013, 2015). Zuvor waren mir immer wieder Ratsuchende begegnet, die zwischen unseren beiden großen Geschlechtern hin und her glitten, und zwar in beiden Geschlechtsrollen sehr überzeugend. Da heute eine operative Geschlechtsumwandlung möglich ist, muss sie nicht mehr gegen alle Zweifel auf der Stelle erreicht werden. Wenn alle Entscheidungen rechtlich noch eindeutiger den Einzelnen freigestellt würden, lebten noch mehr Menschen ohne irreversible medizinische Eingriffe ein Liquid Gender. »Hoffen wir also auf weitere Liberalisierungen im Zuge der neosexuellen Revolution. Zu erreichen sind sie sicher nur, wenn die Betroffenen sich weiterhin organisieren und nicht aufhören, ihr geschlechtliches Selbstbestimmungsrecht einzufordern. Die Herrschaftszeit von ›entweder Mann oder Frau‹ sowie von ›ein Mann und eine Frau‹ neigt sich jedenfalls bei uns ihrem glanzlosen Ende entgegen« (Sigusch 2013, S. 187).

LOVE-SCAMMER

Männer, die im Internet Frauen über Social-Media-Kanäle durch das raffinierte Vorspiegeln falscher Tatsachen emotional bewegen und finanziell ausnehmen, werden Romance- oder Love-Scammer genannt. Das englische Wort *scamm* bedeutet Betrug. Besonders raffiniert soll die sogenannte Nigeria Connection sein, die, gesteuert von Hintermännern in den USA und Europa, durch Romance-Scamm Millionen Dollar eintreibe. Auch einsame Männer erliegen derartigen Verführungen, vor allem durch Frauen aus Osteuropa. Sie sollen schneller als Frauen in die Falle gehen, aber weniger zahlen.

LUST ODER LIBIDO

Hellsichtig ist wieder einmal der Volksmund. Denn das wunderschöne deutsche Wort »Lust«, das sich in keine andere Sprache übersetzen lässt (eine französische Analytikerin sagte mir gerade, sie wisse nie genau, was ihre deutsche Patientin sagen wolle, wenn sie dieses Wort benutzt), dieses Wort meint eigentlich Vorlust im Sinne von Freud: ein wenig Befriedigung, vor allem aber Sexualspannung, aus der Endlust und volle Befriedigung erst noch hervorgehen müssten. Weil das Wort »doppelsinnig« (Freud 1905: 117) ist, nicht nur die Empfindung des sexuellen Bedürfnisses, sondern auch die der Befriedigung bezeichnet, verwarf es Freud, als er das geschlechtliche Bedürfnis mit einem Wort wie Hunger für das Bedürfnis nach Nahrungsaufnahme ausdrücken wollte. Er tat das auf eine zwiespältige Weise, die uns vermuten lässt, dass er den Widerspruch, der in der Sache selber steckt, ebenso wie der Volksmund ahnte: Er nannte das Wort »Lust« im Moment der Zurückweisung das

»einzig angemessene« (1905: 47). Indem er sich dann für das lateinische »Libido« entschied, blieb er auf seine Weise äquivok mit der widersprüchlichen Sache: volksfern und patriarchennah, böhmisch, aber vokal. Und den Suppenhühnern vergeht das Gelächter.

LUSTLOSIGKEIT

Seit zwei Jahrzehnten klagen immer mehr Patienten, kein sexuelles Verlangen zu haben. Frauen bezeichnen sich nicht selten dann als »lustlos«, wenn sie andere Bedürfnisse haben als der Partner oder seltener Geschlechtsverkehr haben möchten als er. Problematisch an dem Ausdruck ist, dass er nichts über das aussagt, was trotz allem da ist: andersartige Wünsche und missachtete lustvolle Äußerungen von Frauen, andersartige Vorstellungen von einer erotischen oder sexuellen Beziehung. Hinterfragt werden sollte also, ob die Wünsche und Vorstellungen der männlichen Partner der unhinterfragte Maßstab sind, mit dem das Paar definiert, was sexuell, intim und ungestört ist. Wird die Definitionsmacht der Männer durchbrochen, können die andersartige Erotik und die andersartigen Sexualwünsche von Frauen gesehen werden.

Immer wieder wurde ich gefragt: Wie verändert sich das Lustempfinden mit den Jahren? Meine Antwort: Bei Männern nimmt das Lustempfinden mit dem Älterwerden ab, bei Frauen dagegen zu. Jungen erleben oft die erregendsten Szenen in der Zeit um die Pubertät, Frauen nicht selten erst nach mehreren sexuellen Beziehungen oder sogar erst nach dem Ende der Menstruation. Frage: Kann Lust ewig währen? Antwort: Kann schon, bis ins hohe Alter, ich denke zum Beispiel an Pablo Picasso, tut sie aber in der Regel nicht. Frage: Wie kann es gelingen, sich die Libido über die Lebensjahrzehnte hinweg zu erhalten? Antwort: Ich denke, das gelingt, wenn ein Paar durch eine, wie ich gerne sage, »kleine Perversion« verbunden ist, das heißt durch bestimmte, erotisch stark besetzte Szenen oder Körpermerkmale. Am besten ist dann auch noch, wenn das Paar gar nicht weiß, was es so stark erregt. Denn das darüber Nachdenken kann es kaputt machen, zum Beispiel einen einzigartigen Fetisch entzaubern. Frage: Was machen diejenigen anders, die auch im fortschreitenden Alter noch Lust empfinden? Antwort: Ich denke vor allem, sie sind einfallsreicher oder, wie gesagt, fetischistisch bevorzugt. Frage: Welches sind die größten Feinde der Libido? Gibt es dabei Unterschiede zwischen Männern und Frauen? Antwort: Das hängt sehr von der individuellen Erregungsstruktur ab. Bei dem einen oder der einen ist es fehlende Zärtlichkeit, bei dem anderen oder der anderen fehlendes Zupacken. Ebenso können sich zahllose weitere Umstände positiv oder negativ auswirken, zum Beispiel einerseits perfekte körperliche Sauberkeit, andererseits aber Sinne anregende Ungepflegtheit, insbesondere im Intimbereich. Mit anderen Worten: Alles kann prinzipiell zum Freund oder zum Feind der Libido werden, je nach dem Sexualsubjekt, das sich erregen möchte. Frage: Sind Verhütungsmittel Lustkiller? Antwort: Ich denke, das hängt sehr von dem Einzelnen oder dem Paar ab, auch, wie es damit umgeht, fürchte aber, es ist oft der Fall. Frage: Wann sind Potenzmittel sinnvoll? Antwort: Das hängt von den Mitteln ab, ob nun Viagra®, Hormone oder Penisprothesen zum Beispiel. Viagra® und ähnliche Präparate sind vor allem sinnvoll, wenn eher oberflächliche Ängste durch das Eintreten der Gliedversteifung neutralisiert werden oder wenn eine schwächelnde Potenz eines alten Mannes gestärkt werden soll. Junge Männer sagen dagegen, wenn sie Viagra® probiert haben: Es geht auch ohne. Frage: Ist sexuelle Unlust ein Phänomen unserer Zeit? Führt die Allgegenwärtigkeit von Sex in den Medien zu einem Abflauen der Lust? Antwort: Ich denke, dass nichts die sexuelle Begierde so sehr austreibt, wie das Überangebot der Gegenwart. Mehrere Philosophen haben ja sogar die These vertreten, dass Verbote das sexuelle Verlangen am Wirksamsten befördern.

MANGEL

Die Sehnsucht nach Transzendentalem, nach Mysterien, Wundern, einer überrationalen Kraft ist riesig. Beispiel: der »stille Heiler« Braco aus Kroatien mit dem »gebenden Blick«, der nicht redet, nichts berührt, nur anschaut. Und die sehnsüchtigen Menschen zittern, schluchzen, sind nach ihrem Zeugnis geheilt von ihren persönlichen Problemen, psychosomatischen Störungen und Tumoren.

Es fehlen auch Rituale, an denen manfrau sich festhalten kann. Wie sehr sie zu fehlen scheinen, zeigt sich, wenn offenbar alle Bewohner eines niederbayerischen Dorfes seit 500 Jahren eine einen Zentner schwere Holzkerze 75 Kilometer auf einen Berg tragen als sogenannte Pfingstwallfahrt, wohlgemerkt alle zusammen, aber einer trägt die Kerze jeweils allein.

MASTEKTOMIE

Mit diesem Wort bezeichnen die Mediziner das operative Entfernen der Brustdrüse. Die akute gute Nachricht ist: Bei der Behandlung des Brustkrebses der Frau ist eine Mastektomie nur noch in 20 bis 30 Prozent der Fälle geboten. Sollte sie doch notwendig sein, ist heute ein Wiederaufbau der Brust möglich.

MASTERS UND JOHNSON

Zum Tod von Virginia E. Johnson habe ich in der *Zeitschrift für Sexualforschung* (26. Jg., S. 276–281, 2013) geschrieben: »Welche Sexualforscher sind gebildeten US-Amerikanern bekannt? Von den europäischen kennen sie Freud und Krafft-Ebing und, wenn es hoch kommt, auch noch Havelock Ellis. Und von den eigenen kennen sie Kinsey und Masters/Johnson und wenn es hoch kommt, auch noch Albert Ellis und Nancy Friday. Virginia E. Johnson, die Partnerin des Gynäkologen William H. Masters, ist also eine berühmte Forscherin. Das ist besonders bemerkenswert, weil sie nie einen akademischen Grad erworben hat.

Geboren wurde sie als Mary Virginia Eshelman am 11. Februar 1925 in Springfield, Missouri, als Kind einer Farmerfamilie. Nach der Schule soll sie Klavier und Gesang studiert haben. 1941 kam sie auf das Drury College in Springfield. Nach ihrem Freshman Year arbeitete sie vier Jahre lang im State Insurance Office und trat als Country Music Singer auf. Viele Auftritte vermittelte ihre Mutter, eine State Committee Woman der republikanischen Partei. Später durfte sie auch regelmäßig unter dem Künstlernamen Virginia Gibson im Radiosender KWTO in Springfield auftreten. Parallel studierte sie an der University of Missouri und am Kansas City Conservatory of Music. Von 1947 an arbeitete sie als Business Writer für den *Daily Record* in St. Louis sowie im Marketing Staff von KMOX-TV. 1956 suchte sie an der Washington University einen Job und traf auf Masters, der gerade für seine Sex-Experimente eine Assistentin suchte.

Der Gynäkologe William H. Masters, geboren am 27. Dezember 1915 in Cleveland, Ohio, war von 1947 an Instructor an der School of Medicine der Washington University, dann Assistant Professor und schließlich Associate Professor für Clinical Obstetrics & Gynecology. Zunächst ganz unauffällig, packte ihn im Alter von 38 Jahren eine Wissgier, die endlich in Erfahrung bringen wollte, was bei einer sexuellen Betätigung körperlich geschieht, insbesondere wie der Orgasmus der Frau beschaffen ist. Zuvor soll Masters in Bordelle und Peepshows gegangen sein, um das Rätsel zu lösen. Dann aber, im Jahr 1954, wagte er eine solche Forschung an der Universität eines in sexuellen Dingen prüd-bigotten Landes. War diese heikle Forschung zunächst noch mit der Division of Reproductive Biology seiner Heimatuniversität verbunden, nahm er sie ab 1964 über eine »non-profit Reproductive Biology Research Foundation« in St. Louis selbst in die

Hand. 1973 ging dann aus dieser Einrichtung das »Masters & Johnson Institute« hervor, das 1981 in St. Louis ein neues Quartier bezog und 25 Mitarbeiter beschäftigte.

Masters stellte Virginia E. Johnson im Januar 1957 ein, um Gespräche mit Prostituierten zu führen, die zunächst als Versuchspersonen dienen sollten. Offenbar machte sie das sehr gut und vermittelte dem großen Forscher jenseits der medizinischen Fachsprache als eine nach Recherchen von Journalisten sexuell sehr erfahrene Frau, was manfrau wie und was manfrau gar nicht bei den Experimenten im Labor machen sollte. Viele Jahre später trennte sich Masters von seiner ersten Ehefrau und heiratete im Januar 1971 Virginia Johnson, die zuvor dreimal verheiratet war. Anfang der 1940er Jahre hatte sie einen Landespolitiker geheiratet, mit dem die Ehe nur zwei Tage hielt. Später heiratete sie einen sehr viel älteren Anwalt, von dem sie auch geschieden wurde. Im Juni 1950 ging sie die Ehe mit George V. Johnson, einem Ingenieur-Studenten und Bandleader, ein. Mit dessen Tanzorchester trat sie als Sängerin auf, und mit ihm hatte sie auch zwei Kinder: Scott Forstall, geboren 1952, und Lisa Evans, geboren 1955. Nach sechs Jahren wurde auch diese Ehe geschieden. Die Ehe mit Masters hielt nach außen bis zum Februar 1992, als die ein Jahr später vollzogene Scheidung öffentlich mitgeteilt wurde.

Von 1969 bis 1992 war Johnson an der Leitung der von Masters oder von beiden zusammen gegründeten Einrichtungen beteiligt. Obgleich sie keinen akademischen Titel erworben (vgl. z. B. Encyclopædia Britannica 2008, Maier 2009) und offenbar auch eigentlich notwendige Vorlesungen nur am Rande gehört hatte, wurde sie in Fachgesellschaften wie American Association for Advancement of Science (AAAS), Sex Information and Education Council of the United States (SIECUS) und Society for Sex Therapy and Research (SSTAR) als Mitglied aufgenommen und sogar zweimal mit dem akademischen Grad Doctor of Science geehrt. Natürlich wurde auch Masters in viele angesehene Fachgesellschaften aufgenommen oder berufen, darunter die New York Academy of Sciences. Außerdem gründete er, angeregt von Richard Green, dem Herausgeber der Archives of Sexual Behavior, Anfang der 1970er Jahre zusammen mit dem Kinsey-Nachfolger Paul Gebhard, dem klinische Psychologen John Money und den deutschen Sexualforschern Gunter Schmidt und Volkmar Sigusch die heute noch aktive International Academy of Sex Research (IASR). Zur ersten Schatzmeisterin berufen wurde Virginia Johnson. Sie blieb es für ein Jahr.

Zwei Werke von Masters und Johnson haben auch die westdeutsche Sexualforschung nachweislich beeinflusst und provoziert. Zunächst, 1966, *Human Sexual Response*. Elf Jahre lang hatten Masters und Johnson Männer und Frauen in Laboratorien koitieren und masturbieren lassen, um dabei mit recht einfachen Instrumenten die Reaktionen von Herz, Kreislauf und Atmung sowie die sichtbaren Veränderungen des Körpers, insbesondere der Genitalien, zu beobachten und zu messen. Neu war der sogenannte artifizielle Koitus, der mittels eines Penis aus Plastik vollzogen wurde, der ein optisches System enthielt, das das Innere der Scheide farblich aufnehmen konnte. Nach Vorversuchen mit männlichen und weiblichen Prostituierten waren zur Überraschung von Masters 694 ganz normale Leute, 312

Männer und 382 Frauen, freiwillig bereit, an den Experimenten teilzunehmen. Sie waren 18 bis 89 Jahre alt, hatten alle vorher schon einen Orgasmus erlebt und kamen ganz überwiegend aus weißen, überdurchschnittlich gebildeten sozialen Schichten, konnten also als Stichprobe nicht für die US-amerikanische Gesamtbevölkerung repräsentativ sein.

Ein Jahr später brachten wir das in einer uninspirierten Laborsprache verfasste Werk, das inzwischen die Bestsellerliste der *New York Times* erobert hatte, unter dem Titel *Die sexuelle Reaktion* heraus, darum bemüht, Fehler und Ungereimtheiten zu beseitigen. Gunter Schmidt hatte Virginia Johnson schon 1967 im Kinsey-Institut kennengelernt. Sie sei zu dem jungen Mann aus Germany überaus freundlich gewesen. Das Forscher-Couple Masters/Johnson haben wir dann zusammen erlebt, als wir auf Einladung der American Psychopathological Association (APPA) im Februar 1971 in New York den Vortrag »Woman's Sexual Arousal« hielten (Schmidt und Sigusch 1973), in dem wir aufgrund von Experimenten Kinsey et al. (1953) widersprachen. Das Couple Masters/Johnson trat auf dem Kongress natürlich als Couple auf: Er begann zu reden, nach einigen Minuten trat er zurück und sagte zur neben ihm stehenden Virginia: ›Please continue, Gini‹. Virginia ihrerseits trat nach einigen Minuten zurück und sagte: »It's your turn, Bill«, und so weiter eine Stunde lang zum entsetzten Vergnügen der Forscher aus aller Welt.

Unter dem Druck von Paul Gebhard und John Money wurde uns auf der Tagung eine Audienz von Masters und Johnson in St. Louis zugesagt. Als wir wegen eines Blizzard über Buffalo verspätet in ihrem Institut eintrafen, steckte Virginia Johnson dort gerade Gardinen auf und war zu uns sehr freundlich, ganz im Gegensatz zu Masters, der auf keine unserer Fachfragen antwortete. Der große Forscher zeigte vielmehr als Antwort mit stark schielendem Glasauge hinter sich. Dort standen bereits mehrere Übersetzungen von *Human Sexual Response*. So war es uns nicht möglich, unübliche oder vage Termini wie »Vasokongestion« und »Myotonie« erhellend zu ersetzen, weil die damit bezeichneten Vorgänge nicht exakter zu fassen waren. Reaktionen, die unterschiedlich benannt worden sind, haben wir durchgehend mit dem Terminus belegt, der uns am sinnvollsten erschien. Und zur Bezeichnung einiger Reaktionen musste ich neue Termini einführen, zum Beispiel »orgastische Manschette« und »Status orgasticus«, die heute im *Brockhaus* stehen. Was grundsätzlich an ihrer Forschung zu kritisieren war und ist, kann andernorts nachgelesen werden (vgl. z. B. Sigusch 1970, Sigusch und Grau 2009, Tiefer 1991, 1995).

Das zweite Werk von Masters und Johnson, das uns sehr interessierte, erschien 1970, heißt »Human Sexual Inadequacy« und präsentierte eine Paartherapie. Auch in diesem Fall bestachen weder die Methodik der Studie noch die theoretischen Versuche der Autoren. Es beeindruckten uns erneut Schlichtheit und Ergebnis. Schließlich war damals die sexualtherapeutische Lage katastrophal schlecht. Bei sogenannten funktionellen Sexualstörungen verfügten weder Somatotherapeuten über wirksame Medikamente noch Psychotherapeuten über geeignete Therapieverfahren. Die Erfolgsrate von Masters und Johnson betrug bei mehr als 500 behandelten Paaren rund 80 Prozent. Die Rückfallquote betrug fünf Jahre nach Abschluss einer erfolgreichen Therapie bei mehr als 300 Paaren rund 5 Prozent. Von diesen Erfolgen einer Therapie träumten wir. Folglich begannen wir sofort, das Buch zu übersetzen, wissenschaftlich zu bearbeiten und die neue Methode in die Praxis umzusetzen. Die ersten Therapeuten-Paare bildeten Roswitha Bulla, Gunter Schmidt, Karin Schoof-Tams, Eberhard Schorsch, Volkmar Sigusch und Eva-Marie Ziegenrücker (vgl. Schoof-Tams et al. 1972). Die deutsche Ausgabe des Buches erschien 1973 unter dem Titel »Impotenz und Anorgasmie. Zur Therapie funktioneller Sexualstörungen«.

In einem umfangreichen Projekt des Hamburger Instituts für Sexualforschung, gefördert von der Deutschen Forschungsgemeinschaft, wurde schließlich das Verfahren durchleuchtet, kontrolliert, theoretisch begründet, an die hiesigen kulturellen Verhältnisse angepasst und mit dem Stück Psychologie des Unbewussten und des Paarkonflikts versehen, das unverzichtbar schien (vgl. vor allem Arentewicz und Schmidt 1980/1986/1993, Schmidt 1996/2001, Hauch 2006, Hauch et al. 2007). Herausgekommen ist durch die Erweiterungen, die die Hamburger vorgenommen haben, ein gelungenes Beispiel für den Versuch, zwei große therapeutische Schulen zu integrieren: einerseits Verhaltenstherapie, die Masters und Johnson mehr oder weniger unreflektiert angewandt hatten, und andererseits Psychoanalyse, deren Vertreter bei uns zu borniert waren, sich auf sogenannte funktionelle und dazu auch noch sexuelle Störungen einzulassen.

Obgleich die Erfolgsraten, die Masters und Johnson erreicht hatten, international von niemandem bestätigt werden konnten, waren doch die meisten von ihnen ermutigten Forscher sehr zufrieden (zur Kritik vgl. z. B. Schoof-Tams 1975). Denn Erfolge stellten sich nach vielen Studien bei zwei Dritteln bis drei Vierteln der behandelten Paare ein. Und das, obgleich die Erfolge strikter kontrolliert und zunehmend Störungen wie die sexuelle Lustlosigkeit geklagt wurden, die schwer zu behandeln sind.

Bedauerlicherweise haben Masters und Johnson mit zwei späteren Werken ihre anfängliche wissenschaftliche Reputation erheblich geschmälert. 1979 behaupteten sie in *Homosexuality in Perspective*, sie könnten mit ihrer Paartherapie auch Homosexuelle innerhalb weniger Wochen ›heilen‹. Ihre ›Theorie‹ lautete: Homosexualität sei nicht genetisch, nicht körperlich und auch nicht emotional bedingt, sondern erlernt, könne also mit Willensanstrengung auch wieder verlernt werden. 1988 schließlich verloren die Rationalisten jeden vernünftigen Halt. In dem AIDS-Buch »Crisis«, das sie zusammen mit ihrem langjährigen Mitarbeiter Robert C. Kolodny verfasst haben, sahen sie das Virus auf breiter Front in die heterosexuelle Bevölkerung einbrechen, schlossen weder eine Ansteckung durch Mückenstich noch auf einem Toilettensitz aus, verlangten drastische staatliche Maßnahmen, Meldepflichten, Zwangstestungen usw., verbreiteten Hysterie statt solider Forschungsergebnisse. Gunter Schmidt (1988: 179) kam damals zu dem Schluss: »An keiner Stelle hinterfragen die Sexualforscher, was ihre Ratschläge für die Sexualität bedeuten. Sie sehen darin offenbar kein Problem, weil alles so pragmatisch und vernünftig ist. Und insofern liegt dieses Buch durchaus auf einer Linie mit ›Human Sexual Response‹ (1966) und ›Human Sexual Inadequacy‹ (1970): Es geht um die rationale Steuerung der Sexualität bis hin zum Irrwitz [...], bis sie wieder, wie wir jetzt sehen, vor lauter Kognition im Morast irrationaler Ängste versinkt, die nur durch drakonische Ver- und Gebote gebannt werden können. Masters und Johnson haben die Konflikte, die Menschen mit ihrer Sexualität haben, nie verstanden. Den Verdacht konnte man lange haben; nun ist diese Einsicht unausweichlich.«

Trotz aller Kritik seien ihre Verdienste nicht vergessen. Sie haben wie ihr Vorgänger Alfred C. Kinsey etliche Sex-Mythen im Kern zerstört, beispielsweise, dass Frauen weniger sexuell erregbar seien als Männer oder dass bei Frauen der vaginale Orgasmus ›reifer‹ sei als der klitoridale, wie nicht Freud, aber seine unkritischen Nachläufer zum Teil bis heute behaupten. Nicht vergessen sei auch, dass sie uns durch ihr schlichtes Vorpreschen eine solide, überaus erfolgreiche Paartherapie beschert haben, die unter dem Namen »Hamburger Modell« (→ Paartherapie) den besten Ruf genießt.

Soviel in Kürze zu Masters/Johnson. Jetzt sind beide tot. William Howell Masters starb bereits am 16. Februar 2001 im Alter von 85 Jahren, und Virginia Eshelman Johnson Masters starb am 24. Juli 2013 im Alter von 88 Jahren. Zusammen haben Masters/Johnson in der zweiten Hälfte des letzten Jahrhunderts die Sexualwissenschaft weltweit angeregt und am Ende des Jahrhunderts die kritische enttäuscht (→ Orgastische Manschette; Status orgasticus).

MASTERS-JOHNSON-THERAPIE

→ PAARTHERAPIE

MEDIKAMENTE UND SEXUELLE STÖRUNGEN

Millionen Menschen nehmen bei uns mehr oder weniger regelmäßig Medikamente ein, die »nebenbei« auch kontrasexuell wirken, also das Verlangen ausschalten oder die sexuellen Körperreaktionen verhindern. Vor Jahrzehnten nahmen die Hinweise und Klagen aus der ärztlichen Praxis und insbesondere aus der Forschung so drastisch zu, dass Mitte der 1990er Jahre die Krankheitseinheit »Substance-induced sexual dysfunction« erstmalig in internationale Krankheitsregister wie das DSM-IV aufgenommen worden ist.

In der Praxis lässt sich oft nicht entscheiden, ob das Arzneimittel oder die Grunderkrankung ursächlich von entscheidender Bedeutung ist. Außerdem sind nicht nur die Art der körperlichen oder seelischen Grunderkrankung, die Dosis und die Dauer der Medikation sowie die Interferenzen bei der Anwendung von Kombinationspräparaten von großer Bedeutung, sondern natürlich auch die individuellen psychischen und sozialen Umstände. Die Sexualmedizin hat inzwischen immerhin erkannt, dass zu den Wirkmechanismen, die zu studieren sind, nicht zuletzt die suggestiven oder Placebo-Wirkungen einer Droge, die negativen oder positiven Erwartungen gegenüber der Medikation und die sekundären psychischen Wirkungen der Therapie insgesamt gehören.

Vier Wirkebenen können unterschieden werden: die psychische, die zentralnervöse, die endokrine und die periphere. Auf der psychischen Ebene wirken alle Substanzen. Körperlich wirken viele Stoffe auf mehr als einer Ebene. So sedieren Psychopharmaka unter anderem zentral, interferieren mit zentralnervösen Transmittern, stimulieren die Prolaktinsekretion, hemmen Testosteron und entfalten peripher anticholinerge und antiadrenerge Wirkungen. Mit Beeinträchtigungen der sexuellen Funktionen ist insbesondere dann zu rechnen, wenn das Medikament oder die Droge (1) zentralnervös auf Neocortex, limbischen Cortex, Hypothalamus usw. einwirkt wie Psychopharmaka und Antihypertensiva, die den Blutdruck senken sollen; (2) mit den zentralnervösen Transmittern, insbesondere Dopamin und Serotonin, interferiert, wie Neuroleptika und Parkinsonmittel, wobei angenommen wird, dass eine Reduktion der Dopaminaktivität und eine Zunahme der Serotoninaktivität auf die sexuellen Funktionen dämpfend wirkt (und vice versa); (3) den hormonellen Regelkreis Hypothalamus-Hypophysenvorderlappen-Gonaden stört, östrogene, gestagene oder androgene Potenzen hat, mit der Biosynthese von Androgenen interferiert und den Testosteronspiegel verändert oder durch die Blockade von Hormonrezeptoren die Wirkung körpereigener Hormone verhindert wie Sexualhormone, Cimetidin und Spironolacton; (4) die Prolaktinsekretion stimuliert wie Neuroleptika, Östrogene und Sulpirid oder sie hemmt wie Apomorphin, Glukokortikosteroide und Bromocriptin, wobei angenommen wird, dass ein erhöhter Prolaktinspiegel auf einige sexuellen Funktionen dämpfend wirkt; (5) die periphere Durchblutung, die für die Lubrikation und die

Schwellreaktionen wichtig ist, verändert wie Antihypertensiva; (6) am peripheren vegetativen Nervensystem angreift wie Guanethidin, das so etwas wie eine »chemische Sympathektomie« bewirkt.

Oft ruft dieselbe Substanz recht unterschiedliche Störungen hervor. So kann beispielsweise ein Neuroleptikum beim Mann zu Appetenz-, Ejakulations- und Orgasmusstörungen, zu Hodenschwellungen und Gynäkomastie führen und bei der Frau zu Appetenz-, Menstruations- und Laktationsstörungen, zu Brustvergrößerungen und Galactorrhoe. Von differenzialätiologischer Bedeutung ist, dass viele medikamentös hervorgerufene Funktionsstörungen zwar dosisabhängig und variabel sind, andererseits aber unabhängig von der soziosexuellen Situation und der Sexualpraktik. Vieles spricht dafür, dass die meisten Substanzen bei beiden Geschlechtern sexuelle Dysfunktionen bedingen oder mitbedingen können.

Untersucht wurden aber bisher ganz überwiegend männliche Patienten oder Probanden. Ohne Übertreibung kann gesagt werden, dass wir das Ausmaß und die Qualität arzneimittel- und drogeninduzierter sexueller Dysfunktionen bei der Frau gegenwärtig nur ahnen können, wenn zum Beispiel daran gedacht wird, wie selten Lubrikationsstörungen oder schmerzhafte Klitorisschwellungen in der Fachliteratur erwähnt werden. Noch viel zu wenig beachtet und erforscht ist auch die Tatsache, dass viele der hier problematisierten Arzneistoffe nicht nur sexuelle, sondern auch reproduktive Dysfunktionen auslösen können. Bei der Frau sind das vor allem Zyklusstörungen einschließlich Amenorrhoe, uterine Blutungen, verzögerte Ovulation,

Brustvergrößerung, Mastodynie, abnorme Laktation und Galactorrhoe sowie fälschlicherweise positive Schwangerschaftstests; beim Mann sind das vor allem Beeinträchtigungen der Spermatogenese und der Spermaqualität, Hodenschwellungen und Gynäkomastie.

Mit hoher Wahrscheinlichkeit ist ein Zusammenhang von medikamentöser Behandlung und sexueller Dysfunktion unter folgenden Bedingungen anzunehmen: (1) Es besteht ein zeitlicher Zusammenhang zwischen der Arzneimitteleinnahme und der sexuellen Dysfunktion. (2) Es ist aus Forschung oder Klinik bekannt, dass von dem verordneten Medikament sexuelle Dysfunktionen hervorgerufen werden. (3) Die bekannten biochemischen Wirkmechanismen des Medikamentes könnten das Auftreten der Dysfunktion erklären. (4) Die Dysfunktion verschwindet nach dem Absetzen des Medikamentes (und tritt nach erneuter Verordnung wieder auf). (5) Die psychologische und anamnestische Untersuchung hat weder einen Anhalt für eine akute Psychogenese der Symptomatik ergeben noch für das Vorkommen von Sexualstörungen in der Vorgeschichte.

Ist eine sexuelle Dysfunktion medikamentös bedingt, kann das Symptom im Verlauf einer Beratung oder Psychotherapie gar nicht verschwinden. Andererseits sind die meisten arzneimittelinduzierten sexuellen Dysfunktionen reversibel, das heißt sie verschwinden nach dem Absetzen des Medikaments. Es wäre also ein Kunstfehler, das schädigende Präparat nicht abzusetzen, vorausgesetzt, Art und Schwere der Grunderkrankung lassen das zu oder ein verträglicheres Medikament ist bekannt. Falsch ist es aber, auf die Reversibilität insofern zu vertrauen, als sie immer gegeben sei.

Das ist dann nicht mehr der Fall, wenn sich das ursprünglich arzneimittelinduzierte sexuelle Symptom seelisch organisiert und damit unabhängig von der medikamentösen Behandlung fixiert hat. Leider wird auf diesen Verlauf viel zu wenig geachtet.

Therapeutisch ist schließlich Folgendes zu bedenken: (1) Ist die sexuelle Beeinträchtigung höchst wahrscheinlich medikamentös bedingt, wird das verdächtigte Präparat abgesetzt, sofern das die Erkrankung erlaubt. (2) Ist das nicht möglich, wird die Dosis reduziert oder ein anderes Präparat ausgewählt. (3) In Frage kommen auch die zusätzliche Einnahme von Teilantagonisten oder von prosexuellen Substanzen. (4) Nach meiner Erfahrung am erfolgreichsten ist eine Kombination unterschiedlich angreifender Substanzen, zum Beispiel Antihypertensiva, in möglichst niedriger Dosis, die der Patient selbst herausgefunden hat und folglich akzeptiert, eine Kombination, die die Grunderkrankung effektiv drosselt, nicht aber die sexuellen Funktionen übermäßig beeinträchtigt.

Entscheidend ist also die vertrauensvolle Kooperation von Arzt und Patient, innerhalb derer der Patient sehr individuell entscheiden kann und muss, welche kontrasexuellen Wirkungen er ertragen will und welche nicht (vgl. im Einzelnen Sigusch 2005, 2007, Briken und Berner 2013).

MEDIZIN ALS HURE DER ÖKONOMIE

Es hat sich schon herumgesprochen, dass viele medizinische Leistungen nur verabreicht werden, weil dann für die Praxis oder das Krankenhaus oder den Chefarzt die Kasse klingelt. Es ist aber noch viel schlimmer. Denn das Verhalten vieler Universitäten fördert nicht Wissenschaften, die den Menschen zugewandt sind, sondern Einrichtungen, die aus ökonomisch-politischen Gründen dem Erhalt des gegenwärtigen Finanz- und Wirtschaftssystems dienen sollen. Dafür sei ein Beispiel genannt.

Die Goethe-Universität Frankfurt am Main – Goethe dreht sich schon lange im Grabe herum – hat als Coup gegen die Wissenschaft in den letzten Jahren ein sogenanntes House of Finance mit zurzeit 30 Professoren und über 200 Mitarbeitern eingerichtet. Kurz zuvor hatte sie, vom Land Hessen unterstützt, den einzigen Lehrstuhl für Sexualwissenschaft samt Sexualmedizin abgeschafft, als der in bewegten Zeiten Anfang der 1970er Jahre auf Lebenszeit berufene Professor endlich emeritiert worden war. Schließlich gab es ja offenbar aus Sicht der Entscheider keine Menschen mehr, die wegen ihres sexuellen oder geschlechtlichen Verhaltens verfolgt wurden oder in Not geraten waren. Außerdem ließ sich die Umverteilung des Steuergeldes sicher auch trotz vieler Proteste wegen des Abbaus »unrentabler« Professuren bewerkstelligen, weil in allen obersten Gremien der Universität inzwischen ehemalige Chefs einer bestimmten Großbank saßen und der Großsponsor des neuen Zentrums diese Bank war. Eine der faulen Früchte, die schon vom Baum der Erkenntnis fielen: Der letzte Allein-Boss der Großbank, der öffentlich durch Arroganz und den brutalen Abbau tausender Personalstellen trotz riesiger Gewinne aufgefallen war, durfte ab sofort den Studierenden als Ehren-Professor erklären, wie die irrationalen Finanzbörsen und Spekulationen rational-wissenschaftlich funktionieren.

Als dann die sogenannten Finanzwissenschaften begannen, dem Kapital den After zu lecken, wurde es noch toller. Das Universitätsklinikum Frankfurt am Main verkündete, die »Neuroökonomie« habe »sich zu einer eigenständigen Disziplin entwickelt, die mit neurowissenschaftlichen Methoden individuelle ökonomische Entscheidungsprozesse analysiert«, zitiert nach dem Klinikblatt »Wissen wird Gesundheit«, Ausgabe 4, 2014, S. 14. Dass die Kranke behandelnde Medizin zur Hure der Ökonomie geworden ist, wussten wir schon. Auch, dass wegen der »Frankfurter Schule« nach Frankfurt gekommene Studierende sie vergeblich suchten. Sie fanden zwar einen Theodor-W.-Adorno-Platz, dort aber hat sich inzwischen das Café des »House of Finance« niedergelassen, so dass sich jetzt auch Adorno im Grabe herumdreht.

Nur eine kleine Freude kann in diesen Zusammenhängen berichtet werden: Der ASTA der Goethe-Universität, das heißt die Vertretung der Studierenden, hat von der neuen Uni-Präsidentin ein »Zentrum für Kritische Theorie« gefordert. Eingerichtet werden wird es aber mit Sicherheit nicht. Dafür legt der Autor seine Hand ins Feuer.

Nachtrag: Weil es inzwischen gang und gäbe ist, habe ich beinahe vergessen, dass das Land Hessen bereits vor zehn Jahren mit den Stimmen von CDU und FDP die Universitätskliniken Gießen und Marburg privatisiert hat. Daran erinnert wurde ich durch die aktuellen Proteste des Marburger ASTA, der insbesondere den Verfall von medizinischer Lehre und Forschung beklagt.

MENSCHHEIT

Der Exkanzler Helmut Schmidt, der nach einem Ranking des TV-Senders RTL im Jahr 2015 (→ Beliebteste Deutsche) auf Platz 3 der beliebtesten deutschen Männer landete (nach Loriot und Heinz Erhardt und unmittelbar vor Hape Kerkeling und Albert Einstein), soll einst laut *Wirtschafts-Woche* vom 24. Dezember 2015 (http://www.zitate.de/autor/Schmidt,+Helmut) über die Menschheit gesagt haben: »Ich teile die Menschheit in drei Kategorien ein.« Die erste seien Normale, die in der Jugend mal Äpfel geklaut hätten. Die zweite hätten eine kleine kriminelle Ader, und »die dritte besteht aus Investmentbankern«.

MIKA-OPERATION

Bei der sogenannten Mika-Operation, auch Subincisio und Koolpie genannt, wird jungen Männern australischer sogenannter Naturvölker die Unterseite ihres Penis aufgeschnitten. Dadurch wird der Penis breiter und flacher, und der Samen kann sich außerhalb der Scheide ergießen. Der Eingriff wird in höherem Alter wiederholt (→ Amplificatio vaginae).

MISSBRAUCH, MARKTFÄHIGER

Es gibt prominente Ehepaare, die ihre Kinder als Models oder gar Designer auf den Markt schicken, um Klamotten oder Sonnenbrillen zu verkaufen. Anrüchig ist das offenbar nicht mehr, weil auch seriöse Magazine von Tageszeitungen auf der Welle der Ökonomisierung aller Lebensbereiche und Lebensalter segeln. So legte zum Beispiel ein angesehenes Magazin ein 122-seitiges Heft vor, das allen Ernstes »Die Jugend« betitelt ist – ich wiederhole »Die« Jugend – und im Editorial davon spricht, die Jugend stehe »für Rebellion, Energie, Sex, für Sturm und Drang«, sei immer wieder »ein Motor der Geschichte« gewesen. Tatsächlich aber notieren dann Foto um Foto und Legende um Legende, wie »die« Jugend heute (angeblich) gekleidet sei, »was sie anziehen«: Der 20-jährige Sohn eines bekannten Schauspielers zum Beispiel wird vorgeführt in einer Lederjacke von Verdake und einem durchlöcherten Wollpullover von Dolte & Gabanka, in Jeans von Burdarry Kik und mit Schnürschuhen von Maiton Markala (wobei ich hier die Namen der Firmen und Designer verfälsche, um nicht wissentlich ebenfalls zum Werbeträger zu werden). So geht das Seite um Seite, bis die Redaktion zu dem törichten Schluss gelangt: »Die einzige Jugendkultur, die es immer geben wird, sind die Mädchen vom Pferdehof.« Die werden dann selbstverständlich auch »angezogen«: »Paula trägt einen Pullover von Rollis, Mantel von Louis Villon, Tuch von Herké, Wildlederhose von Ailhoff, Stiefel von ter Uzz. Ihre Schwester Lea ...« undsoweiter, undsofort.

Wäre eine solche Magazinausgabe einer seriösen Zeitung vor vier oder fünf Jahrzehnten möglich gewesen? Ich denke nein. Erst die → Neosexuelle Revolution hat das möglich gemacht. Ein weiteres Beispiel für marktförmigen Missbrauch lieferte zeitgleich eine TV-Serie auf einem Privatsender. Unmittelbar nach der breiten und erregten öffentlichen Debatte um den Kindesmissbrauch startete dieser, damals in sexuellen Dingen besonders sittsame Sender eine Verfolgungsserie gegen Sexualtäter, in der neben einem Gefolgsmann des Rechtsauslegers Ronald Schill als Moderator die Gattin des damaligen Verteidigungsministers als Expertin auftrat. Ein Blatt mit großen Lettern titelte begeistert: Sie »jagt Kinder-Schänder im TV!« Auch der Privatsender war begeistert, weil der Konsum brummte.

MISSBRAUCH, SEXUELLER

In den letzten zehn Jahren habe ich mich öffentlich wiederholt zum schreienden Problem des sexuellen Kindesmissbrauchs geäußert. Als dann vor sechs Jahren ein individueller und kultureller Befreiungsschlag erstmalig möglich schien, weil sich einiger Opfer sexueller Übergriffe in geschlossenen Anstalten öffentlich zu ihrer Leidensgeschichte bekannten, bat mich auch das *Deutsche Ärzteblatt*, das alle Ärzte und in einer Sonderausgabe auch Psychotherapeuten erreicht, um eine Stellungnahme (Sigusch 2011). In ihr habe ich unter anderem gesagt: Die Gefühle der Scham und des Ekels, die Angst und die Isolation der Missbrauchten müssen so gewaltig gewesen sein, dass nicht einmal sogenannte sexuelle Revolutionen sie hinwegfegen konnten. Wenn es um Missbrauch in angesehenen kulturellen Einrichtungen ging, ob nun katholische oder reformpädagogische, herrschten offensichtlich Kartelle des Schweigens. Entscheidend war und ist offenbar, dass es sich in beiden Fällen um geschlossene Anstalten handelt, die wie Wagenburgen organisiert sind, nach außen abgeschottet und nach innen eine familienähnliche verschworene Gemeinschaft. Und eine Familie wird nicht verraten.

Angesichts des Skandals, den der Missbrauch durch Priester und Reformpädagogen ausgelöst hat, muss betont werden, dass in unserem Land die meisten sexuellen Misshandlungen nicht durch Fremde, sondern durch Verwandte, Freunde und Bekannte erfolgen. Ganz offensichtlich ist unsere Sexualität in einem erschreckenden Ausmaß nicht nur unbewusst mit Destruktivität legiert, sondern diese Destruktivität manifestiert sich in vielen »normalen« Familien als offene Gewalt. Im Zuge der → Neosexuellen Revolution ereignete sich in den 1980er Jahren ein Gewaltdiskurs, vor allem angestoßen vom politischen Feminismus. Die alte Sphäre der Libido wurde von der alten Sphäre der Destrudo dissoziiert. Die aggressive und trennende Seite der Sexualität wurde von der zärtlichen und vereinigenden so gründlich abgelöst, dass jene diese überblenden konnte. Die einen historischen Moment lang als »rein« imaginierte Sexualität wurde wieder manifest »unrein«. Gefühle der Nähe, der

Zärtlichkeit, der Exzitation und des Wohlseins drohten in einem diskursiven Affektsturm aus Hass, Wut, Angst und Furcht zu ersticken. Die Stichworte, die wir alle kennen, lauteten und lauten: sexuelle Gewalt gegen Frauen, Inzest, Vergewaltigung, frauenverachtende Pornografie, sexuelle Belästigung am Arbeitsplatz usw. Auch durch diesen Prozess hat das Sexuelle in unserer Kultur deutlich an positiver symbolischer Bedeutung verloren. Es ist nicht mehr die große Metapher der Transgression, des Rausches und des Glücks.

Wenn es um die Schäden für die Kinder geht, gibt es keine generalisierende Antwort, weil die Auswirkungen sehr different sind. Sie reichen von einer seelischen Traumatisierung, die das ganze Leben des Opfers vergällt, bis hin zu Erfahrungen, von denen diejenigen, die sie gemacht haben, als Erwachsene sagen, sie hätten ihnen in ihrer familiären oder familienlosen Situation geholfen, weil sie keinen anderen Schutz gehabt hätten, weil sie anderen Kindern vorgezogen und umsorgt und geliebt worden seien. Das Stück Sex, das sie eher eklig fanden, hätten sie ihrem großen Freund »geschenkt«. Da es nicht *den* sexuellen Missbrauch oder *das* Missbrauchsopfer gibt, muss differenziert werden: Geht es um sexuelle Traumatisierungen durch Familienangehörige oder durch Fremde? Sind die sexuellen Misshandlungen mit körperlichen verbunden? Oder geht es um eine vorzeitige Sexualisierung, bei der auf konkrete Handlungen fixierte Modelle des »Missbrauchs« ins Leere greifen, Modelle, die das seelische Trauma und damit die Phantasietätigkeit fahrlässig unterschätzen? Oder liegen fahrige, sexuell zu interpretierende Berührungen verwirrter alter Männer vor, die nicht skandalisiert wurden und die Heranwachsende auch deshalb nicht traumatisierten? Oder handelt es sich um sexuelle Traumatisierungen durch pädophile Männer, deren psychosozialen Abhängigkeitsfallen sich Kinder aus eigener Kraft nicht entziehen können? Oder geht es um erotisch-sexuelle Beziehungen zu erwachsenen Frauen oder Männern, die den Heranwachsenden nach deren eigenem Zeugnis im Erwachsenenalter mehr genutzt als geschadet, mehr gegeben als genommen haben? Und schließlich: Liegen Gewalttaten bis hin zum Mord vor, die wiederum sehr differente Ursachen haben können wie das Auseinanderfallen von sexuellen und destruktiven Impulsen, die unbewusste Abwehr von verpönten Wünschen und Ängsten, das Entgleisen einer sadomasochistischen Perversion, die sekundäre Sexualisierung einer Aggression, das dissoziale Erzwingen einer sexuellen Handlung usw.?

Es gibt nicht *das* Missbrauchsopfer, und es gibt nicht *den* Missbrauchstäter. Beispielhaft nenne ich auch hier einige Tätertypen. Zunächst sei der Mann aus der Nachbarschaft genannt, der, oft alkoholisiert, in gestörten sozialen Verhältnissen Kinder missbraucht, ohne pädophil zu sein. Dann gibt es den Inzesttäter, also zum Beispiel einen Vater oder Bruder. Ein weiterer Tätertyp ist der pubertierende Junge, der seine ersten sexuellen Erfahrungen an kleineren Kindern vollzieht, oder der behinderte Jugendliche oder Erwachsene, für den Kinder »angemessenere« Sexualpartner sind als Gleichaltrige. Dann gibt es den sexuell unreifen Priester, der die ihm fehlenden seelenbildenden »Doktorspiele« gewissermaßen durch seelenzerstörende »Seelsorgerspiele« ersetzt. Und es gibt den überreifen Reformpädagogen, der die Winde einer »sexuellen Revolte« schamlos parasitär nutzt. Ferner gibt es den psychisch kranken Erwachsenen, der, zum Beispiel durch eine Geisteskrankheit enthemmt, Kinder sexuell attackiert. Ein weiterer Tätertyp ist der neosexuelle Sextourist, der sich Mädchen oder Jungen in bitterarmen Ländern zu sexuellen Diensten kauft, weil nun einmal alles in dieser Welt käuflich sei. Zu erwähnen ist auch der situativ reagierende Erwachsene, Mann wie Frau, der in einer erotisch einzigartig aufgeladenen Begegnung mit einem Kind oder Heranwachsenden seine vorhandenen moralischen Skrupel in seiner sexuellen Gier untergehen lässt oder der altersabgebaute Mann, der in seinem bisherigen Leben sexuell vollkommen unauffällig war, sich jetzt aber enthemmt an Kindern vergreift, oder der sexuell-amorphe Erwachsene, Mann wie Frau, für den Geschlecht und Alter des sogenannten Sexualobjekts drittrangig bis gleichgültig sind, weil bei ihm kein fixes persönliches erotisch-sexuelles Reaktionsmuster vorliegt oder weil er in zwischenmenschlichen Beziehungen kaum Gefühle entwickelt, ferner der polymorph-perverse Mann, bei dem sich die sexuellen Handlungen nicht nach den abgegrenzten Klassifikationsrastern Fetischismus, Exhibitionismus, Voyeurismus, Pädophilie usw. festlegen lassen. Und schließlich gibt es den Pädophilen, treffender gesagt: den Pädosexuellen, der ausschließlich Kinder begehrt, die noch nicht in die Phase der Pubertät eingetreten sind (siehe → Pädophilie und Pädosexualität).

Nach offiziellen Daten vom März 2016 werden pro Jahr 12.500 Missbrauchsfälle angezeigt. Der Regierungsbeauftragte schätzt, dass eine Million Kinder in Deutschland betroffen seien. Es gebe aber nach wie vor zu wenige Beratungsstellen: für 80.000 Kitas und Schulen nur 525.

MITMUTTER

Als Mitmutter wird eine Frau bezeichnet, die zur Zeit der Geburt eines Kindes mit dessen leiblicher Mutter verheiratet oder verpartnert ist. Länder wie Belgien, Dänemark, England, Niederlande, Schweden, Spanien und Südafrika akzeptieren bereits die Mitmutterschaft rechtlich. Dort haben die Kinder in gesetzlich anerkannten lesbischen Beziehungen nicht nur eine leibliche, sondern auch eine soziale Mutter.

In Deutschland, das in Sachen Gleichberechtigung gleichgeschlechtlicher Lebenspartnerschaften selbst Ländern wie dem katholischen Irland jämmerlich nachhinkt, haben inzwischen höchste Gerichte unmissverständliche Zeichen gesetzt. Der großartige Heribert Prantl fasste wie folgt in der *Süddeutschen Zeitung* (5./6.12.2015) zusammen: »Das Bundesverfassungsgericht hat 2013 die Stiefkindadoption zugelassen – der eine Partner einer Homo-Ehe darf das Kind seines Partners adoptieren. Und der Bundesgerichtshof urteilte 2015, dass im Ausland von Homo-Paaren adoptierte nicht-leibliche Kinder von den deutschen Behörden als deren Kinder einzutragen sind« (→ Familie).

Ein Mann, der in einer gleichgeschlechtlichen Ehe oder Lebensbeziehung wie die Mitmutter lebt, kann selbstredend *Mitvater* genannt werden.

MODENSCHAU

Mit Glitz und Glam pflegen sich ausgemergelte, glückverlassen mürrisch blickende Kleiderstelzen zu präsentieren, die gerade hinter der Bühne gekotzt haben (→ Ars anterotica).

MORALAPOSTEL

Immer wieder erfahren wir, dass konservative Politiker, die auf Recht und Ordnung und Sauberkeit und heilige Ehe geschworen haben, in einem Sexskandal untergehen, plötzlich Dreck am sauberen Stecken haben. Der eine lässt sich Strichjungen zuführen, der andere wird an seinem Pool mit zwanzig nackten Prostituierten fotografiert. Der eine steckt auf der Toilette eines Airports sein Membrum virile durch ein Loch, der andere erstickt in einer Besenkammer bei perversen Praktiken. Im Juni 2009 hat der markig rechte Gouverneur von North Carolina, der fünf Tage lang unauffindbar war, öffentlich gestanden, dass er bei einer Geliebten war. Warum fallen bei Konservativen häufiger als bei Liberalen moralische Beteuerungen und reale Sexualpraxis auseinander? Weil die heftigen Beteuerungen unbewusst drängende Wünsche nach verbotenen Praktiken maskieren sollen. Tiefenpsychologisch geht es um Abwehrvorgänge vom Typ der sogenannten Reaktionsbildung. Mit anderen Worten: Wenn ein Politiker aufdringlich sauber daherkommt, darf manfrau mit großer Wahrscheinlichkeit vermuten, dass er, soi disant, im Grunde ein »ganz perverses Schwein« ist (→ Selbstentlarvung).

NACHTFALTER

Sie sind bei Tage viel zu erregt, reizbar, verführbar. Nachts legt sich die Erregung, und wenn sie Glück, das meint Sublimationskraft haben, werden sie ganz Geist. Warum hat sich nur Thomas Mann tagsüber so gegeißelt. Hätte er doch nachts gelebt.

NATÜRLICH

Was ist natürlich? Die äußere Natur liefert aus sich heraus keine Maßstäbe für menschliche Freiheit und Gerechtigkeit. Deshalb ist die Frage nach der natürlichen Sexualität sinnlos. Freiheit und Gerechtigkeit lassen sich an Natur nicht anlegen. Die Natur ist jedoch nicht unfrei und ungerecht, sondern freiheitslos und gerechtigkeitslos. Ich denke, nicht nur Natur ist gesellschaftlich vermittelt, sondern Gesellschaft ist auch natural vermittelt. Ohne den gesellschaftlichen Lebensprozess gäbe es die Gattung Mensch nicht einmal biologisch. Das heißt nicht, dass der vorausgegebene Anteil am geschlechtlich Sexuellen, beispielsweise der anatomische, in den Weisen der menschlichen Praxis und Theorie ganz und gar aufgelöst werden könnte. Er setzt Richtungen und Begrenzungen.

NAKED BOYS READING

Was das sei? Ich habe nur am Rande mitbekommen, dass damit Lesungen junger Männer in westeuropäischen Hauptstädten gemeint sind, die diese jungen Männer aus welchen Gründen auch immer splitterfasernackt abhalten, indem sie dem an Literatur interessierten Publikum ihre besonderen Glieder zeigen, korrekt Penes, inkorrekt Penisse genannt.

NEGATIVE DIALEKTIK

Die Gefahr ist natürlich – und das heißt immer gesellschaftlich –, dass Inkonzinnität und Subreption des apophantischen Index falsi zur ataraktischen Kalokagathie sekkiert, fêtiert und repristinatiert werden, so dass, malgré lui-même, die Irreduktibilität e contrario im kosmos noetikos ideierend zur Nänie zediert wird.

NEOSEXUELLE INVOLUTION

Sexuelle Vergehen und Verbrechen sind im Laufe der Jahrhunderte in mehr oder weniger akzeptierte Sexual- und Geschlechtsformen transformiert worden, die wir seit der → Neosexuellen Revolution sogar im Fernsehen bestaunen können. Aber es gibt auch den umgekehrten Weg der Einschränkung und Verfolgung, parallel zu den letzten Errungenschaften. Ihn habe ich als neosexuelle Involution beschrieben (Sigusch 2015).

NEOSEXUELLE REVOLUTION

Die erste westliche sexuelle Revolution fand um 1905 statt, die zweite um 1968, und die dritte begann nach meiner Auffassung eher unauffällig Ende der 1970er, Anfang der 1980er Jahre (→ Sexuelle Revolutionen). Ich habe sie vor zwanzig Jahren »neosexuelle Revolution« genannt. Inzwischen wird diese dritte sexuelle Revolution in Europa, Nord-und Südamerika zustimmend und in Asien rätselnd diskutiert, nicht zuletzt, weil die Transformationen der Geschlechts- und Sexualformen, die die »neosexuelle Revolution« in den 1980er und 1990er Jahren bewirkte, ganz offensichtlich einschneidender sind als die, die mit der zweiten sexuellen Revolution einhergingen.

Von *Revolution* spreche ich, weil wir inzwischen wissen, dass Umwälzungen dramatisch oder undramatisch, schlagartig oder schleichend verlaufen können und dass sie nicht unbedingt in ein Reich der Freiheit führen. Und das Präfix *neo* scheint mir besonders geeignet zu sein, weil es sowohl die schöpferische und neuartige wie die rückwärtsgewandte und totstellende Seite eines Vorganges assoziieren lässt: Neocortex, Neophyth oder Neologismus versus Neoplasma, Neokolonialismus oder Neoliberalismus.

Sexualität wird heute nicht mehr als die Lust- und Glücksmöglichkeit schlechthin überschätzt wie 1968. Die gesellschaftliche Sexualform hat eindeutig an symbolischer und empirischer Bedeutung verloren. Wurde sie Ende der 1960er Jahre positiv mystifiziert als Ekstase und Transgression, wird sie heute negativ diskursiviert als Ungleichheit der Geschlechter, Heteronormativität, sexuelle Gewalt, Missbrauch und tödliche Infektion. Der König Sex, den die 68er-Revolte inthronisiert hatte, wurde durch die neosexuelle Revolution vom Thron gestoßen. Und die damalige Parole, die menschenverachtende Gesellschaft durch sexuelle Befreiung zu stürzen, wurde durch die Kommerzialisierung der quasierotischen und sexuellen Sphäre übertönt. Möglichst viele sexogenerische Fragmente und Segmente wurden in die Warenförmigkeit gepresst. Das gilt für die Flirtschule, die Partnervermittlung, die Produktion von Keuschheitsgürteln oder Penisbekleidungen über den Sextourismus und die Kinderprostitution bis hin zum Embryonenhandel.

Gegen die These, unsere Sexualität sei insgesamt zur Ware geworden, die zur Zeit der zweiten sexuellen Revolution vertreten worden war, hatte ich in den 1970er Jahren zu zeigen versucht, warum das prinzipiell unmöglich ist. Denn träfe die These zu, wären Mensch und Ware identisch, lebten Menschen nicht nur in Verhältnissen des Scheins, nicht nur mit dem Schein und im Schein, sondern nur noch zum Schein. Das mittlerweile erreichte Ausmaß der Kommerzialisierung aber hätte ich mir damals nicht vorstellen können.

Schien die Sexualität zur Zeit der zweiten sexuellen Revolution vor allem aus Trieb, Orgasmus und dem heterosexuellen Paar zu bestehen, scheint sie heute vor allem aus Geschlechterdifferenz, Selbstliebe, Thrills und Prothetisierungen, Missbrauch und Gewalt zusammengesetzt zu sein. Die neosexuelle Revolution zerlegt die alten Geschlechts-, Liebes- und Sexualformen und setzt sie neu zusammen. Dadurch treten Dimensionen, Beziehungen, Präferenzen und Fragmente hervor, die bisher verschüttet waren oder gar nicht existierten. Ich spreche dann von *Neogeschlechtern*

(→ Agender; Intersexuelle; Transgender/Transidentität), *Neoallianzen* (→ ELP; Neozoophilie; Polyamorie) und *Neosexualitäten* (→ Asexuelle; BDSM; Bisexuelle; E-Sex; Objektophile).

Drei gesellschaftliche Transformationsprozesse sind nach meiner Analyse für die neosexuelle Revolution charakteristisch:

1. Zerlegung oder Dissoziation der alten sexuellen Sphäre. Durch die diskursive Abtrennung der geschlechtlichen von der sexuellen Sphäre ist der Springpunkt nicht mehr das Triebschicksal, von dem vor allem Sigmund Freud sprach, sondern die Geschlechterdifferenz, verbunden mit einer Dissoziation der geschlechtlichen Sphäre selbst im Sinne von *sex, gender role, gender identity, gender blending, transgenderism* usw. Ferner gehört hierher die Dissoziation der Sphäre des sexuellen Erlebens von der des Sexualkörpers, insbesondere durch Simulations- und Virtualisierungsprozesse und das Vordringen medizinischer Eingriffe (z. B. Viagra® oder Körpermodifikationen). Bedeutsam ist außerdem die diskursive Trennung der libidinösen von der destruktiven Sphäre unter den Stichworten sexuelle Gewalt und sexueller Missbrauch. Und schließlich schritt auch die alte Dissoziation der sexuellen von der reproduktiven Sphäre voran, bis hin zur technologischen Überrundung der bisher als unhintergehbar angesehenen Geschlechtlichkeit der Fortpflanzung durch das Klonen.

2. Zerstreuung oder Dispersion der sexuellen Fragmente. Unter »sexueller Dispersion« verstehe ich die Zerstreuung der sexuellen Fragmente, Segmente und Lebensweisen vor allem durch Kommerzialisierung und Mediatisierung. Die

Stichworte lauten: Sex in der Werbung, warenästhetische Indienstnahme des Erotischen sowie Sexindustrie. Letztere reicht von den Kontaktanzeigen über die Sexografie in Fernsehen und Internet bis hin zur braunen Prostitution und zum Sextourismus. Einerseits werden die Individuen durch den Prozess der Dispersion entwurzelt und anonymisiert, andererseits werden sie vernetzt und unterhaltsam zerstreut.

3. Vervielfältigung oder Diversifikation der Intimbeziehungen. Ein weiterer Prozess kann Diversifikation und Deregulierung der sexuellen Beziehungen genannt werden. Die Stichworte lauten: Schrumpfen der Kleinfamilie zur Kleinstfamilie, in der im Extrem ein Individuum seine eigene Familie ist; Entwertung der Herkunftsfamilie zugunsten von freundschaftlichen und subkulturellen Bindungen; Idealisierung partieller Lifestyles; Differenzierung der alten Hetero- und Homosexualität; Auftritt alter Potenzialitäten wie der Bisexualität als neuartige Sexual- und Geschlechtsweisen; Zwang zur Vielfalt und Intimisierung; Exklusivierung von Eltern-Kind- und Mann-Frau-Beziehungen im Sinne von »reinen« Beziehungen; Wandel der Scham-, Ekel-, Desensibilisierungs- und Zurückweisungsstandards usw.

Inzwischen sind alle alten Perversionen nicht nur im Internet, sondern auch in den traditionellen Massenmedien aufbereitet und partiell entdämonisiert worden – mit Ausnahme der nach wie vor tabuisierten Pädosexualität. Doch auch die Pädosexualität pluralisiert sich nach marktwirtschaftlicher Logik. Wenn Embryonen und Jungfrauen auf dem Markt angeboten werden, wenn alles käuflich ist, warum dann nicht auch Kinderfleisch? Neben den alten, vereinzelten Pädophilen ist massenhaft der Biedermann als Sextourist getreten.

Das allgemeine Resultat der neosexuellen Revolution kann als selbstdisziplinierter und selbstoptimierter *Selfsex* bezeichnet werden. Dazu passen die Ergebnisse empirischer Studien, nach denen die Selbstbefriedigung in sexuell befriedigenden Beziehungen zu einer eigenständigen Sexualform geworden ist, die ihren Surrogatcharakter verloren hat. Dazu passen auch die neuen Selbstpraktiken, beispielsweise fetischistische, die mit großer Selbstverständlichkeit inszeniert werden. Sie sind insofern typische Neosexualitäten, als das triebhaft Sexuelle im alten Sinn nicht mehr im Vordergrund steht. Sie sind zugleich sexuell und nonsexuell, weil Selbstwertgefühl, Homöostase und Befriedigung nicht nur aus der Mystifikation der Triebliebe und dem Phantasma der orgastischen Verschmelzung beim Geschlechtsverkehr gezogen werden, sondern ebenso oder stärker aus dem Thrill, der mit der nonsexuellen Selbstpreisgabe und der narzisstischen Selbsterfindung einhergeht.

Alles in allem oszilliert das Sexualleben der Neosexuellen zwischen topisch und utopisch, fest und flüssig, identisch und unidentisch, zwischen dem undisziplinierten und individuellen Thrill der spätmodernen Massen-Events und der disziplinierten und kollektiven Selbstsorge frühmoderner Individual-Treue. Und die Seelen schwanken zwischen großer Betriebsamkeit und kleinem Stumpfsinn. Immer aber geht es um eine Selbstoptimierung, die ihre scheinbar selbstbestimmten und selbstverantworteten Regeln aus sich selbst zu ziehen scheint.

Vorreiter der neosexuellen Revolution waren die Schwulen der damaligen Schwulenbewegung Sie lebten beinahe alles vor, was dann die Heterosexuellen auch taten. Ihr Verhalten könnte als das kulturell vorgezogene Modell aller Neosexualitäten angesehen werden: Distanz zu Herkunftsfamilie und Fortpflanzung, Verwandlung des Körpers in einen Erotikkörper und entsprechende Drapierung, Assoziation bisher als unvereinbar angesehener seelischer und sozialer Modalitäten, egoistische Suche nach dem schnellen, umstandslosen sexuellen Thrill bei vorhandener Liebesfähigkeit in Dauerbeziehungen, Pluralisierung der Beziehungsformen, gleichzeitig treu und untreu sein, geheim und öffentlich, normal und pervers, enorme Anpassungsbereitschaft im sozialen Leben, enorme Flexibilität und Kreativität an den gesellschaftlichen und kulturellen Zirkulationsfronten und schließlich eine hohe Besetzung der Autoerotik.

Die *Süddeutsche Zeitung* vom 22. Januar 2016 beschrieb die neosexuelle Revolution in ihrem berühmten »Streiflicht« auf Seite 1 wie folgt: »Und wer sich heute in einen Mann verliebt, ist morgen mit einer Frau zusammen oder mit ganz jemand anderem, vielleicht auch mit einem Fisch oder einer Autobahnbrücke; mag sein, er ist auch wieder allein und verliebt sich in sich selbst. Das ist alles denkbar, möglich und gewünscht, und das Schöne: Es gibt für jede Entscheidung das geeignete Restaurant, die passende App, die richtige Beleuchtung. In den lieben alten Kaffeekränzchen-Jahren hätten wir gelispelt: Jedem Tierchen sein Pläsierchen.«

Wer mehr wissen möchte über die neosexuelle Revolution, zu deren Hauptgewinnern zweifelsfrei die Frauen gehören (siehe → Weibliche Sexualität), kann einfach ins Netz gehen (https://de.wikipedia.org/wiki/Neosexuelle_Revolution) oder eine meiner Abhandlungen studieren (z. B. Sigusch 1996a und b, 1998a und b, 2001, 2004, 2005, 2015)

NEOTEROPHILIE

Von Neoterophilie (gr. *neoteros* der Jüngere, *philia* Freundschaft) wird gesprochen, wenn ein deutlich jüngerer Mensch begehrt wird, ob nun hetero- oder homosexuell, männlich oder weiblich.

NEOZOOPHILE

So nenne ich Menschen in unserer Kultur, die mit einem Haustier zusammenleben wie mit einem Menschen. Sie lieben das Tier, in den allermeisten Fällen ein Hund oder eine Katze, geben in Deutschland pro Jahr rund 4 Milliarden Euro für ihren Liebling aus, ob nun für die Ernährung, Friseur- oder Arztbesuche, und schmusen natürlich auch mit ihrem Lebenspartner. Sexuelle Handlungen im engeren Sinne kommen selten vor. Neozoophile und, wie ich auch gerne sage, Kultursodomie, sollten folglich nicht mit Sodomiten und Sodomie verwechselt werden, bei denen der Sex mit einem Tier im Zentrum steht, beispielsweise wenn ein Mann eine Stute unbedingt mit seinem Glied penetrieren möchte.

Als ich vor vielen Jahren auf dem Höhepunkt der → Neosexuellen Revolution öffentlich im Scherz sagte, wir werden wohl bald auch die »sodomitische Lebenspartnerschaft« bekommen, machte die *Bild*-Zeitung daraus eine Schlagzeile, und die Telefone in unserem Institut für Sexualwissenschaft standen nicht mehr still. »Wann kann ich meinen Liebling heiraten«, lautete die Kernfrage. Wer noch mehr über diese Neoallianz erfahren möchte, kann in zwei meiner Bücher hineinschauen (Sigusch 2005, 2015). Oder einfach in die täglichen Medien. Ich hatte gerade diese Zeilen geschrieben, da las ich am nächsten Morgen in allen Zeitungen, die ich abonniert habe, dass die Schriftstellerin Elke Heidenreich nicht mit einem Schäferhund oder einem Pudel zusammenlebt, sondern mit einem Mops. Der trage den vielsagenden Namen eines Mafiabosses: Vito. Um Vito glücklich zu machen, treffe sich sein Frauchen jeden Morgen mit anderen Frauchen, die auch einen Geliebten ausführten. Ergebnis: Vito sei danach so erschöpft, dass die Autorin stundenlang unbehelligt von ihrem Schatz schreiben könne. Kurzum: Wir hören, wie eine moderne neozoophile Beziehung gelebt wird. Und natürlich auch, wie schrecklich es ist, wenn der Geliebte verstirbt. Wenige Tage später teilt dpa Deutschland mit, dass die Schauspielerin Reese Witherspoon mit traurigem Herzen unendlich um ihr Hündchen Bruiser trauere.

NEPIOPHILIE

Nepiophile werden nur durch Säuglinge oder Kleinkinder bis zum Alter von etwa drei Jahren sexuell erregt und suchen aus diesem Grund eine derartige »Partnerschaft« (→ Autoneophilie; Chronophilie).

NOFAP-BEWEGUNG

Der Anstoß kam 2014 von dem US-Studenten Alexander Rhodes, der angesichts des Verlustes von »Energie« und Selbstbeherrschung sowie der Auswirkungen auf intime Beziehungen seine Abhängigkeit vom Pornografie-Konsum öffentlich bekämpfte und aufhörte, sich selbst sexuell durch Masturbieren (engl. *to fap* → fappieren) zu befriedigen. Es ging und geht also auch heute in der NoFap-Bewegung nicht um religiöse Motive, die auch zum Verzicht auf Selbstbefriedigung führen können. Inzwischen wird die NoFap-Bewegung im Internet (http://www.nofap.com) von selbsternannten Experten gehetzt, die wissenschaftliche Forschungsergebnisse nach Belieben umdeuten. Zur Zeit teilen die Bewegten mit mehr oder weniger Stolz und Freude der Gemeinschaft mit, wie viele Tage sie der Verführung zum Fappieren durch Pornografie widerstanden haben: einen Tag lang oder sogar 137 Tage lang.

NORMOPATHEN

Nach meiner Definition sind Normopathen Gesellschaftsmitglieder, die dadurch, dass sie das Normale im Sinne von »Einhalten der Normen« exzessiv und rücksichtslos verfechten, andere Gesellschaftsmitglieder ins Unglück stürzen. Auch auf sexuellem Gebiet ist »Normopath« eines meiner ernstesten Kritik- und Schimpfworte. Inbegriff eines allgemeinen Normopathen ist für mich Reinhard Tristan Eugen Heydrich (1904–1942), SS-Führer und Chef des Reichssicherheitshauptamtes zur Hitler-Zeit, wenn die inzwischen vorliegenden biografischen Studien zutreffen. Um es in aller Kürze zu sagen: Er spielte Klavier und Geige, hatte beim Mozartkonzert Tränen in den Augen, war charmant, unsicher, zunächst politisch angepasst, als Angestellter immer fleißig, effektiv, »ehrgeizig«, schickte aber seiner Verlobten ohne Worte die Anzeige seiner Heirat einer anderen Frau, trat später als fürsorglicher Familienvater öffentlich in Erscheinung, besuchte aber mit engen Mitarbeitern nach nächtlichen Streifzügen Bordelle. Einerseits. Andererseits war er ein Massenmörder, der persönlich überprüfte, ob die jüdischen Kinder auch durch einen sauberen Kopfschuss getötet wurden. Denn sadistische Übergriffe lehnte er ab. Schließlich war er ja mit normopathischer Empathie damit befasst, Anstand und Würde im Deutschen Reich wieder herzustellen. Das aber war für ihn kein Vergnügen, sondern harte Arbeit. Und gemein wird man ja schließlich nur dann, wenn einen die Außenwelt dazu zwingt. Vielleicht hat auch aus diesen Gründen seine Ehefrau bis zu ihrem Tod 1985 von den nachfolgenden normalen Normopathen der Bundesrepublik Deutschland eine Rente als Generalswitwe genießen dürfen.

OBJEKTIV

In Abgrenzung vom Begriff → Dispositiv, den Foucault populär gemacht hat, spreche ich vom Objektiv und verstehe darunter in meiner Theorie (Sigusch 2015) eine gesellschaftliche Installation, in der sich materiell-diskursive Kulturtechniken, Symbole, Lebenspraktiken, Wirtschafts- und Wissensformen auf eine Weise vernetzen, die eine historisch neuartige Konstruktion von Wirklichkeit entstehen lässt. Da sich diese Installationen, einmal etabliert, aus sich selbst heraus generieren, imponieren sie in eher alltagssoziologischer Betrachtung als Sachzwänge, denen nichts Wirksames entgegengesetzt werden kann, und in eher alltagspsychologischer und ethisch-rechtlicher Betrachtung erscheinen sie als Normalität und Normativität, die einzig in der Lage sind, Ordnung, Ruhe und Sicherheit zu garantieren. Nicht selten lassen sie das als natürlich erscheinen, was gesellschaftlich ist (→ Sexualität).

OBJEKTOPHILE

Dass sich Menschen in Gegenstände verlieben und sie sexuell begehren, kennen wir bereits aus der Antike, in der die →

Agalmatophilie, das heißt die Liebe zu Statuen, bekannt war. Auch in unserer modernen Literatur kam dieses Ereignis bereits vor, zum Beispiel bei E.T.A. Hoffmann, dessen Held Nathanael sich in einen Automaten verliebt. Bevor ich Objektophile als Arzt sah, war mir aufgefallen, wie Männer auf ein Auto erster Klasse reagierten: Gesichtsröte, Glanzauge, steigender Körpertremor – alles medizinische Zeichen einer sexuellen Erregung. Später wurde es in den letzten Jahrzehnten immer allgemeiner in unserer Kultur, mit einem vermeintlich toten Gegenstand zu verschmelzen, ob das nun ein Flipper mit seinem Automaten war oder heute der Jugendliche mit seinem E-Gerät. Die heutigen Menschen richten sehr viel Sinnlichkeit auf Apparaturen und ziehen aus diesen sehr viel Lust heraus.

Heute verlieben sich Frauen wie Männer in einen Gegenstand, ob nun ein Musikinstrument, ein Schiff oder ein Gebäude und leben mit diesem Gegenstand eine Beziehung. 2007 heiratete zum Beispiel Erika LaBrie privat den Eiffelturm und darf sogar seither offiziell den Namen Erika Eiffel tragen. Als sogenannter Experte weigere ich mich nach wie vor, diese Menschen als krank oder gar verrückt zu erklären. Sie tun etwas prononciert, was zu unserer Kultur gehört wie die Faust aufs Auge. Wer also die Objektophilen zu Kranken erklären oder einsperren möchte, der muss das auf die gesamte Kultur beziehen und darf nicht vergessen, dass wir schon als Kinder unsere Sinne auf tote Dinge richten und sie verseelen, ja uns in sie verlieben. Là-bas.

ONLY LUNCH

Das könnte auch und gerade heute noch eine Alternative zu Verabredungen und Suchaktionen nach einem Partner im Internet sein. In den USA verstehen manfrau darunter ein Mittagessen, bei dem erkundet wird, ob es sinnvoll ist, sich zum Abendessen zu verabreden.

OPERATIVE GENITALVERSCHÖNERUNG

Wie die Faust aufs Auge gehören zur → neosexuellen Revolution kosmetische Operationen an den Genitalien, besonders an den weiblichen, fachlich inzwischen Female Genitale Cosmetics Surgery (FGCS) genannt. Im Einzelnen handelt es sich unter anderem um Labioplastiken, das heißt Verkleinerungen der inneren und Vergrößerungen der äußeren Venuslippen, um die Reduktion der Klitorisvorhaut, die Fettabsaugung am Venushügel, die Verengung der Vagina, die Vergrößerung des sogenannten G-Punktes und um die Wiederherstellung des Hymens bei der Frau sowie beim Mann vor allem um vergebliche Versuche, den Penis zu verlängern und zu verdicken. Männer und Frauen »verschönern« natürlich außerdem ohne die Hilfe der Chirurgie ihre Genitalien entlang einer mehr oder weniger neuen Intimästhetik, indem sie sie rasieren, tätowieren oder mit einem Piercing à la Hafada, Ampallang, Apadravya usw. drapieren. Reicht das nicht, kommen noch Saline-Infusionen oder Bisection in Frage, das heißt spaltende Eingriffe am Genitale.

Das marktkonforme Ziel aber heißt auch dann noch: Designer-Geschlechtsteil und Enhancement, das meint »Verbesserung« des sexuellen Empfindens

OPFER

Natürlich werden Opfer nicht durch das, was ihnen oder ihren Verwandten angetan wurde, bessere Menschen. Natürlich müssen sich Opfer verschiedener Art nicht dadurch zusammenspannen lassen, dass sie vom selben Täter verfolgt worden sind. Wenn es aber die von den Nazis aus politischen Gründen Verfolgten ablehnen, Homosexuelle, die im KZ waren, an einer öffentlichen Demonstration teilnehmen zu lassen, wie bei uns geschehen, oder wenn die Vertreter der Juden es ablehnen, zwei schon getrennt geplante Gedenkstätten, wie die Vertreter der Sinti und Roma im Oktober 1993 wünschten, »gestalterisch miteinander zu verbinden«, dann stellt sich das ungute Gefühl ein: dass sich die einen über die anderen erheben, weil sie mehr Ermordete ins Feld führen können, weil sie sich für ehrenwerter halten oder weil sie die, die zufällig mit ihnen zusammen zu Verpönten wurden, abstoßend, abnorm und krank finden. Was sagt uns das?

ORGASTISCHE MANSCHETTE

Der Brockhaus Psychologie (2001, S. 417) schreibt: »von dem deutschen Sexualforscher Volkmar Sigusch eingeführte

Bezeichnung für die unter stärkerer sexueller Erregung bei der Frau eintretende Verengung des äußeren Drittels der Scheide. Durch diese ›blutdruckmanschettenförmige‹ Verengung in Folge einer massiven Blutstauung wird der Durchmesser der Scheide bis um die Hälfte reduziert. Beim Orgasmus kommt es regelmäßig zu drei bis 15 Muskelkontraktionen in diesem Bereich. Die Kontraktionen der orgastischen Manschette, denen ein Initialspasmus und parallel dazu das Bewusstwerden des Orgasmus um einige Sekunden voraus geht, werden von Frauen als ›Pulsationen‹ im Genitalbereich beschrieben.« Masters und Johnson (1966) hatten in ihrer von mir wissenschaftlich bearbeiteten Studie von »orgasmic platform« gesprochen.

OSPHRESIOLOGIE

Die Osphresiologie (gr. *osphresis* Geruchssinn) ist die Lehre vom Geruchssinn. Ein Beispiel für die osphresiologische Forschung: Werden Glücksspielautomaten mit wohlriechenden Substanzen besprüht, steigen die Umsätze um 40 bis 50 Prozent, weil die Spieler länger verweilen. Das fand zum Beispiel der Psychologe Alan Hirsch in Las Vegas schon vor 25 Jahren heraus. Diese Substanzen werden seither folglich wie die hellen Neonlichter dort verwandt, wo sich Menschen lange aufhalten sollen, um Konsum und Umsatz zu steigern.

PAARGEHEIMNISSE

Kürzlich stieß ich auf die »7 Geheimnisse«, die der emeritierte Psychologieprofessor und Paarforscher John M. Gottman (2014) zusammengestellt hat, Geheimnisse, die den Paaren aus einer Krise heraushelfen könnten. Ich fasse sie ganz kurz zusammen: 1. Sich vergewissern, was den Partner gegenwärtig interessiert und beschäftigt. 2. Dem Partner gegenüber Zuneigung, ja Bewunderung zeigen. 3. Partner, die sich eher zu- als abwenden, zahlten in ihr »Gefühlskonto« ein. 4. Sich vom Partner nicht nur beeinflussen lassen, sondern es ihm auch danken. 5. Sich auf das Lösen lösbarer Konflikte konzentrieren (z. B. Schwiegermutter, Hausarbeit, Geld usw.) unter Eingehen von Kompromissen und Eingestehen von eigenen Fehlern. 6. Pattsituationen erkennen und damit leben, auch darüber sprechen, ohne sich zu verletzen. 7. Sich eine gemeinsame Lebenskultur schaffen, die beider Träume enthält, ohne sie alle erfüllen zu können.

PAARTHERAPIE

Nach meiner Erfahrung ist die am Hamburger Institut für Sexualforschung entwickelte Paartherapie bei sexuellen Erlebens- und Funktionsstörungen die erfolgreichste und anerkannteste Sexualtherapie, die wir in Deutschland haben. Sie ist zugleich ein Beispiel für den gelungenen Versuch, verhaltenstherapeutische und tiefenpsychologische Behandlungselemente zusammenzuführen.

Seinen Anreiz fang das Hamburger Modell in den USA. Dort veröffentlichten der Gynäkologe William H. Masters und seine psychologische Unterstützerin Virginia E. Johnson 1970 ein Behandlungsverfahren bei sexuellen Funktionsstörungen, das Therapiegeschichte machen sollte. Es war zwar theoretisch kaum begründet, schien aber erfahrungsgesättigt und überaus erfolgreich zu sein. Die Erfolgsrate betrug bei mehr als 500 behandelten Paaren rund 80 Prozent. Die Rückfallquote betrug fünf Jahre nach Abschluss einer erfolgreichen Therapie bei mehr als 300 Paaren rund 5 Prozent. Von solchen Erfolgen konnten wir – ich arbeitete damals am Hamburger Institut für Sexualforschung – nur träumen. In unserer »Sexualsprechstunde« wurden wir unablässig mit »Anorgasmie und Impotenz«, wie es damals hieß, konfrontiert, hatten aber nur eine medizinische Ausbildung und eine psychiatrische Spezialisierung absolviert, die uns kaum weiterhalfen. Die sogenannte Psychowelle ließ historisch noch auf sich warten, die Psychologie war noch nicht in die Medizin eingezogen, und es gab keine Möglichkeit, einen Zusatztitel »Psychotherapie« zu erwerben. So standen wir praktisch mit leeren Händen da. Das Buch der Amerikaner kam uns also wie gerufen. Nachdem wir es umgehend studiert und für eine deutsche Ausgabe (Masters und Johnson 1973) bearbeitet hatten, begannen wir, die »Masters-Johnson-Therapie« in die Praxis umzusetzen.

In einem umfangreichen DFG-Forschungsprojekt des Hamburger Instituts unter Leitung von Gunter Schmidt wurde schließlich das Verfahren durchleuchtet, kontrolliert, theoretisch begründet, an die hiesigen Verhältnisse angepasst und mit dem Stück Psychologie des Unbewussten und des Paarkonflikts versehen, das unverzichtbar schien. Die von den Hamburger Kolleginnen und Kollegen im Verlauf von Jahrzehnten entwickelte und in vielen Weiterbildungskursen vermittelte Paartherapie haben Gerd Arentewicz und Gunter Schmidt (1980/1993) sowie später Margrit Hauch (2013) zusammenfassend dargestellt (vgl. auch Sigusch 2000b, Hauch et. al. 2007). Wenngleich die Erfolgsraten, die Masters und Johnson in den 1950er und 1960er Jahren erreicht hatten, international von niemandem bestätigt werden konnten, so waren doch die meisten Forscher sehr zufrieden. Denn Erfolge stellten sich nach vielen Studien bei zwei Dritteln bis drei Vierteln der behandelten Paare ein. Und das, obgleich die Erfolge strikter kontrolliert und zunehmend Störungen wie die sexuelle Lustlosigkeit geklagt wurden, die schwer zu behandeln sind. Außerdem wurden nicht mehr eher unaufgeklärte und unerfahrene Patienten aus einer ländlichen Region behandelt, denen allein schon durch Informationen und Übungen geholfen werden konnte, wie es offensichtlich bei Masters und Johnson nicht selten der Fall war.

Heute kann und muss über diese Paartherapie bei uns gesagt werden: Eine Grundannahme ist, dass sich ein befriedigendes Sexualverhalten nicht von alleine einstellt, sondern gelernt werden muss, wobei Sexualität nicht nur aus Vorstellungen und Gefühlen besteht, sondern auch aus Körpererfahrungen. Eine andere ist, dass am Entstehen und Aufrechterhalten eines sexuellen Symptoms beide Partner beteiligt sind, also nicht nur der sogenannte Symptomträger. So kann das sexuelle »Versagen« des einen Partners für den anderen die seelische »Funktion« haben, sich in dieser Beziehung sicher zu fühlen, eigene Ängste und eigenes sexuelles »Versagen« nicht erkennen zu müssen. Er wird folglich unbewusst dafür sorgen, dass das Symptom bestehen bleibt. In der konkreten Therapie gerät der »symptomfreie« Partner nicht selten dann in eine Krise, wenn diese Abwehr, wenn diese Kollusion außer Kraft gesetzt wird, weil der Partner mit der Ejaculatio praecox oder die Partnerin mit dem Vaginismus nicht mehr »versagt«. Solche Prämissen haben zu der Konzeption geführt, durch körperzentrierte Übungen einen Lernprozess zu ermöglichen und immer beide Partner gleichzeitig zu behandeln. Entscheidend ist, dass die Patienten in einer festen Beziehung leben, dass beide Partner an einer Behandlung interessiert sind und die sexuelle Problematik als zentrales Hindernis für eine befriedigende Beziehung erleben. Indiziert ist die Paartherapie nach allgemeiner Auffassung bei chronischen Sexualstörungen, unabhängig von der Schwere der neurotischen und der Partnerschaftskonflikte und auch unabhängig von der Art der sexuellen Symptomatik. Als kontraindiziert wird diese Therapieform dann angesehen, wenn eine akute Psychose oder eine Suchtkrankheit vorliegt, unter Umständen auch bei vorausgegangenen schweren sexuellen Traumatisierungen.

Beim inzwischen klassischen Setting behandelte ein Therapeutenpaar, immer eine Frau und ein Mann, ein heterosexuelles Paar »massiert«, das heißt zwei bis drei Wochen lang jeden Tag. Das hatte sicher viele Vorteile. Die Paare konnten die Belastungen des Alltags von der Kinderbetreuung bis hin zur Entwürdigung bei der Arbeit einmal hinter sich lassen und fanden auf der Therapeutenseite ein geschlechtsspezifisches Gehör. Heute ist das Setting sehr viel variabler. Es gibt Paartherapien mit nur einem Therapeuten in »verteilter« Praxis, das heißt es finden ein- oder zweimal wöchentlich Sitzungen statt, insgesamt 20 bis 40. Es gibt aber auch Paargruppen, die von einem Therapeutenteam behandelt werden. Und selbstverständlich werden homosexuelle Paare nicht mehr ausgeschlossen. Interessant ist, dass die Erfolge, gemessen am Zurücktreten oder Verschwinden der Symptome, weitgehend unabhängig von der Art des Settings sind.

Bei den beiden ersten Sitzungen der Paartherapie handelt es sich um Einzelgespräche, in denen eine ausführliche biografische, Partnerschaft- und Sexualanamnese erhoben wird. In der dritten Sitzung werden dann die Ergebnisse dieser Gespräche gemeinsam erörtert, wobei der Therapeut oder das Therapeutenteam damit beginnt, im Sinn der genannten Grundannahmen eine andere Sicht der Probleme zu vermitteln. Am Ende der dritten Sitzung erhält das Paar die erste »Hausaufgabe«: Die Partner sollen sich bis zur nächsten Sitzung zweimal eine halbe bis eine Stunde lang Zeit nehmen, um einander abwechselnd zu streicheln. Masters und Johnson nannten diese Übung »Sensate Focus«.

Im Verlauf der Behandlung werden dann von dem Paar nacheinander verschiedene Übungen absolviert, die hier aber nur kursorisch genannt werden können: (1) Sensate Focus I: Mit dieser Streichelübung wird begonnen, wobei die Brüste und die Genitalien nicht gestreichelt werden sollen. (2) Sensate Focus II: Jetzt dürfen auch die Brüste und die Genitalien gestreichelt werden, allerdings soll eine sexuelle Erregung weder intendiert noch erwartet werden. (3) Erkundendes Streicheln: Bei diesem Sensate Focus werden die Genitalien des Partners mit den Augen und anschließend mit den Händen exploriert, um sich vertraut zu machen. (4) Stimulierendes Streicheln: Jetzt streicheln die Partner einander, bis sich Erregung einstellt, lassen diese aber wieder abklingen, um sie erneut hervorzurufen. Nach mehrmaligem Aufkommen und Abklingen der Lust dürfen sich die Partner durch nichtkoitale Praktiken bis zum Orgasmus reizen. (5) Einführen des Penis: Der Mann liegt auf dem Rücken, die Frau führt in der Hockstellung den Penis ein und legt sich dann auf den Mann. Ohne Koitusbewegungen verharren die Partner in dieser Position, bis die Erektion abgeklungen ist. (6) Erkundender und stimulierender Koitus: In der zuletzt genannten Stellung erkundet die Frau, immer wieder von Pausen unterbrochen, welche Beckenbewegungen lustvoll sind. Der Mann »spiegelt« in späteren Übungen diese Bewegungen. Wie beim stimulierenden Streicheln exploriert das Paar das Auf und Ab der Erregung. Nach einigen Übungen darf es beim Koitus zum Orgasmus kommen. (7) Koitus in verschiedenen Stellungen: Das Paar erkundet andere Koituspositionen und weitere Möglichkeiten der Stimulation.

Neben den gemeinsamen Übungen gibt es auch Einzelübungen, die der körperlichen Selbsterfahrung dienen sollen. Ist das Leitsymptom Vaginismus oder Ejaculatio praecox, kommen spezielle Übungen hinzu. Immer werden die Erfahrungen mit den Übungen in der darauffolgenden Therapiestunde im Detail besprochen. Alle Übungen werden mehrfach wiederholt. Erst wenn eine Übung von beiden Partnern angstfrei erlebt wurde, wird weitergegangen. Dabei ist eine neue Übung stets in die bereits bekannten und als angenehm erlebten Erkundungen eingebettet.

Das Geheimnis der Wirksamkeit der Paartherapie-Übungen besteht wahrscheinlich darin, dass die Therapeuten Regeln festsetzen und Anweisungen geben. So werden die sexuellen Begegnungen hinsichtlich Frequenz, Dauer, Praktik sowie Aktivität/Passivität vorgegeben, gilt eine Vetoregel, ein monatelanges Koitusverbot usw. Aus der Sicht der Lerntheorie können die Patienten im Schutz dieser Regeln notwendiges Lernen in kleinen Schritten nachholen, falsche und blockierende Vorstellungen abbauen, lustvolle Erfahrungen machen und Mut fassen. Durch den Aufbau der Therapie soll ein Teufelskreis, der sogenannte Selbstverstärkungsmechanismus, durchbrochen werden. Er besteht darin, dass ein sexuelles Symptom, das vielleicht zunächst nur in einer bestimmten Situation, beispielsweise unter Alkoholeinfluss, aufgetreten ist, durch die nachfolgenden Erwartungsängste verfestigt wird. Psychoanalytisch gesprochen bewirken die Verhaltensanweisungen eine Über-Ich-Entlastung. Unbewusste Abwehrmechanismen, die zu dem sexuellen Symptom geführt haben, werden geschwächt oder außer Kraft gesetzt. Bei günstigem Verlauf können andere Abwehrvorgänge, die nicht mehr so störend sind, die Überhand gewinnen. Aus der Sicht der Psychoanalyse sind nicht Anweisung, Übung und bewusste Reflexion die Essentials der Therapie, sondern die fokussierte deutende Arbeit am unbewussten Konflikt des Paares.

Psychoanalytisch orientierte Paartherapeuten werden also darauf achten, wie sich der Paarkonflikt am Umgang mit den Anweisungen zu erkennen gibt. Sie werden sich nicht auf das Ermutigen, den Abbau bewusster Ängste und das körperliche Funktionieren verlassen. Denn sie sind davon überzeugt, dass ein sexuelles Symptom einer unbewussten »Logik« folgt, gewissermaßen »im Recht« ist und einen »Sinn« hat, der nicht ungestraft missachtet werden darf. Folglich werden sie auf die Übertragungsangebote der Patienten eingehen. Das allerdings kann die »Masters-Johnson-Therapie« erheblich komplizieren.

Mir liegt sehr daran, in diesem Zusammenhang ein theoretisch andersartiges, inzwischen auch praktisch wichtig gewordenes Behandlungsverfahren, mit dem ich keine Erfahrungen als Therapeut gemacht habe, wenigstens zu erwähnen: die systemische Sexualtherapie, die Ulrich Clement (2006) wesentlich voran gebracht und eindrucksvoll dargestellt hat.

PÄDOPHILIE UND PÄDOSEXUALITÄT

Von Pädophilie wird gesprochen, wenn vorpubertäre Kinder erotisch-sexuell begehrt werden. Kommt es real zu sexuellen Handlungen, sollte von Pädosexualität gesprochen werden (→ Kritik der sexualmedizinischen Fachsprache).

Pädophilie und Pädosexualität gehören in unserer Kultur zu den letzten sexuellen Tabus, weil die kindliche Sexualität bei uns tabu ist. Sie werden als bedrohlich wahrgenommen, weil Kindheit für uns ein letztes Refugium von Vertrauen, Sicherheit und unschuldiger Liebe ist. Seit dem 19. Jahrhundert wurde unser Familienleben emotionalisiert, wurden die Familienmitglieder auf sexuelle Distanz gebracht und ein Inzesttabu errichtet. Noch zur Zeit der deutschen Klassik jedoch hat sich niemand darüber aufgeregt, wenn zum

Beispiel ein Gelehrter, den wir immer noch verehren, mit einem aus heutiger Sicht minderjährigen Mädchen sexuell verkehrte oder es heiratete. Solange die Existenz einer kindlichen Sexualität nicht anerkannt ist, so lange kann über sie nicht vernünftig gesprochen werden. Immer noch streiten sich Fachleute, ob es so etwas wie infantile Sexualität überhaupt gibt. Tatsächlich aber zeigen schon kleine Kinder sexuelle Reaktionen bis hin zum Orgasmus, bei Jungen vor allem Erektionen, bei Mädchen Vaginallubrikationen, auch wenn diese Reaktionen nicht durch Phantasien wie bei Erwachsenen hervorgerufen worden sind, sondern sich reflektorisch ereignen (→ Kindersexualität; Säuglingsorgasmus).

Dank »sexueller Revolutionen« hat heute bei uns die sexuelle Selbstbestimmung einen hohen Rang. Über diese reflektierte Selbstbestimmung verfügt ein vorpubertäres Kind aber noch nicht. Da ein vorpubertäres Kind noch nicht einmal weiß, was Liebe und Sexualität sind, was sie bedeuten, was sie symbolisieren, wie sie von anderen Menschen gesehen und gelebt werden, kann auch nicht von sexueller Selbstbestimmung die Rede sein. Allein aus diesem Grunde ist das Verhältnis eines Pädosexuellen zu einem Kind auf eine (Selbst-)Täuschung des Erwachsenen gebaut. Eine behauptete »Einvernehmlichkeit« zwischen dem Kind und dem Pädosexuellen gründet entweder auf der sozial prekären Lage des Kindes oder auf den Einfühlungs- und Verführungskünsten des Erwachsenen. Ohne derartige ebenso besondere wie verfängliche Umstände ist kein Kind bereit, mit einem Erwachsenen solche »ekligen Dinge« zu tun. Zwischen der kindlichen Sexualität und der eines Erwachsenen klafft in unserer Kultur ein unüberwindbarer Abgrund, der nur durch mehr oder weniger erkennbare Gewaltanwendung und Machtausübung überwunden werden kann.

Im »Deutschen Ärzteblatt« (Sigusch 2011) habe ich hinzugefügt: »Das Verhalten pädophiler und pädosexueller Männer ist sehr different. Es reicht von der sexuellen Abstinenz über die ungenitale Liebe und Fürsorge, die einem Kind guttut, bis hin zur Fetischisierung des kindlichen Körpers ohne weitere Ansprüche an die kindliche Person und, wenngleich sehr selten, bis hin zur Vergewaltigung eines wehrlosen Kindes. Ein Mensch, der pädophile Neigungen hat, kann so wenig dafür, wie der, der erwachsene Frauen begehrt. Außerdem hat sein Begehren die seelische Funktion, einen unbewussten Konflikt einzudämmen oder abzuwehren, der den Zusammenhalt seiner Person bedroht, beispielsweise durch schwere Depressionen. In einer wirklich liberalen Gesellschaft könnte auch der Pädophile offen zu seinem Begehren stehen; es auszuleben, könnte aber selbst dann nicht toleriert werden. Erkannt würde jedoch die Tragik dieser Menschen, die ein Leben lang trotz greifbarer Nähe auf das verzichten müssen, was ihnen im Leben am liebsten ist. Pädophilie heißt ja, dieser Mensch fühlt sich nur wohl, fühlt sich nur geborgen, wenn seine mehr oder weniger unbewusste Sehnsucht nach der eigenen als verloren erlebten Kindheit durch das kindliche Leben mit Kindern erfüllt wird.

Bei Therapien geht es für die Betroffenen ums Überleben und nicht um die Auflösung eines begrenzten Konfliktes aus der Kindheit, den man erinnern kann. Es geht um fixierte Vorlieben oder entfaltete Perversionen, die die Person zusammenhalten. Alle Therapeuten stehen also vor einer gewaltigen Aufgabe. Ihre Erfahrungen sind sehr unterschiedlich. Die einen berichten, dass sie nach Strich und Faden belogen worden seien, wie gleichzeitig stattfindende polizeiliche Durchsuchungen bei den Patienten ergeben hätten. Andere sagen, dass die Patienten keinerlei Einsicht in ihr inakzeptables Verhalten gezeigt hätten. Wieder andere teilen mit, dass ihre Patienten in schwerste Depressionen mit einer Tendenz zum Zusammenbruch der gesamten Person gefallen seien. Dass Pädophile durch eine Therapie darauf verzichten, ihre sexuellen Wünsche zu realisieren, gehört eher zu den Glücksfällen. Ein solcher kann eintreten, wenn der Patient über eine hohe Moralität oder Religiosität verfügt, sozial gehalten ist und sein sexuelles Begehren keinen suchtartigen Verlauf genommen hat.

Weil unsere Kultur keine Ars erotica hervorgebracht hat, weil bei uns nicht Eros, sondern nach wie vor Anteros herrscht, wird vergessen und muss immer wieder gesagt werden: Die Sinnlichkeit, die sich zwischen einem Kind und einem Erwachsenen spontan entfaltet, ist etwas Wunderschönes. Nichts vermag intensiver an die Paradiese der Kindheit zu erinnern. Nichts ist reiner und harmloser als diese Erotik des Leibes und des Herzens. Im Grunde ist nichts humaner. Alle Erwachsenen, die sinnlich lieben, versuchen unwillkürlich, wieder zu Kindern zu werden. Sie ahnen, dass sie sich nur dann erotisch begegnen können, wenn sie die Kalkulationen der Erwachsenenwelt hinter sich lassen. Die kindliche Erotik ist aber nicht nur voller Wonnen, sie ist auch notwendig. Sie ist eine Bedingung der Möglichkeit der Menschwerdung. Als wesentliche Quelle der Individuation tariert sie Nähe und Distanz aus und jene Gefühle, ohne die Liebe unmöglich ist: Wohllust und Wollust, Vertrauen in sich selbst und in andere. Wer nie im Paradies der kindlichen Erotik gelebt hat, wird sich nur sehr mühsam in einen anderen Menschen einfühlen und sich selbst der Drangliebe ohne Angst überlassen können. Ein solches Menschenkind wird oft grau, starr und stumpf. Ihm fehlt der Glanz im Auge und in der Seele. Wird die kindliche Erotik vorzeitig sexualisiert, wächst die Gefahr, dass Sinnlichkeit im Erwachsenenalter plötzlich in Destruktivität umschlägt, weil dieser Mensch nie gelernt hat, mit den Erregungen, Versagungen und Aggressionen umzugehen, die Liebe und Sexualität immer begleiten« (→ Missbrauch, sexueller).

Als Arzt und Therapeut habe ich immer wieder pädophile Männer erlebt, die schrecklich unter ihrem Begehren gelitten und es aus humanitären Gründen nie realisiert haben. Diesen Männern und natürlich auch den uneinsichtigen Pädosexuellen müssen nicht nur Ärzte und Psychotherapeuten helfen, sondern auch die Gemeinschaft, indem psychiatrisch-psychotherapeutisch-sexuologische Auffangnetze wie »Kein Täter werden« bundesweit finanziert werden. Hilfreich kann auch die Erkenntnis sein, dass der perennierende Hass auf die Pädophilen jedenfalls bei »normalen« Männern insofern verdächtig ist, als die Sexualforschung experimentell nachgewiesen hat, dass ganz normale Männer auf kleine nackte Mädchen mit einer messbaren körperlichen sexuellen Erregung reagieren, die ihnen gar nicht bewusst zu werden braucht. Das Problem sitzt also tief (→ Missbrauch, sexueller; Politik und Sexualität).

PALÄOSEXUELLE

So nenne ich die Menschen in unserem Kulturkreis, deren Begehren, Wünschen und Verhalten mit der gesellschaftlichen Sexualform weitgehend übereinstimmt, die vor der → Neosexuellen Revolution allgemein verbreitet war (→ Treue der Paläosexuellen).

PARAPHILIE

→ PERVERSION; VORLIEBEN

PARTHENOGENESE

Die Parthenogenese von Tieren und Pflanzen (gr. *parthénos* Jungfrau, *genesis* Entstehung, Geburt) ist so interessant, weil sie uns lehrt, dass die Natur den Menschen immer voraus ist, ob es nun um das Klonen geht oder eine Gesellschaft ohne sexuellen Geschlechtsverkehr zwischen Frauen und Männern. Entstehen Nachkommen aus unbefruchteten Eizellen, also eingeschlechtlich und ohne Sexualverkehr, erinnert uns das an die Jungfrau Maria und die Geburt Jesu. Ein zweites Geschlecht, zum Beispiel das uns geläufige männliche, wird also gar nicht für die Fortpflanzung benötigt. Jetzt leuchtet uns auch ein, warum sich das männliche Geschlecht in unseren Gesellschaften immer so aufgeblasen hat.

PARTHENOPHILIE

Von Parthenophilie (gr. *parthénos* Jungfrau) wird gesprochen, wenn pubertierende Mädchen erotisch-sexuell begehrt werden.

PEGGING

Ein Sexualverkehr mit umgeschnalltem Strap-on, also Penis, auch BOB genannt, das heißt Bend-over-boyfriend, wird Pegging genannt (engl. *to peg* annageln).

PENISEREKTION

→ VIAGRA®

PENISPLETHYSMOGRAFIE

→ POLITIK UND SEXUALITÄT

PERVERSION

In unserer Kultur sind sexuelle Perversionen seit gut einhundert Jahren der Inbegriff des Abirrens vom sexuell Normalen. Das spätlateinische Wort *perversio* meint so viel wie Verdrehung. So gelten der Transvestitismus oder der Exhibitionismus als ein Verdrehen des »normalen« Sexualzieles, des Penis-Vagina-Koitus, und Vorlieben wie der Fetischismus, die Pädophilie oder die Sodomie gelten als Abirrungen vom »normalen« Sexualobjekt, das ein lebendiger, erwachsener und »ganzer« Mensch des jeweils anderen Geschlechts ist. Im Verlauf des 20. Jahrhunderts sind in den westlichen Kulturen die Vorstellungen von einer gesunden und normalen Sexualität zum Teil drastisch verändert worden, so dass beispielsweise Mund- und Analverkehr oder die Homosexualität erwachsener Männer und Frauen nicht mehr als Perversionen angesehen worden sind. Klassische Perversionen wie der Flagellantismus oder das Zopfabschneiden sind inzwischen verschwunden.

Klinisch habe ich nur dann von einer sexuellen Perversion gesprochen, wenn bei einem Patienten ganz bestimmte psychische Mechanismen und Erlebensweisen so sehr im Vordergrund stehen, dass er ohne sie weder zu einer sexuellen Befriedigung gelangen noch sein Leben ohne innere Leere und Destruktion fristen kann. Diese Mechanismen und Erlebensweisen habe ich als Externalisierung, Sexualisierung, Fetischisierung und Süchtigkeit beschrieben. Sie wirken im Seelenleben des perversen Menschen wie Zwänge und beherrschen es relativ unabhängig von der jeweiligen Sexualpraktik und dem jeweiligen Sexualobjekt. *Externalisierung* heißt, sexuelle Wünsche können nicht in der Phantasie gehalten oder wie bei der Neurose verdrängt werden; sie müssen sich manifestieren, real niederschlagen. Der Mechanismus der *Sexualisierung* spielt bei der Perversion in zweifacher Hinsicht eine zentrale Rolle. Zum einen ist die Sexualität lebensnotwendig, weil nur durch ein bestimmtes sexuelles Erleben und Handeln wenigstens vorübergehend das seelische Gleichgewicht hergestellt werden kann. Zum anderen werden üblicherweise sexuell neutrale Gegenstände, Handlungen oder Szenen nicht nur mit Libido besetzt, sondern im engeren Sinne sexualisiert, beispielsweise Beinprothesen. Der *Fetischismus* wird von den meisten Experten als Modell der sexuellen Perversion angesehen. Tatsächlich ist bei jeder sexuellen Perversion der psychische Mechanismus der fetischistischen Inszenierung von zentraler Bedeutung für die sexuelle Erregung und Betätigung. Klinisch ist jedoch das Leitsymptom der *Süchtigkeit* entscheidend. Nur wenn der Suchtcharakter des sexuellen Geschehens unübersehbar ist, sollte die Diagnose Perversion gestellt werden (→ Kritik der sexualmedizinischen Fachsprache; Vorlieben).

PERVERSES IN SPLITTERSÄTZEN

Die perverse sexuelle Szene ist ein Paraszenium von Geburt und Tod.

Die Lust, die aus einer Perversion gezogen werden kann, ist einzigartig.

Perverse sind wie wir alle, nur ein bisschen mehr. Normale sind so pervers wie Perverse normal.

In den Perversionen ist etwas Fetischistisches dominierend, ohne das die Liebe nicht existierte.

Dass die sexuell-perverse Lust zu den intensivsten Lüsten überhaupt gehört, wird generell verschwiegen.

Das Loblied des Perversen erinnert vehementer als andere an den alten Doppelcharakter des Sexuellen, einerseits konform und gezügelt, andererseits subversiv und durchbrechend zu sein. Vehementer, weil von Tabus affektiv hochgeschaukelt. Ohne diese Verbotsmusik mahnt aber ebenso das Hohe Lied der Liebe.

Die Denunziation der Perversion dient der kulturellen Reinwaschung, der seelischen Projektion verpönter, ängstigender Selbstaspekte.

Gehasst werden die Perversen, weil sie den Normopathen einen Spiegel vorhalten, in dem sie sehen könnten, wie sie eigentlich sind.

Der Lustmord mag aus Unlust und Hass entstehen, der Unlustmord aus Lust und Liebe, womit bewiesen wäre, dass alle Menschen zu beidem fähig sind.

Je kürzer der Prozess sein soll, desto länger ist seine Vorgeschichte. Das »Rübe ab!« gegen Sexualstraftäter reicht bis in die archaischen Zeiten der Menschheit zurück.

PILLE DANACH

Die sogenannte »Pille danach« gibt es heute endlich ohne Rezept in der Apotheke, wo auch eine Beratung möglich ist und stattfinden sollte. Sie enthält Hormone und ist in der Lage, eine unerwünschte Schwangerschaft, zum Beispiel nach dem Platzen eines Kondoms, zu verhindern. Die »Pille danach« sollte so schnell wie möglich nach dem entgleisten Geschlechtsverkehr eingenommen werden, das heißt in den ersten 12 Stunden nach dem Ereignis.

Sehr zu empfehlen ist generell, also auch bei anderen Problemen oder Fragen, eine Beratung durch die Bundeszentrale für gesundheitliche Aufklärung (BZgA). Genannt seien vor allem das Jugendportal www.loveline.de und der Telefonanschluss 0800/110333 (montags bis samstags von 14 bis 20 Uhr). Außerdem können per Mail unter order@bzga.de oder über das bereits genannte Jugendportal Broschüren zu den Mädchen- und Jungenfragen von Liebe bis Verhütung kostenlos bestellt werden.

Bei der »Pille danach« geht es um eine im engsten Sinne existenzielle Entscheidung, die letztlich nur die betroffene Frau fällen kann. Die selbstbewusste Entscheidung betroffener Frauen ist auch insofern besonders wichtig, weil die gegenwärtige Tendenz in Europa und noch stärker in den USA, die sexuellen und reproduktiven Selbstbestimmungsrechte von Frauen wieder oder noch stärker einzuschränken als zuvor, nicht zu übersehen ist.

PINK TAX

Das ist eine der zahllosen Ungerechtigkeiten in einer immer noch männerdominierten Gesellschaft. Frauen müssen für ein vollkommen vergleichbares Produkt deutlich mehr zahlen als Männer. Beispiele: Einwegrasierer, Eau de Toilette, hochwertiger Kugelschreiber oder ein Kinderroller für Mädchen für 49,99 Euro statt für Jungen für 24 Euro. Dieses Gender Pricing, solche »Rosa-Steuern«, sind einfach nur noch zum Kotzen (→ Gender Pay Gap).

PIONIERE DER NEOSEXUELLEN REVOLUTION

Was ich nicht wusste, erst am 17. Juni 2012 durch eine Phönix-Fernsehsendung erfahren habe: The Beatles, die ihren Höhepunkt zwischen 1964 und 1968 hatten, waren nicht nur Pioniere der 68er sexuellen Revolution, sondern auch der nachfolgenden → Neosexuellen Revolution der 1980er und 1990er Jahre. Sie machten zu viert mit einem Mädchen Sex, versanken in Drogen, zeugten Kinder im Geheimen, bestellten sich Prostituierte nach einem Auftritt, gingen natürlich auch als Gebundene oder Verheiratete fremd, hatten Kontakte zu Homosexuellen und Transvestiten …

POESIEN

Das Sexuelle ist die erste Poesie des Menschen. Die zweite ist das kindliche Spiel. Und die dritte ist die erste Liebe.

POLITIK UND SEXUALITÄT

Nicht nur aus Verlogenheit, sondern auch weil die heutigen gesellschaftlichen und sozialen Verhältnisse so komplex sind, wird nicht nur bei Wahlen von den Parteien am liebsten auf emotionale und randständige Themen eingegangen wie eine Pädophiliedebatte einer Partei vor 30 Jahren oder eine rechtlich unerreichbare Automaut für Ausländer.

Gleichzeitig lenkt eine Pädophiliedebatte davon ab, dass alle Kinder bei uns rechtlos sind und dass sich viele in einer prekären sozialen und sexuellen Lage befinden. Und eine Mautdebatte lenkt davon ab, dass es die Länder versäumt haben, marode Straßen und Brücken zu sanieren.

Ein dramatisches Beispiel ist der Umgang mit dem Bundestagsabgeordneten Sebastian E. (44). Im Oktober 2011 erhält das Bundeskriminalamt Material aus Kanada, demzufolge deutsche Staatsbürger sexo- oder pornografische Fotos oder Filme bei einer Firma bestellt haben. Das BKA beanstandet und unternimmt nichts. Später geißelt der SPD-Abgeordnete E. als Vorsitzender des am 22. August 2013 einen Abschlussbericht vorlegenden NSU-Untersuchungsausschusses die höchsten, für beide Bereiche, Pornografie und Rechtsradikalismus, verantwortlichen Beamten. Jetzt wird von Beamten erkannt, dass E. Fotos nackter Kinder bestellt hat, Bilder ohne sexuelle Anspielungen oder gar Aktivitäten, deren Kauf bei uns nicht bestraft wird. Jetzt wachen höchste Staatsdiener auf, informieren den Bundesinnenminister, und der begeht Geheimnisverrat, indem er einen zukünftigen Koalitionspartner informiert. Der wiederum informiert Parteimitglieder, von denen einer, obgleich Jurist, die Rechtsfassung verliert.

Der bisher unbescholtene und für seine Arbeit sehr geschätzte, direkt gewählte Abgeordnete E. wird öffentlich in allen Medien wochenlang Tag um Tag hingerichtet, verlässt nach Morddrohungen das Land. Außer der Kanzlerin haben alle an der Hinrichtung Beteiligten staatsrechtlich versagt. Sie haben im Februar 2014 seine Wohnung und sein Büro trotz seiner Immunität als Abgeordneter durchsucht –

in Anwesenheit von Journalisten. Sie haben die kostbare Unschuldsvermutung unserer Rechtsordnung außer Kraft gesetzt und den bereits von seinem Mandat als Abgeordneter zurückgetretenen E. an den Pranger gestellt. Die politische Partei des Beschuldigten, eine der hundertjährigen Solidarität mit den Armen und in Not Geratenen, eröffnete ohne eine Gerichtsentscheidung sogleich ein Ausschlussverfahren. Und eine seriöse Zeitung zitierte aus den Ermittlungsakten. Am Ende gesteht der Angeklagte einen »Fehler« ein und wird im März 2015 von einem Gericht zu einer Geldstrafe in Höhe von 5.000 Euro verurteilt, gilt aber damit nicht als vorbestraft.

Versagen, Verleugnung und Verlogenheit rundum. Was haben die Politiker getan, um den Handel mit Kinderpornografie im eigenen Land und international wenn nicht ganz zu verhindern, so doch energisch einzuschränken? So gut wie nichts. Wie viele bekanntermaßen fehlende Beamtenstellen haben Politiker für die Verfolgung solcher Straftaten eingerichtet? Keine. Warum dieser Aufschrei wegen einiger gekaufter Bilder nackter Kinder? Weil in unserer Kultur Kinder grundsätzlich und insbesondere bezogen auf ihre Erotik und Sexualität schandbar behandelt werden. Weil wir keine Ars erotica entfaltet haben, sondern eine Kulturbeutel-Kultur. Weil ein erheblicher Anteil der ansonsten unauffälligen heterosexuellen Männer nach Testungen mit der Methode Penisplethysmografie durch Bilder kleiner, vorpubertärer nackter Mädchen sexuell erregt wird, oft ohne es selbst zu bemerken. Potenzielle Täter sind also viele Männer. Auch aus diesem Grunde greift die verleugnende Verlogenheit um sich, erfolgt eine delegierte Hinrichtung. Là-bas.

POLYAMORIE

Seit den 1990er Jahren ist im Zuge der → Neosexuellen Revolution eine Neoallianz immer eindrucksvoller in Erscheinung getreten, die Polyamory bzw. Polyamorie genannt wird. Dabei geht es nicht um das, was wir in unseren empirischen Studien »serielle Monogamie« genannt haben, nämlich aufeinander folgende Beziehungen (vgl. z. B. Schmidt und Sigusch 1971, Sigusch und Schmidt 1973), sondern es geht um Liebes- (und Sexual-)Beziehungen zu mehreren Personen, die gleichzeitig stattfinden, und zwar ohne irgendwelche Heimlichkeiten. Unbedeutend sind die üblichen Zuordnungen nach Geschlecht resp. Gender, sexueller Präferenz resp. Asexualität, denn im Zentrum stehen Liebe und Zuneigung. Die zerstörerischen Gefühle der Eifersucht und der Konkurrenz werden in aufbauende Gefühle umgewandelt. Das bewundernswerte selbstlose Resultat nennen die polyamorös/polyamor/polyamant oder einfach poly Lebenden mit einem neuen Wort: *Compersion*. Kommt es zu dieser Mitfreude haben Ehrlichkeit, Vertrauen und Selbstsicherheit gewonnen.

In unserer Kultur hat schon der Philosoph Friedrich Nietzsche (1966: 625) erklärt: »Die Liebe zu *einem* ist eine Barbarei: denn sie wird auf Unkosten aller übrigen ausgeübt. Auch die Liebe zu Gott.« Und ungewöhnliche, ja kunterbunte Liebes- und Sexualverhältnisse hat es natürlich auch schon gegeben. So habe ich an das Intimleben von Simone de Beauvoir, Jean-Paul Sartre, John Maynard Keynes, Bertolt Brecht, Gustav Klimt, Karl Barth, Rainer Maria Rilke, Lou Andreas Salomé, Arnold Zweig, George Bernard Shaw, Virginia Woolf, Amelia Earhart oder Bertrand Russell erinnert

(Sigusch 2015). Polyamorie im heutigen Sinne war das aber nicht.

Politisch hat in Deutschland neben organisierten Lesben vor allem die »Grüne Jugend« mehrfach eine grundsätzliche Reform von Lebenspartnerschaften verlangt. Ich denke, angesichts der längeren Lebenszeiten fehlen bei uns Modelle für Partnerschaften resp. ein Zusammengehen von alten Menschen oder, vielleicht sehr viel interessanter, von alten und jungen Menschen.

In Uta ist Polygamie den Mormonen erlaubt. In Rio de Janeiro haben 2015 eine Unternehmerin, eine Zahnärztin und eine Verwaltungsangestellte im Alter von 32 bis 34 Jahren offiziell geheiratet. Das ist aber ein Unikum. Jedenfalls ist kein anderer derartiger Rechtsakt in einem modernen Rechtsstaat bekannt.

PORNOGRAFIE

In unserer Gegenwartskultur ist die Massenware Pornografie eine Orgie männlicher Gemeinplätze. Dummdreist und bar jeder subversiven Kraft kopulieren in ihr vor allem Klischees. Die Männer sind große Schwänze, die immer stehen. Die Frauen sind tiefe Schlünde, die gestopft werden wollen. Der Sex ist erfolgreich abgewickelt, sobald die Schwänze ihre Ladung in ein weibliches Gesicht gespritzt haben.

Als sich vor einigen Jahrhunderten die moderne europäische Pornografie zunächst in Italien, später in Frankreich und England als eigenes Genre herauszubilden begann, war das anders. Spätestens seit Pietro Aretinos Werken *Sonetti lussuriosi* aus dem Jahr 1527 und *Ragionamenti* aus den Jahren 1534 und 1536 waren die obszönen Abhandlungen auch politische, vielleicht sogar in erster Hinsicht. Sie kritisierten die sozialen Verhältnisse und unterminierten das Ansehen der Herrschenden, indem sie deren moralische Verkommenheit im Detail beschrieben. Sie ließen Höflinge als Huren auftreten und Kleriker als Sodomiten. Ihre Obszönität war antifeudal und antiklerikal, entsprang dem Geist des Humanismus und der wissenschaftlichen Revolution.

Im Italien der Renaissance und im vorrevolutionären Frankreich gab es eine akademische, eine philosophische Pornografie. Die größten Denker der Zeit schrieben obszöne Werke, beispielsweise Diderot. Revolutionäre waren nicht selten auch Pornografen, beispielsweise Mirabeau. Und die Heldin des ebenso geistreichen wie obszönen Werkes *Thérèse philosophe* aus dem Jahr 1748 konnte sich nicht entscheiden, ob es ihr mehr Lust bereitete, sexuelle Abenteuer zu erzählen oder Philosophin zu sein. Noch nach der Französischen Revolution warfen die Moralisten und Zensoren alle radikalen und subversiven Texte, politische, philosophische und obszöne, in einen Topf. Und so wird im »Dictionnaire critique, littéraire et bibliographique des principaux livres condamnés au feu, supprimés ou censurés«, das Etienne-Gabriel Peignot 1806 in Paris veröffentlichte, Julien Offray de La Mettries *L'homme machine* ebenso aufgelistet wie Nicolas Choriers *L'académie des dames*.

Peignot benutzte wahrscheinlich das Wort Pornografie als erster im heutigen Sinn: sexuell obszöne Darstellung. Zum ersten Mal aufgetaucht ist der Ausdruck in Restif de la Bretonnes Abhandlung *Le pornographe* aus dem Jahr 1769, in der er im wortwörtlichen Sinn verwandt wird: Schreiben über Huren. Die moderne Bedeutung des Wortes setzte sich im Frankreich der dreißiger und vierziger Jahre des 19. Jahrhunderts allgemein durch. Zu dieser Zeit wurde auch die Geheimsammlung »Collection de l'Enfer« in der Bibliothèque Nationale eingerichtet, deren Pendant in der British Library »Private Case« genannt wurde, obgleich moderne Pornografie ohne Öffentlichkeit nicht zu denken ist. Das Oxford English Dictionary erwähnt das Wort *pornography* 1857 zum ersten Mal.

Dass die Vorläufer unserer Pornografen politische und philosophische Anliegen verfolgten und dass ihre Werke nach deren massenhafter Verbreitung und »Demokratisierung« dank des Übergangs von der Handschriften- zur Buchdruckkultur möglicherweise auch eine größere subversive Kraft hatten als philosophisch-politische Pamphlete ohne sexuelle Obszönitäten, weil das Volk sie gerne las und durch sie erkannte, von welch heuchlerischen Schweinen es regiert wurde – dieses Ergebnis der Forschung ist interessant.

Interessant ist auch, dass die Verfasser obszöner Werke, wahrscheinlich überwiegend Männer, oft ebenso gebildete wie sexuell erfahrene Frauen sprechen ließen, dass sie die weibliche Sexualität (aus heutiger Sicht) sehr viel vorurteilsloser und realistischer beschrieben, als es in den medizinischen Abhandlungen der Zeit geschah, und dass den historischen Zeugnissen zufolge fast regelmäßig Frauen an der Produktion und Verbreitung der Pornografie beteiligt waren, jedenfalls in Frankreich.

POSTSEXUALITÄT

Dieser Ausdruck kommt heute zu spät. Er will gegenwärtige Veränderungen beschreiben, bezieht sich aber auf die Dissoziation von Fortpflanzung und Sexualität, die vor mehr als einem halben Jahrhundert erfolgte. Außerdem greift der Ausdruck viel zu kurz, weil allein unter dem Aspekt der Dissoziation der Sexualität andere gravierende Struktureinschnitte zu registrieren sind wie die Trennung der sexuellen Sphäre von der geschlechtlichen oder der körperlichen von der seelischen. Auf die Postsexualität der 1960er Jahre, die nicht zuletzt die sogenannte Anti-Baby-Pille ermöglichte, folgten die Neosexualitäten der 1980er Jahre (siehe → Neosexuelle Revolution). Sie sind so alt wie die Partei der Grünen und beinahe schon so angepasst und eingeordnet ins Ganze wie sie, jedenfalls einige wie die schwullesbische Homosexualität (vgl. dazu zuletzt Mildenberger et al. 2014).

POTIPHARS WEIB

Immer wieder bin ich über »Potiphars Weib« gestolpert. Jetzt habe ich verstanden, worum es geht und was gesagt werden soll. Denn wenn von Potiphars Weib die Rede ist, dann ist eine Frau gemeint, die ihren Mann namens Potiphar nicht nur sexuell betrügen wollte, sondern auch noch einen keuschen Mann, der sich ihr verweigerte, der versuchten Vergewaltigung beschuldigte. Der von ihr auf diese böse Weise bedrängte Mann war Joseph, ein Sklave, den ihr Ehemann Potiphar für den Pharao gekauft und wegen guter Arbeit befördert hatte. Potiphar ließ Joseph aber nicht töten, sondern nur ins Gefängnis werfen, wo er sogleich wieder gute Arbeit verrichtete. Alles nachzulesen im 1. Buch Mose der Bibel.

Vor allem die darstellenden Künstler haben sich immer wieder dieser Geschichte angenommen. Genannt seien hier Raffael, Lucas Hugensz van Leyden, Tintoretto, Rembrandt und Cignani.

PROGRESSIVER ZERFALL

Vor 186 Jahren, 1830, vertrat ein einziger Professor an der Universität Greifswald, der ältesten Universität Preußens, alle medizinischen Fächer. Er hieß Friedrich August Berndt, und das, was er tat, war damals ganz normal.

PROSTITUTION

Wir schaffen es nicht, mit Sexualarbeiterinnen wenigstens sachgemäß umzugehen. Nach wie vor gilt, was ich vor zehn Jahren in meinem Buch *Neosexualitäten* (2005, S. 196) sinngemäß geschrieben habe: Nach wie vor werden Prostituierte allgemein verachtet, sozial diskriminiert und staatlich schikaniert. Dabei könnte inzwischen jeder wissen, dass Prostitution zu unserer Gesellschaftsform und zu unserer Lebensweise gehört wie das Amen zur Kirche. Das Statistische Bundesamt schätzte gerade den Jahresumsatz in Bordellen und auf der Straße auf etwa 15 Milliarden Euro. Doch die

Prostitution ist uns allen noch sehr viel näher: Denn die allgemeinen Verhältnisse, in denen wir leben und arbeiten, sind prostitutiver Natur. Im Augenblick sind wir alle – bis auf einen Fußballstar, wie ich gerade hörte – käuflich und werden gekauft. Manche körperlich, manche seelisch, viele moralisch und alle geistig. Wir bieten alle feil, werfen weg, nehmen und lassen nehmen. Auch deshalb werden Ekel und Abscheu auf die Huren projiziert, auf ihnen als Dreck abgeladen. Deren Arbeit aber, die noch immer nicht als Arbeit anerkannt ist, wird gesellschaftlich benötigt. Denn in unserer Sexualkultur sind Dauerbeziehungen noch nicht ohne das Institut der Prostitution zu denken. Nach großen Studien geht ein erheblicher Teil der Männer irgendwann im Leben zu einer Prostituierten. Grob gerechnet ist es jeder Zehnte. Außerdem hat jedes »Triebwesen« eine Leiche im Keller, wie der Volksmund weiß. Deshalb sei bigotten Heuchlern und Denunzianten aus einem besseren Schauspiel zugerufen: »Was geißelt ihr die Hure, peitscht euch selbst!« Denkt also bitte immer daran, dass Sexarbeiterinnen (und natürlich ebenso Sexarbeiter) oft sehr viel anständiger sind als Herren wie Damen in den geldgesättigten Kreisen.

Mit anderen Worten: Das staatliche Verbot der Prostitution hätte eine Katastrophe zur Folge. Warum? Weil wir keine Ars erotica entfaltet haben und aus diesem Grunde die Prostitution zu unserer Kulturbeutel-Kultur gehört wie der Deckel auf den Topf. Das heißt: Prostitution erhält bei uns Beziehungen und verhindert sexuelle Entgleisungen, was schon die alten Sozialforscher wussten, die von einer »Ventilsitte« sprachen.

PRÜDERIE

Was für Folgen ein prüdes Verhalten haben könnte, fällt einem ein, wenn manfrau in der Zeitung liest, dass die indische Filmgenehmigungsbehörde CBFC zwei Kuss-Szenen in dem jüngsten Bond-Film zensiert hat (afp, 20.11.2015).

PSYCHOANALYSE

Die äußerliche Differenz von Psychoanalyse und Sexualwissenschaft ist der von Heterosexuellen und Perversen ganz ähnlich. Die einen halten in der Phantasie, was die anderen anfassen oder sogar tun.

PYGMALIONISMUS

→ AGALMATOPHILIE

PYGMALIONKOMPLEX

Pygmalion, ein König und Bildhauer der griechischen Mythologie, verliebte sich in eine Frauenstatue aus Elfenbein, die er selbst geschaffen hatte. Die Göttin Aphrodite soll sich daraufhin erbarmt haben und die Elfenbeinjungfrau ins Leben gerufen haben. Unter Bezugnahme auf diesen Vorgang wird von einem Pygmalionkomplex gesprochen, wenn sich Männer nur in Menschen verlieben, deren Leben sie wesentlich bestimmt und geformt haben, beispielsweise als Regisseur einer Schauspielerin, als Professor einer Doktorandin, als Trainer eines Sportlers usw. (→ Agalmatophilie).

QUITTUNG

Wir wollten, dass die Stummen im Osten endlich sprechen dürfen. Jetzt schreien sie wie ihre Großväter und Väter: »Deutschland den Deutschen – Todesstrafe wieder einführen – Juden raus – Neger tottreten – Flüchtlinge wegbrennen. Es lebe Mercedes. Tod den Andersartigen und Ungläubigen«. – Herrgott erbarme dich!

REGRETTING MOTHERHOOD

Zwischen Mutter- und Vatersein klafft in unserer Kultur ein Abgrund. Väter können weglaufen und tun es auch nicht selten. Lehnt eine Mutter ihr Kind ab, ist sie eine Rabenmutter. Dabei gibt es offenbar nicht wenige Mütter, die ihre erfolgreiche Schwangerschaft bereuen, obgleich sie ihr Kind lieben. Endlich wird dieses Tabu gebrochen. Wer mehr wissen möchte, lese zum Beispiel das Buch *Wenn Muttersein nicht glücklich macht* von Christina Mundlos (2016).

REINWASCHUNG IM ALTER

Der alte und kranke Fidel Castro, 84 Jahre alt, hat im August 2010 der mexikanischen Zeitung *La Jornada* anvertraut, dass er die Verfolgung der Homosexuellen in seinem Land bedauere *(SZ*, 2.9.2010, S. 8). Ein anderer Geläuterter namens Helmut Schmidt bestritt kurz zuvor öffentlich, je etwas gegen Homosexuelle gehabt zu haben (Leserbrief an die *Welt am Sonntag*, 11.4.2010 sowie Interview dort vom 9.5.2010). Auch habe er 1980 nicht die Streichung des § 175 StGB verhindert, die die damalige FDP in Gestalt vor allem von Hans-Dietrich Genscher und Gerhart Baum, von Andreas von Schoeler und Günter Verheugen bei der Regierungsbildung verlangt hatte. Volkmar Sigusch (2010), der daran in einem von der Bundeszentrale für politische Bildung veröffentlichten Essay über »Homosexuelle zwischen Verfolgung und Emanzipation« erinnert hatte, irre sich. Nach dieser Selbstreinwaschung des zu seinen Amtszeiten durchweg homosexuellenfeindlichen, damals aber bereits über 90-jährigen Altsenators und Altkanzlers erklärte der ehemalige Bundesinnenminister Baum: Sigusch hat recht, es war so bei der Koalitionsbildung. Schmidts berüchtigter Satz von damals lautet: »Dafür suchen Sie sich einen anderen Koalitionspartner.« Durch seine homophil-homophobe Verdrängung, Reaktionsbildung und Verleugnung wurde der »abscheuliche Homosexuellenparagraph« (Adorno) in Westdeutschland erst 1994 im Zuge der Wiedervereinigung gestrichen.

REPRODUKTIVE RELIGIOSITÄT

Der Verhaltensforscher Michael McCullough (2016) fasste gerade Studien in 56 Ländern zusammen, die die Sozialmoral von 16.000 jungen religiösen Menschen erforschten. Er fand die »Theorie der reproduktiven Religiosität« bestätigt. Diese Theorie besagt, dass sich Religionen vor allem um Sexualität, Fortpflanzung und Heirat drehen und nicht um andere Bereiche der Moralität. Das sei so, weil es seit den Anfängen um die Auslese, die Ehe und das Erbe gehe, das vom sexuellen Verhalten bestimmt werde. Strikt wird folglich reagiert, wenn es um sexuelle Untreue, die Rolle der Frau, Abtreibung, Homosexualität oder Pornografie geht, nicht aber, wenn es sich um Unehrlichkeit und Vertrauensbrüche handelt, also um Delikte wie Diebstahl, Steuerhinterziehung oder Alkohol am Steuer.

RÜCKSICHT

Wie und in welcher Geschwindigkeit mit den Verbrechen der Nazis in Westdeutschland und der BRD nach dem Zweiten Weltkrieg rechtlich umgegangen worden ist, lässt sich am deutlichsten ablesen an einem Prozess im Juli 2015 am Hanauer Landgericht. Dort wurde ein inzwischen 92-Jähriger vor der Jugendkammer angeklagt, weil er als 19- bzw. 20-jähriger SS-Mann im KZ Auschwitz gearbeitet hatte. Da der Angeklagte jetzt zu alt und krank ist …

SAKROFRIKOSE

Damit wird heimliches Onanieren in der Öffentlichkeit durch ein Loch in der Hosentasche bezeichnet.

SALIROMANIE

Von Saliromanie (frz. *salir* beschmutzen) oder Besudelungstrieb wird gesprochen, wenn eine Person – bisher wurden nur Männer erwähnt – durch das Beschmutzen, insbesondere anderer Personen oder öffentlicher Denkmäler, Gemälde usw., mit Tinte, Schlamm, Blut, Kot, Urin usw. Lust empfindet. Im Extrem sorgt ein Mann dafür, dass er sich über einer Frau auskotet.

SAPIOSEXUELL

Seit einigen Jahren nennen sich immer mehr Suchende in Dating-Plattformen wie Tinder sapiosexuell (engl. *sapere* wissen, *sapiens* fähig zur Wahrnehmung). Sie wollen damit sagen, dass ihnen bei einem Partner eher dessen Witz, Intelligenz und Klugheit wichtig sind als das Aussehen und die Beschaffenheit des Körpers. Nach bisherigen Beobachtungen der Partnersuchszenen bekennen sich mehr Frauen als Männer, sapiosexuell zu sein. Insgesamt aber scheint der → paläosexuelle Spruch »Dumm fickt gut« durch die → neosexuelle Revolution aussortiert worden zu sein.

SÄUGLINGSORGASMUS

Können schon Säuglinge einen Orgasmus haben? Physiologisch gesehen, treten tatsächlich bereits von den ersten Lebenstagen an sexuelle Äußerungen bis hin zu genitalen körperlichen Reaktionen auf, die Eltern und Ärzte sehr irritieren können. Nach wissenschaftlichen Beobachtungen (Kinsey et al. 1948, 1953) sind männliche und weibliche Säuglinge spätestens vom 4. bis 5. Lebensmonat an orgasmusfähig. Der Säuglingsorgasmus scheint sich, nach allem, was wir wissen, physiologisch nicht vom Orgasmus der Erwachsenen zu unterscheiden, natürlich bis auf die noch nicht mögliche Ejakulation beim Jungen (→ Kindersexualität).

SCHAM

Die sexuelle Dispersion gehört zur → neosexuellen Revolution wie die Faust aufs Auge. Durch sie wird die alte Sexualität, die ich Paläosexualität nenne, ohne Rücksicht auf Schamgefühle, Wahrheit oder Betroffene zerfasert, in alle Winde verstreut und den akuten Diskursen hilflos ausgeliefert. Um mir ein Bild zu machen, habe ich in den 1980er und 1990er Jahren, also auf dem Höhepunkt der neosexuellen Revolution, einige Monate systematisch ferngesehen und mir natürlich Notizen zur Identifikation gemacht, die den Sender, den Zeitpunkt, die Moderation, die Aktivisten usw. betreffen, die ich hier aber weglasse, weil es mir nur darum geht anzudeuten, wie vielfältig und schamlos inzwischen über intimste, heikelste und entlegenste Vorlieben oder Süchte öffentlich gesprochen worden ist.

Dafür einige Beispiele aus meinen Notizen: In einer Talkshow berichtet ein Mann, wie er seine Frau betrügt, von der er hofft, dass sie an diesem Abend den Fernseher nicht einschaltet. Eine Frau teilt übers Fernsehen ihrem Lebensgefährten mit, dass das Kind nicht von ihm ist. Eine andere Frau berichtet aller Welt, dass sie von einem Priester missbraucht worden ist. Ein Mann beichtet öffentlich, dass er früher einmal auf den Strich gegangen ist. Ein anderer erzählt, wie er Damen für sadomasochistische Spielchen gewinnt.

Da insistiert ein junger Homosexueller, der seinen Namen nennt und einen festen Freund hat, auf »Sex pur«, den er sich in Parks und Saunen hole. Da werden siamesische Zwillinge aus den USA präsentiert, die, gegeneinander verdreht, auf entsetzliche Weise am Kopf zusammengewachsen sind und keinen Schritt allein tun können. Da will die Konkurrenz nicht klein beigeben und tischt einen aidskranken hämophilen 15-Jährigen auf, dessen Vater Krebs und dessen Mutter einen Hirntumor hat; sie weinen zusammen am Grab ihrer Tochter und Schwester, die bereits an einer Erbkrankheit verstorben ist, und die mitfühlende TV-Reporterin fragt bei laufender Kamera: »Was empfinden sie jetzt?« Elektronische Humanitas.

In anderen Sendungen werden dem Publikum hingeworfen: ein Fat Admirer, der nur ganz dicke Frauen begehrt; ein Autofellationist, der sich selber mit dem Mund befriedigt; ein extrem erfolgreicher Kunstfälscher; ein Mann, der unter Alkohol andere Menschen totgefahren hat; ein Mann, der trotz einer Beinamputation das Autorasen als Kick benötigt; ein Mann, der sich in Folge einer Darmerkankung immer wieder unwillkürlich seines Kotes entledigen muss; ein Mann, der sich selbst die Zähne bohrt; eine Frau, die sich Diamanten in die Zähne setzen ließ; eine Frau, die Männern zum Schein intensiv zuhört, um sie anschließend finanziell auszunehmen; ein junger Mann, der Mädchen Liebe verspricht, sie aber nicht einhält; eine 14-Jährige, die schon mit vier Jungen geschlafen hat; ein Furzer, dem eine Mitspielerin das Mikrofon an den After halten muss; eine Spielerin, die im Publikum Gebisse einsammeln muss; ein älterer Mann, der in seiner Stöhnschule Frauen aus verschiedenen Ländern beibringt, wie frau am Telefon einen Orgasmus simuliert. Und zum Abschluss markiert ein etwa 10-jähriger Junge eine Schwangerschaft durch Vorstülpen seines Bauches, rülpst das Alphabet und berichtet, wie seine Familie furzt. Allgemeine Heiterkeit. Die Eltern strahlen.

SCHANDE

Die größte Schande in unserem Land ist die Benachteiligung des weiblichen Geschlechts gegenüber dem männlichen. Sie schreit seit Jahrhunderten zum Himmel, heute sogar menschen- und verfassungsrechtlich. Im Grunde wissen alle Bescheid, doch die meisten schauen weg. Es ist einfach zum Kotzen (siehe als schlagende Beispiele → Gender Pay Gap; Geschlechter und Frauenheilkunde; Pink Tax).

SCHLAFMITTEL

Das beste Schlafmittel? Sexuelle Befriedigung. Das wussten schon Sigmund Freud 1905 und Iwan Bloch 1907. Und natürlich die Antiken.

SCHULD

Die Schuld zu suchen einmal in der Bestie Mensch, andermal in der schlechten, menschenverachtenden Gesellschaft ist ein Erbe des Christentums, auch wenn dabei die rote Fahne der Revolution geschwungen ward. Keine Gesellschaft ohne Menschen, kein Mensch ohne Gesellschaft. Das eine vom anderen zu lösen wie die Knochen aus dem Fleisch ist Metzgerei, nicht dialektisches Denken. Auch wenn der Gedanke angesichts der vergangenen und gegenwärtigen Gräuel in unserer Welt kaum zu ertragen ist, er muss gefasst werden: Gäbe es nicht in den Menschen zumindest als Potenzialität ein Verschlingen, Auffressen, Zerstören, ein Verdrehen, Verschieben, eine rücksichtslose Eigenliebe, einen durch und durch egoistischen Selbstbezug, hätten die allgemeinen Verblendungen und Isolierungen und Gewalttätigkeiten kein Fundament. Ich denke, das gilt auch dann, wenn die theoretische Einsicht geteilt wird, wie ich es tue: dass zwischen den Individuen und der Gesellschaft ein Hiatus klafft, dass das Allgemeine als Objektivität dem Subjekthaften vorgängig ist, dass es nicht möglich ist, die vergesellschaftete Gesellschaft, in der wir leben, psychologisch zu verstehen, dass die Eigendynamik von Gesellschaft eigene Begriffe erfordert, weil das Anwenden »menschlicher« Kategorien ihr eine Menschlichkeit unterstellte, die sie schon lange verloren hat, sofern sie so etwas je besessen.

So falsch es ist zu sagen, irgendeine Gesellschaft sei in der Pubertät – wie es der großartige Alexander Mitscherlich für mich unvergesslich in einer öffentlichen Diskussion, auf China gemünzt, getan hat –, so sehr ist es seinerseits eine Fetischisierung des allgemeinen Fetischismus, wenn gesagt wird, die Menschen hätten mit dem, was sich allgemein ereignet, nichts mehr zu tun, sie seien nichts als Mollusken, hinter deren Rücken sich die Gräuel gewissermaßen menschlos vollzögen. Wird diese Position eingenommen, ist der Kampf um eine humanere Gesellschaft, um Wahrheit und Freiheit bereits verloren. Die einen verschanzen sich hinter Sachzwängen, die nicht zu beseitigen seien, die anderen hinter Dispositiven oder Objektiven. Tatsächlich aber enthalten die wie sehr auch immer erstarrten und unverrückbar erscheinenden Tat-Sachen die Taten der Mitglieder der Gesellschaft. Noch fahren die Autos nicht ohne Menschen, noch muss auch beim Surfen im Internet von einem Individuum auf Knöpfe gedrückt werden, noch vergewaltigen Männer Frauen ganz individuell – wie sehr auch das gesellschaftliche Klima dazu aufrufen und es kaschieren mag. Die Momente einer humanen Gesellschaft, die niemand auf dem Reißbrett entwerfen kann, sind folglich nicht nur auf der Seite der Subjekte, sondern auch auf der Seite der Gesellschaft zu suchen. Da Individuum und Gesellschaft miteinander verlötet sind, ist es unmöglich, sich auf eine Seite zu schlagen. In beiden, Individuum und Gesellschaft, liegen Tendenzen zum Egoismus und zur Gewalt bereit wie Tendenzen zum Altruismus und zur Friedfertigkeit. Wer aber nur anthropologisch redet, verteufelt oder verhimmelt »den« Menschen; wer aber nur gesellschaftstheoretisch redet, macht die Rechnung ohne den Wirt (→ Freiheit und Institution).

SCHWARZKINDER

So wurden und werden die Kinder genannt, die zur Zeit der Ein-Kind-Politik in China keine Papiere und keine Rechte erhielten, weil ihre Eltern bereits ein Kind hatten. Sie waren bis vor kurzem illegal. Das wird gerade geändert. Schätzungsweise 12 bis 14 Millionen Menschen können erstmalig offiziell in Erscheinung treten und die bescheidenen Bürgerrechte ihres Landes in Anspruch nehmen.

SCHWUL UND HOMOSEXUELL ALS WORTE

Das Hochdeutsche kennt das Adjektiv »schwul« seit dem 17. Jahrhundert. Es meinte »drückend heiß« wie heute das Wort »schwül«, das dem Adjektiv »kühl« zur Seite gestellt worden ist. Seit dem 19. Jahrhundert wird »schwul« umgangssprachlich für jenes Verhalten verwandt, das die Wissenschaft seit dem 20. Jahrhundert überwiegend »homosexuell« nennt – ein Wort, das ein gewisser »Kertbeny« erfand. So nannte sich der deutsch-österreichisch-ungarische Übersetzer, Schriftsteller und Kaufmann Karl Maria Benkert (1824–1882), indem er die Silben seines Namens zu »Kert-ben« verkehrte und ein magyarisches Ypsilon hinzufügte. Die griechisch-lateinischen Sprachzwitter »Homosexualität/Homosexualismus« wurden von Kertbeny erstmalig 1869 öffentlich, aber anonym verwandt, als er gegen die Diskriminierung und Pönalisierung der mannmännlichen Liebe zu Felde zog. »Schwule« im Sinne von selbstbewusst auftretenden Homosexuellen gibt es bei uns erst seit den 1970er Jahren. Damals hatten eine sexuelle Revolution, eine Studenten-, Frauen- und Homosexuellenbewegung einzigartige kulturelle und psychosoziale Erschütterungen erzeugt (→ Erster Schwuler der Weltgeschichte; Homosexuelle).

SELBSTBEFRIEDIGUNG

In den letzten Jahrhunderten hat sich die Selbstbefriedigung, auch Onanie oder Masturbation genannt, von einer schrecklichen Krankheit zu einer Wohltat entwickelt. Der früher allgemein verbreiteten Überzeugung von der Schädlichkeit der Selbstbefleckung – fraglos ein Diskurs im Sinne der französischen Philosophie – konnten sich nur sehr wenige Denker und Ärzte entziehen. Alle anderen, selbst Immanuel Kant, glaubten daran, dass »Selbstschändung« bei Jungen wie Mädchen das Leben zerstört und zum Tode führen kann. Besonders eindrucksvoll sind Berichte ärztlicher Zeitzeugen, nach denen junge Menschen, die sich ahnungslos ohne jeden Schaden selbst befriedigten, plötzlich unheilbar erkrankten, nachdem sie eher zufällig erfahren hatten, dass diese Betätigung lebensgefährlich sei.

Als der Kampf gegen die Selbstbefriedigung entbrannte, wurde bemerkenswerterweise von den Pamphletisten so getan, als habe das alles mit Wonne/Piacere/Amor/Wohllust/Nisus (wir sagen heute zusammenfassend: Sexualität) gar nichts zu tun – ein Beweis dafür, dass das Erotisch-Sexuelle zu dieser Zeit noch nicht zur allgemeinen kulturellen Form geworden war. Es ging eher um so etwas wie Hand-an-sich-Legen, wobei die Ausdrücke Masturbation und Manustupration bereits auf die sich später herausstellende Doppelsinnigkeit des Prozesses hinweisen, denn *manu/stupratio* meint am ehesten »Schändung mit der Hand« und *mas/turbatio* meint am ehesten »Erregung des Männlichen«.

Auf ihrem Höhepunkt war die Kampagne gegen die Masturbation eine auch heute noch rätselhafte, kaum nachzuempfindende massenhafte Treibjagd auf Kinder und Heranwachsende mit unendlichen Seelenqualen und brutalen Körperverstümmelungen bis hin zum Tod. Seit der Mitte des 19. Jahrhunderts wurden vermehrt nicht nur apparative Torturen gegen die unwillkürliche Erregung und willkürliche Reizung der Genitalien ersonnen, sondern auch operative Klitorisabtrennungen, Penisdurchstoßungen und Vorhautbeschneidungen durchgeführt.

Ein eigenmächtiger, selbstständiger, wie das Denken und Phantasieren schwer zu kontrollierender Akt, faktisch die einzige Sexualpraktik, über die ein Individuum allein entscheiden kann (übrigens auch die einzige Sexualpraktik, die im vergangenen Jahrhundert kontinuierlich quantitativ zugenommen und zugleich qualitativ eindeutig gewonnen hat nach allen empirischen Studien), diese Praktik wurde durch einen Prozess der Allo- und Autopathologisierung in eine nicht mehr versiegende Quelle von Fahrlässigkeit und Schuld der bewachenden und erziehenden Erwachsenen, von Schwäche und Lebenshypothek der Heranwachsenden sowie von Gestört- und Abnormsein beider transferiert, ein beängstigender Prozess, der Überwachungs- und Reparaturmächte notwendig macht.

Die Anti-Masturbations-Kampagne zeigt, wie das moderne, angeblich autonome und souveräne Subjekt im Moment seines Entstehens zerrissen wird, sich selbst zu vernichten sucht, paradoxerweise durch lustvolle Sensationen, die zur Selbstschändung geworden sind. Indem die Wonne des Sichselbstbefriedigens, damals Soulaschieren genannt, ausgetrieben wird, werden die Traktierten sexualisiert, und das Orgiastische lässt sich in den Fahndungsorgien nieder. Jetzt beginnen die Soulaschanten zu wissen, dass das, was ihnen eine ebenso harmlose, weil unproblematisierte Wohllust bereitet hatte, eine Wollust ist, die entweder in die überirdisch-seelische Hölle führt oder ins irdisch-körperliche Verderben – bis einem mit Tissot, einem der bekanntesten Verteufeler der Onanie, das Hirn in der Schale rasselt. Das Wort Masturbation erinnert noch, wie wir hörten, an beide Zu- und Abflüsse, und das erwähnte »Hand-an-sich-Legen« kann als Tertium comparationis von Selbsterregung und Selbstmord gelesen werden. Die Kampagne zeigt auch, wie die moderne Sexualform im Moment ihres Entstehens dadurch deformiert wird, dass sich in ihr alte Raster der Sündhaftigkeit und des Verbrechens mit neuen des Viehischseins, der Unnatürlichkeit, der Unkontrolliertheit, der Entgleisung und Verschleuderung kostbarster Lebensgüter, des Raubbaues an sich selbst, der Dysfunktionalität und der Abnormität zu einem monströsen Konstrukt aus Unzucht/Delinquenz/Laster/Störung/Krankheit verschränken.

Ein Resultat der Anti-Masturbations-Kampagne ist besonders einschneidend gewesen und bis heute besonders eindrucksvoll: Die Kindheit wurde so nachhaltig entsinnlicht und die Selbsterregung so sehr verteufelt, dass Sexualwissenschaft und Psychoanalyse sehr viel später ohne Übertreibung sagen konnten, *sie* hätten die infantile Sexualität und den Autoerotismus »entdeckt«.

Heute ist die Onanie kein Schrecknis mehr. Junge Erwachsene der reichen westlichen Länder sehen heute die Selbstbefriedigung als hilfreich, angenehm und harmlos an, ja sogar als eine Sexualpraktik eigener Qualität und Bedeutung, die nicht aus Not oder Mangel an Besserem gewählt wird und auch in festen, als sexuell befriedigend beschriebenen Intimbeziehungen ihre Berechtigung hat. Das ist wirklich neu. Woody Allen soll gesagt haben: »Nichts gegen Selbstbefriedigung. Es ist Sex mit jemandem, den ich liebe.« Offenbar dient heute die Praktik der Selbstbefriedigung tatsächlich der kulturell immer bedeutsamer werdenden Selbstliebe und Selbstsorge. Die Experten beginnen jedenfalls schon, die heilsamen Wirkungen der Masturbation den schädlichen entgegen zu halten. Tissot verstünde die Welt nicht mehr.

SELBSTENTLARVUNG

Was ein erfahrener Sexualmediziner oder Sexualforensiker weiß? Männer, die sich eine extrem männliche Powerposition erkämpfen, haben nicht selten einen Mikropenis. Alte Männer, die ständig über Sex reden, sind höchstwahrscheinlich impotent. Politiker, die sexuell Auffällige oder sexuelle Straftäter immer wieder öffentlich verfolgen, gehören nicht selten selbst diesen Männergruppen an. Ein republikanische US-Senator bekämpfte öffentlich die Homosexuellen – bis er sich selbst im Jahr 2008 auf einer Flughafentoilette einem Mann sexuell annäherte. Sein Pech, der Mann, den er begehrte, war Undercover-Polizist. Ein anderes, vielleicht komplexeres Beispiel: Eine einst als links verbuchte Feministin bekam ihr Archiv finanziell von einer CDU-Familienministerin gerettet, nachdem die rotgrüne Landesregierung auf Distanz gegangen war, wurde von der Landes-CDU in die Bundesversammlung gewählt, die einen FDP-Mann zum Bundespräsidenten bestimmen sollte und arbeitete für *Bild* samt nackter kleiner Mädchen auf Seite eins als Gerichtsreporterin, um einen angeblichen, von ihr bereits beschuldigten Sexualstraftäter zu verfolgen, der vom Gericht freigesprochen wurde (→ Moralapostel).

SELFSEX

→ NEOSEXUELLE REVOLUTION

SELFSUCK

Was heute in den Porno-Gallerien des Internets Selfsuck heißt, die Selbstfellatio des Mannes, gab es zur Zeit der sexuellen Revolution nur als extreme akrobatische Ausnahme. Heute begegnet es einem auf Schritt und Tritt: körperlich und noch häufiger seelisch.

SENSATE FOCUS

→ PAARTHERAPIE

SEX FLUSH

Als Sex Flush (engl. »Sexualerröten«) wird seit den Studien der US-amerikanischen Forscher Masters und Johnson (1966) die Rötung der Haut von Gesicht, Bauch, Rücken usw. bei stärkerer sexueller Erregung bezeichnet. Die Rötung ergibt sich durch eine vermehrte Durchblutung.

SEX SKIN

Als Sex Skin (engl. »Sexualhaut«) wurden von Masters und Johnson (1966) die Labia minora bezeichnet, das heißt die kleinen Venuslippen – dummerweise bei uns immer noch kleine Schamlippen genannt –, weil sich in der Phase vor dem Orgasmus das Sex Skin-Phänomen einstellt, das heißt eine Verfärbung von rosa zu dunkelrot in Folge vermehrter Durchblutung. Interessanterweise sollen nach den Forschungsbefunden alle Frauen vor der Menopause einen Orgasmus erleben, wenn sich das Sex Skin-Phänomen eingestellt hatte.

SEXKINOS

Der Europäische Gerichtshof hat Anfang 2010 entschieden, dass Sexkinos, in denen Besucher einen Film gemeinsam anschauen, steuerlich begünstigte Kulturveranstaltungen darstellten, nicht aber Sexkinos mit Einzelkabinen. Tatsächlich aber ist kulturell in Europa das Gegenteil sehr viel eher zutreffend, wenn wir nur an den heute vorrangigen → Selfsex denken.

Oder täuschen wir uns? Ein Besuch im Sexkino zeigt immerhin interkulturelle Bemühungen. So lassen sich zum Beispiel nordafrikanisch-arabisch wirkende Männer zwischen 30 und 40 Jahren beim Anschauen von Heterosex-Filmen von 40 bis 70 Jahre alten Homosexuellen auf den Knien mit dem Mund befriedigen. Ein Paar, er unattraktiv etwa 40, sie attraktiv etwa 25, praktiziert derweil den Vaginalverkehr von vorne und von hinten vor etwa 25 Kinobesuchern, von denen einige ihre Penes herausgeholt haben und an ihnen manipulieren. Offenbar kommt die Frau dadurch zum Orgasmus, dass sie von hungrigen Männern beim Verkehr umringt wird und sich ihnen splitternackt öffentlich präsentieren kann. Kurz darauf lässt ein Mann mit schwarzen

Locken, nicht mehr der Jüngste, unvermittelt seine Hose herunter, um von einem unscheinbaren Mann mit Brille und Schultertasche anal koitiert zu werden unter lautem Wolluststöhnen. Auffällig, dass der Bestiegene die Beine eines unbeteiligten, in der Nähe sitzenden Kinobesuchers umklammert, der das ohne mit der Wimper zu zucken geschehen lässt. Hinter einem Vorhang versucht inzwischen eine weiblich imponierende Person, die wahrscheinlich körperlich ein Mann ist, einen Mann mit Schmerbauch oral zu befriedigen. Undsoweiter, undsofort.

SEXMIETE

In Hessen wird gerade bekannt, dass immer wieder ältere Männer ein Zimmer an junge Frauen nur unter der Bedingung vermieten wollten, dass sie mit der jungen Frau in einem Bett schlafen oder regelmäßig mit ihr Sex haben können. Besonders betroffen von dieser Sexmietenseuche scheint Wiesbaden zu sein.

SEXTING

Das Wort Sexting ist im Englischen zusammengesetzt aus *sex* und *texting*, das SMS schreiben bzw. simsen meint. Verstanden wird darunter das Versenden erotischer Selbstaufnahmen bis hin zur vollkommenen Nacktheit und schreienden Obszönität mit Hilfe der neuen Medien wie Smartphones durch Schüler und Schülerinnen, jedenfalls ganz überwiegend durch Kinder und Jugendliche. Seit einigen Jahren erregt diese neue Sexualpraxis vor allem in den USA die Gemüter, jetzt aber auch so drastisch in Deutschland, dass Sexualforscher und Jugendpsychiater um Rat und Hilfe gebeten werden. In den USA haben bereits zwanzig Länder das Sexting in der Rechtsprechung von einer Straftat zu einer Ordnungswidrigkeit heruntergestuft. Und in der *New York Times* meinte ein Experte, das Sexting gehöre heute einfach zum Flirten dazu. Sehr peinlich aber, wenn solche Nacktfotos in der ganzen Schule verbreitet werden und Lehrer wie Eltern überfordert sind.

SEXUALBERATUNG

Was sollten Fachleute, die beraten, zum Beispiel Ärztinnen und Ärzte, können oder beherzigen, wenn sie eine Sexualberatung vornehmen wollen? Ich denke: 1. Sie müssen sich Zeit nehmen. 2. Sie müssen über Sexualität sprechen können, dem Patienten zuhören und das Sexuelle in das ärztliche Gespräch so integrieren, dass es seiner falschen Sonderstellung beraubt wird. 3. Sie dürfen nicht ihr eigenes Sexualleben zum Maßstab für ihre Patienten machen. 4. Sie sollten zu dem Kunststück bereit sein, trotz aller Gefühle und Ressentiments, die immer da sind, in der Dirne die gute Mutter und in der biederen Hausfrau die Dirne, im Devianten den Biedermann und im Normalen den Devianten zu sehen, weil nun einmal unlogischerweise im Unbewussten alles zusammenhängt und logischerweise vom einen ohne das andere nicht einmal gesprochen werden könnte. 5. Sie sollten die eigenen Begrenzungen, die persönlichen und die fachlichen, reflektieren und wissen, für welche Probleme oder Störungen sie als Beraterin oder Berater ungeeignet sind. 6. Sie sollten im Wahrnehmen der Äußerungen des Unbewussten trainiert sein und immer wieder ihre Beratungen von einer Fachfrau oder einem Fachmann supervidieren lassen. 7. Sie müssen über ein ausreichendes medizinisches Faktenwissen verfügen. 8. Sie sollten schließlich für den Fall, dass sie an ihre Grenzen gestoßen sind, seriöse Expertinnen und Experten empfehlen können, die dafür bekannt sind, dass sie sich nicht scheuen, ihrerseits Nichtwissen und Machtlosigkeit einzugestehen.

Es ist sehr viel besser, wenn Ärzte und Ärztinnen oder Psychologinnen und Psychologen, die ihre Grenzen reflektiert haben, die Hände von Sexualberatung lassen, als wenn Alleskönner den letzten sexualmedizinischen oder sexualpsychologischen Schrei oder das, was sie in zweifelhaften Medien aufgeschnappt haben, an ihren Patientinnen und Patienten exekutieren. Sexualberatung ist so schwierig, weil wir nicht in Hand- und Lehrbüchern nachlesen können, wie das gesunde und normale, das ungestörte und natürliche Liebesleben beschaffen ist. Wie das gesunde Herz natürlicherweise funktioniert, wissen wir einigermaßen. Unser Sexualleben aber folgt nicht den Gesetzen der Physiologie. Es verändert sich von Epoche zu Epoche, in einigen Bereichen sehr langsam, in anderen rasant.

SEXUALITÄT

Das Wort »Sexualität« kommt weder in der Bibel noch bei Homer noch bei Shakespeare vor. Das ist nicht nebensächlich, sondern die Sache selbst. Denn als gesellschaftliche Form und als Begriff, als ein allgemein Durchgesetztes und isoliert Mystifiziertes existiert das, was wir »Sexualität« nennen, erst seit etwa zwei- bis dreihundert Jahren, also seit wenigen Generationen, und zwar nur in Europa und Nordamerika als ein allgemein Durchgesetztes und isoliert Dramatisiertes. Als theoretisches, ästhetisches und moralisch-praktisches Problem entsprang die allgemeine Form »Sexualität« einer profanen Kultur, die vor allem durch den Niedergang der christlich-religiösen Transzendentalität, das Aufkommen der modernen, Waren und Wissen produzierenden Gesellschaft und das Postulat der autonomen Individualität der einzelnen Allgemeinen charakterisiert werden kann.

Indem die neue epistemische Sphäre die religiöse überrundete, brach das, was vordem unreflektiert als Immerschonso oder Verkündigung zusammenfiel, auseinander. Die Trümmer, Selbstbewusstsein, Seele, Sexualität, wurden reflektiert und bildeten einen ganz anderen Schein. Das Gefühl der Sexualität *als solcher* stellte sich ein. Das war die Stunde von Erfahrungs-Seelenkunde (Karl Philipp Moritz), Psychopathia sexualis (Claude-François Michéa, Ambroise Tardieu, Paul Moreau de Tours, Richard von Krafft-Ebing), Sexual-Psychologie (Havelock Ellis, Max Dessoir, Albert Moll), Sexual-Wissenschaft (Paolo Mantegazza, Karl Heinrich Ulrichs, Iwan Bloch, Albert Eulenburg, Magnus Hirschfeld, Arthur Kronfeld, Max Marcuse) und Psycho-Analyse (Sigmund Freud) (siehe im Einzelnen Sigusch 2008, Sigusch und Grau 2009).

Auf ihren Nachnamen musste die gesellschaftliche Sexualform allerdings bis zum 19. Jahrhundert warten. Erst dann wird das Adjektiv »sexuell« (spätlat. *sexualis* »zum Geschlecht gehörig«, zu *sexus* »männliches und weibliches Geschlecht«, bildungsspr. »[natürliches] Geschlecht« und »[der Fortpflanzung und Arterhaltung dienender] Geschlechtstrieb«, im Unterschied zu Eros) wie das Adjektiv »modern« in den europäischen Sprachen substantiviert. »Modernität« gibt es zuerst bei den Schönen Künsten; »Sexualität« gibt es zuerst bei den Pflanzen wie eine von August Henschel (1820) veröffentliche Schrift bereits im Titel zeigt (»Von der Sexualität der Pflanzen«). Was in den Jahrhunderten davor mit zahllosen Ausdrücken wie Venus vulgivaga, Piacere, Minne, Wohllust, Nisus oder Amore bezeichnet worden war, wird seit dem 19. Jahrhundert oft nur noch mit einem Wort bedacht. Die Fabrikation des »Sexualwesens Mensch« (Helmut Kentler) aber dauerte sehr viel länger und war blutiger als der Übergang vom Adjektiv zum Substantiv.

Doch an was denken wir, wenn von Sexualität die Rede ist? An eine *biotische* Sexualität mit Instinkten und Triggern oder an eine *normative* mit Regeln und Werten oder an eine *unbewusste* Sexualität mit Trieben und Ängsten oder an eine *empirische* mit Verhaltensweisen und Meinungen oder an eine *metaphorisch-metaphysische* Sexualität mit Eros und Anteros, Mania, Ludus, Storge, Agape und Pragma? Und was für ein Begriff ist Sexualität: ein biologischer, psychologischer, kulturwissenschaftlicher, epistemologischer? Auf jeden Fall wird das, was wir heute Sexualität nennen, von Kultur zu Kultur und von Generation zu Generation umkodiert, neu bewertet und anders erlebt. Für den großartigen Sigmund Freud war das »Weib« kein Sexualwesen eigener Art, und den Mundverkehr hielt er für pervers. Heute wird dieser Position bei uns von sehr vielen widersprochen. Es kommt also offenbar darauf an, wer zu welcher Zeit in welcher Ethnie und in welchem Lebensalter mit welcher Geschlechts- und Sozialerfahrung unter welchem Aspekt mit welcher Intension über die Sexualität spricht (➔ Sexuelle Revolutionen).

Sofern überhaupt möglich, unterscheide ich seit Jahrzehnten beim Schreiben und Sprechen zwischen dem Sex, dem Sexuellen und der Sexualität. Von *Sex* spreche ich, wenn die verdinglichte Dimension betont werden soll, vom *Sexuellen* spreche ich, wenn die rätselhaft sich der Verdinglichung entziehende Seite gemeint ist, und von *Sexualität* spreche ich, wenn es um die kulturell-gesellschaftliche Form geht.

SEXUALITÄT UND GESELLSCHAFT IN SPLITTERSÄTZEN

Keine Gesellschaft, keine Sexualität. Doch nur individualisiert existiert das Sexuelle wirklich wirklich.

Die sexuelle Frage kann nicht von der sozialen Frage getrennt werden. Sie meinte immer mehr als den Kampf gegen Prostitution und Geschlechtskrankheiten oder für freie

Liebe und die beste Fortpflanzungsverhütung. Letztlich stand sie immer für die Frage nach Glück und Lust, nach dem Sinn des Lebens, nach dem Verhältnis von Mensch zu Mensch und Mensch zu Welt als einem menschlichen auf Erden.

Der sexualpolitische Kampf kommt aus dem Bedürfnis, das Unglück zum Sprechen zu bringen. Das geht aber nicht ohne Begriffe. Nur sie können das Schicksal, das ganz persönlich ist, zugleich und zuletzt als Objektivität begreifen, die sich im Individuum niederschlägt.

Durch alle Sphären des Sexuellen wird die fetischistische Parole gebrüllt: dass es natürlich und normal zugehe, dass es privat und persönlich sei, dass es Spaß mache.

Wie sich die gemanagten technisch-sozialen Verkehrsformen durch Pseudoaktivität und allerlei Schauspiel zu verlebendigen suchen, maskiert der geschichtslose Reiz seine Verstofflichung durch Buntscheckigkeit und sonstige Überraschungen.

Die Sphären des Geschlechtlich-Sexuellen sind nicht in Harmonie verbunden, sondern im Dissens. Wird nur im Perversen die subversive Kraft des Sexuellen vermutet, ist die alte Separation auf inverse Weise in ihr Unrecht gesetzt. Sollte vordem das Abnorme ausgeräuchert werden, geht es jetzt dem Normalen an den Kragen. Beide Parolen aber verkennen, dass die Sphären des Sexuellen, von der großen Liebe bis zur großen Perversion, eine Einheit bilden: die des ungelösten Widerspruchs.

Weil der Widerspruch ungelöst ist, ist keine in sich harmonische Möglichkeit des Sexuellen zu erkennen. Weil die zusammen zu denkenden Sphären im Allgemeinen getrennt sind, lässt jede für sich Möglichkeiten erahnen, die eine eher still, die andere durch Schock.

In kritisch gemeinten Abhandlungen steht, unsere Sexualität sei »zur Ware geworden«. Wäre es so, lebten die Menschen nicht in Verhältnissen des Scheins, nicht im Schein, sondern nur noch zum Schein. Die Menschen wären mit den Warendingen eins.

Abstinentes, monogames oder promiskes Verhalten sind gleich weit entfernt von einem freien Sinnesleben, das niemand kennt.

Gegenwärtig ist unser Alltag von sexuellen Reizen ebenso gesättigt wie entleert.

Das Verbot konstituiert den Reiz. Es plustert das Sexuelle auf, macht es groß und gewaltig (siehe Katholische Kirche). Flaubert: »Gerade ob dieses Verbotes glaubte er (Karl Bovary) ein Recht auf die heimliche Liebe zu haben«. Verbote sind Lustgeneratoren. Je schwächer das Verbot, desto schlaffer das Sexuelle (siehe die heutige Jugend).

Wenngleich sich die unterliegende fetischisierte Verstofflichung in den Sphären des Sexuellen nach deren verschiedenen Seiten verschieden ausdrückt, so tut sie es doch immer. Umso unzulässiger ist es, die getrennten Sphären des Sexuellen getrennt zu halten. Die eine Illusion tritt ebenso als emotionale Zwangsgestalt auf wie die andere.

Als hätte es noch eines Beweises bedurft, dass die Signatur der Sexualität in dieser Kultur Zwang, Hypostasierung und Unfreiheit ist, schien er mit dem Einbruch des Naturdinges AIDS in das Leben abschließend geliefert worden zu sein.

Sex ist meistens weniger aufregend als die Vorstellung davon.

Heute leben wir in einer Zeit, in der die übertriebene kulturelle Inszenierung des Sexes offenbar wirksamer als alle Repressionen das Begehren zerstreut.

Es ist seine Unkalkulierbarkeit, die das triebhaft Sexuelle so ängstigend und zugleich betörend macht.

Wenn der Sexualtrieb als solcher zu sich käme, gäbe es Festnageln und Verschlingen, Mord und Totschlag.

Die Kombination von werktags fleißiger Arbeit und sonntags rauschhaftem Feiern, die die Love Paradisten lebten, ist eine kulturelle Meisterleistung.

Subversiv wäre das, was Antisexualität ist, ohne es zu wissen. Wirklich sexuell wäre erst das, was nicht dem allgemeinen Kommando »it's funny« folgt, sondern transzendenten Reizen.

Die allgemeine Antwort auf die sexuelle Frage lautet: Unser Sexualleben ist falsch, weil das Leben, das wir leben, falsch ist.

Wer die schmutzige, aggressive Seite des sexuell Triebhaften in der Phantasie erledigt, muss sie nicht realisieren. Der eine ist also eher de Sade, der andere eher Robespierre.

Nichts ist unveränderbar, alles ist seit Jahrhunderten im Wandel: Geschlechtlichkeit, Sexualität, Familie, Beziehungen.

Beim sexuellen Akt geht es nicht um Leben oder Tod. Es geht um mehr.

Angesichts des Rasens der Zeit und der Veränderungen ist das Sexuelle relativ stabil, weil es einen physischen Boden hat, der zwar symbolisch und imaginär ins vordem herrschende Gegenteil verkehrt werden kann, der sich aber immer wieder, dem Animalischen näher als dem Menschlich-Kulturellen, reflexhaft und unreflektiert durchsetzt: als Kitzel der erogenen Zonen, als Pollution und Orgasmus im Schlaf, als unerwünschte Schwangerschaft, als Geschlechtskrankheit. Die relative Stabilität hängt aber im psychologischen Zeitalter, das noch andauert, nach unserem Verständnis ebenso von jenen Rätseln, die nicht zu lösen sind und deshalb weiter antreiben. Und so sind uns geblieben: die Sehnsucht nach kindlichen Paradiesen und die Angst vor den Gefängnissen, in die wir als Kinder geraten sind, das Oszillieren zwischen mechanisch-physischer Triebabschlagung und dem Fetischisieren der Unio mystica. Neueste technologische Imaginationen versuchten immer, beides zusammen zu zwingen, im Augenblick der Cybersex.

Die Wunde des sexuell und geschlechtlich Möglichen blutet noch.

SEXUALITÄT UND GESUNDHEIT

Aus ärztlicher und psychosozialer Sicht ist dieses Thema äußerst komplex. Daher möchte ich hier nur andeuten: Ein Mensch kann gesund sein, wenn er bewusst keine Sexualität praktiziert wie zum Beispiel die → Asexuellen. Ein Mensch kann aber auch krank sein und eine befriedigende Sexualität erleben. Wer kerngesund ist, körperlich wie seelisch, ist also noch lange kein sexuelles Wesen. Andererseits kann erst eine Krankheit aus einem unsexuellen Menschen einen begehrenden Menschen machen. Und was heißt Sexualität?

Geht es um das, was ich gerne → Coitus simplex germanicus nenne, oder geht es um eine individuell hochspezielle Erotik, die nicht auf das Funktionieren bestimmter Nerven oder Schwellkörper angewiesen ist? Mit anderen Worten: Auch wenn für den üblichen Geschlechtsverkehr notwendige Körperfunktionen ausgefallen sind, kann das Sexualleben befriedigend sein. Und wiederum andererseits: Wenn die Seele und die sozialen Umstände nicht mitspielen, kann auch ein kerngesunder Körper keine befriedigende Sexualität ermöglichen. Es muss also sehr genau hingeschaut werden, um welchen Zustand es geht.

Greifen wir als Beispiel, das in unserer Gesellschaft sehr oft vorkommt, einen Menschen heraus, der herzkrank ist, aber weiterhin sexuell aktiv sein möchte. Damit ergibt sich die Frage: Wie groß ist die körperliche Belastung durch sexuelle Aktivitäten? Nach meiner Erfahrung überschätzen Ärzte und Patienten sehr oft die körperliche Anstrengung, die mit einer sexuellen Aktivität einhergeht. Zugleich unterschätzen sie den Gewinn für die Gesundheit. Da bei der sexuellen Aktivität Puls, Blutdruck, Atemfrequenz und Sauerstoffverbrauch ansteigen und es zu Rhythmusstörungen und Mangeldurchblutungen kommen kann, sind Herzkranke und ihre Ärzte verständlicherweise sehr besorgt. Andererseits sind die genannten Anstiege individuell sehr unterschiedlich, kommt es ebenso bei anderen gewöhnlichen Anstrengungen zu Rhythmusstörungen und nicht selten maskierten Mangeldurchblutungen und entsprechen viele alltägliche Belastungen oder Aktivitäten, die niemand einem Kranken verbieten möchte, denjenigen eines Geschlechtsverkehrs. Noch entscheidender ist, dass die Wiederaufnahme einer sexuellen Beziehung die Rehabilitation Kranker geradezu beflügelt.

Auf eine wesentliche Bedingung muss jedoch hingewiesen werden. Das bisher Gesagte gilt nur dann, wenn es um die Wiederaufnahme einer vertrauten und weitgehend konfliktfreien Beziehung geht. Es gilt nicht, wenn der Kranke meint, er müsste jetzt außerhalb seiner festen Beziehung aktiv werden und dazu noch auf bizarre, um nicht zu sagen perverse Weise. Diese Erregung wäre mit Sicherheit zu riskant. Aus der Forschung ist seit Jahrzehnten bekannt, dass die meisten Todesfälle von Männern beim Geschlechtsverkehr nicht zu Hause in den Armen der vertrauten Partnerin erfolgen, sondern beim Fremdgehen, in Bordellen oder beim Ausprobieren unvertrauter Praktiken. Insgesamt aber kommt ein Tod beim Koitus extrem selten vor. Damit ist auch gesagt, dass sich die bisherige Forschung nur dafür interessiert hat, ob Männer durch sexuelle Anstrengungen Schaden nehmen, nicht aber, wie oft das bei Frauen der Fall ist. Eines der zahllosen unauffälligen Beispiele für die Missachtung des weiblichen Geschlechts in unserer ach so aufgeklärten und gerechten Gesellschaft.

Soll die körperliche Belastung durch sexuelle Aktivitäten gemessen werden, wird heute als »objektives« Maß der MET genommen, ein Akronym, das für Metabolic Equivalent oder Metabolische Einheit steht. Ein MET entspricht dem Bedarf von 3,5 ml Sauerstoff/kg Körpergewicht/Minute im Ruhezustand. Die Selbstbefriedigung mit Orgasmus oder die nichtkoitale Stimulation durch eine langjährige Partnerin mit Orgasmus belastet den Körper mit etwa 2 MET. Ein »heftiger« Geschlechtsverkehr mit einer festen Partnerin mit Orgasmus erreicht 5 bis 6 Maßeinheiten. Ein »normaler« Koitus dagegen liegt bei nur 2 bis 4 MET und belastet den Körper wie leichte Hausarbeit, also Putzen und Bügeln. Wird die körperliche Anstrengung beim Geschlechtsverkehr mit anderen Aktivitäten verglichen, relativiert sie sich. Maler- und Tapezierarbeiten, Golf spielen, Heben und Tragen (9 bis 20 Kilogramm) oder das Treppensteigen (zwei Stockwerke in einer Minute) belasten den Körper mit 4 bis 5 MET. Schwere Hausarbeit (Boden scheuern, Betten machen usw.), Graben im Garten oder eine Meile, das heißt 1,6 Kilometer, ohne Steigung in 20 Minuten gehen entsprechen 3 bis 6 MET. Wie unterschiedlich die Belastung individuell ist, haben Messungen von Herzfrequenz, Blutdruck und Sauerstoffverbrauch bei sexuellen Aktivitäten von Ehepaaren im Labor eindrucksvoll belegt. So verbrauchte ein Mann »on top« beim Koitus mit Orgasmus 2 MET, ein anderer dagegen 5,4. Außerdem wurde festgestellt, dass der Koitus »with man on top« hinsichtlich des Sauerstoffverbrauchs signifikant belastender ist als der Koitus »with woman on top« und dass beide Aktivitäten anstrengender sind als nichtkoitale Stimulationen. Zu bedenken ist auch, dass die enormen Steigerungen von Herzfrequenz und Blutdruck beim Orgasmus, verglichen mit alltäglichen Verrichtungen, nur eine sehr kurze Zeit andauern, zum Beispiel 10 bis 16 Sekunden.

Setzen sich Männer mindestens dreimal pro Woche einer Belastung von 6 oder mehr MET aus, haben sie ein signifikant geringeres Risiko, einen Herzinfarkt nach einer sexuellen Aktivität zu bekommen. Bei Patienten nach einem Herzinfarkt oder mit einer Koronaren Herzkrankheit, die eine Belastung von 5 bis 6 MET ohne Rhythmusstörungen und Herzschmerzen aushalten, ist nach allen Studien das Risiko einer vertrauten sexuellen Aktivität sehr gering. Der Gesundheitsgewinn aber kann enorm sein. Jedenfalls wird er größer sein als bei Haus- und Gartenarbeit oder beim Treppensteigen, die körperlich ebenso anstrengend sind wie ein Ko-itieren, das heißt ein Zusammen-gehen mit einem geliebten Partner – alles mit Belegen nachzulesen in meinem Lehrbuch *Sexuelle Störungen und ihre Behandlung* (Sigusch 2007).

In der psychoanalytischen Krankheitslehre gibt es den Fachausdruck »Krankheitsgewinn«. Gemeint ist damit jede Befriedigung, die ein kranker Mensch direkt oder indirekt aus seiner Erkrankung zieht. Dabei kann es sich um die endlich erhaltene Zuwendung Angehöriger, die jetzt gestattete Absage lästiger Verpflichtungen oder darum handeln, dass durch einen unbewussten Prozess etwas mehr Seelenruhe eintritt. Wenn also sogar aus Krankheit ein Gewinn gezogen werden kann, dann doch wohl auch aus Gesundheit. Daher meine Rede von Gesundheitsgewinn. Ich bin davon überzeugt, dass der Gewinn, den eine befriedigende sexuelle Aktivität seelisch, sozial, aber auch körperlich zur Folge hat, sehr oft ein eventuelles Risiko übersteigt.

SEXUALMEDIZIN

Vor Jahrzehnten habe ich die Notwendigkeit eines Faches Sexualmedizin begründet (Sigusch 1972, 1979) und zusammen mit Bernd Meyenburg (Meyenburg und Sigusch 1974) und Klaus Pacharzina (1979) die damaligen (Nicht-)Kenntnisse der Medizinstudenten und der niedergelassenen Ärzte empirisch erforscht und damit belegt (vgl. die Replikation im Jahr 2012 von Turner et al. 2014).

Sexualmedizin oder Sexualpsychologie wird an unseren Universitäten nicht unterrichtet, von kleinen lokalen Einsprengseln abgesehen. Die Allgemein- und Hausärzte, bei denen viele Lebensfäden zusammen laufen, die Geheimnisse erfahren oder erraten, die Weichen stellen und falsche Entscheidungen verhindern können, werden also unausgebildet an die Sexfront geschickt. Aber auch die psychologischen Psychotherapeuten erfahren nicht im Studium, an welche körperlichen Ursachen und an welche körperlichen Behandlungsverfahren zu denken ist, wenn ein Patient über ein sexuelles Problem klagt. Die Ärzte müssten im Interesse der Patienten vor allem mit der psychischen Seite der Probleme konfrontiert werden, die Psychologen mit der körperlichen und beide zusammen mit der kulturellen. Obgleich die genannten Dimensionen im Lebensprozess untrennbar ineinander liegen, werden sie bei uns durch die historische Entwicklung der wissenschaftlichen Sphäre bedauerlicherweise immer, sofern überhaupt, disziplinär getrennt.

Die Versorgung von Patienten mit sexuellen Problemen und Störungen ist also bei uns nach wie erschütternd schlecht. Erfreulich ist lediglich, dass sich Ärzte und Psychotherapeuten um eine Fortbildung gekümmert haben, die von den wenigen mehr oder weniger selbsternannten Sexualmedizinern angeboten worden ist. So haben wir selbst eine curriculare und zertifizierte Fortbildung in zwei Stufen (»Sexuologische Basiskompetenzen« und »Sexualtherapie«)

in den letzten zwei Jahrzehnten etabliert. Diese geregelte Fortbildung steht allen interessierten Ärzten und Psychotherapeuten offen.

SEXUALTHEORIE IN SPLITTERSÄTZEN

Der Mensch ist von Natur gesellschaftlich und seine Sexualität ist es auch. Sexualität ist eine gesellschaftliche Kategorie

Kategorien vögeln nicht und werden nicht schwanger. Das ist das, was Theorie und Praxis voneinander trennt.

Ohne die Kontinuität und Stringenz der begrifflichen Anstrengung wäre alle Kritik geschichtslos und die Lebensnot der Menschen nichts als die Wiederkehr des Immergleichen.

Weil jede Wissenschaft, auch Metapsychologie und Metasexuologie, tendenziell subjektlose Rationalität anstrebt, kommt es darauf an, das Moment des Subjektiven an den Kategorien zu entfalten.

Noch die Eingepasstesten zeigen Regungen, die dem, was ist, widersprechen.

Die Kategorie der Paradoxie kann wie die des Widerspruchs nur als mit menschlicher Geschichte gesättigte den Riss, der Subjekt und Objekt trennt und durch diese selbst geht, ins Bewusstsein heben – als Antidot des Einheitsdenkens und doch, weil selbst gedacht und historisch, identifizierend und unfrei wie dieses.

Verzweifelt ist kein allgemeines, sondern das individuelle Bewusstsein. Ohne Begriffe aber bliebe es stumm und belanglos. Nur deren Kontinuität bewahrt die Kontinuität des Unglücks, wie immanent sie auch notgedrungenermaßen gefasst seien.

Liebe, Trieb, Lust, Perversion sind nur zu denken und zu begreifen durch den Einschluss dessen, was sie ausschließen.

Totalisierende Theorien sind auch geistige Reflexe auf totale Verhältnisse, also der Stillstand, den sie kritisieren.

Einmal gefasste Gedanken halten sich nur dann, wenn sie mit hochbesetzten Gefühlen verbunden sind. Schon ihr Entstehen ist auf diesen Anschluss angewiesen. Denn der Wunsch ist bekanntlich der Vater des Gedankens. Unsere Hoffnung aber bleibt, dass der Gedanke der Vater des Wunsches werde.

Nicht nur Macht und Wissen schießen zusammen, wie Foucault zeigte, sondern auch Körper und Geist. Jetzt wäre vom »Körper des Kapitalismus« zu sprechen wie Weber vom »Geist des Kapitalismus« gesprochen hat – gerade weil »Freie Marktwirtschaft« triumphiert.

Die Frage nach der natürlichen Sexualität ist sinnlos. Denn die äußere Natur liefert aus sich heraus keine Maßstäbe für menschliche Freiheit und Gerechtigkeit. Diese Kategorien lassen sich an sie nicht anlegen. Die Natur ist nicht unfrei und ungerecht, sondern freiheitslos und gerechtigkeitslos,.

Wie das Studium des Schluckens keine Ernährungswissenschaft konstituiert, so das Studium des Genoms keine Sexual- oder Geschlechterwissenschaft.

Theoretisch gesprochen, ist der Körper das Organon der Lust, nicht aber der Ekstase, weil er im Allgemeinen nicht aus sich herauszutreten vermag ohne eine Hilfe, die ihm fremd bleibt: die der Phantasie, des Organons der Ekstase.

Die Trennung in Biologisches hier, Gesellschaftliches dort und Seelisches irgendwie dazwischen ist altes Denken, das endlich überwunden werden sollte. Was sich manifestiert, was sich zu erkennen gibt, ist bereits gesellschaftlich, nicht ein von außen an Anatomisches oder Konstitutionelles Angelegtes, nicht zwischen Sexus und Genus, nicht zwischen der Anatomie und der Gesellschaft, nicht zwischen der biologischen Ausstattung oder den gesellschaftlichen Normen und Individuen, sondern in den Momenten selbst, in Sexus, in Genus, in Anatomischem, in den Individuen selbst.

Im Grunde liegen Körper und Seele untrennbar ineinander. Vom Körper wüssten wir gar nichts, schlüge er sich nicht in der Seele nieder. Von der Seele wüssten wir gar nichts, hauste sie nicht im Körper. Doch zu den Verrücktigkeiten unserer Kultur gehört, dass es uns nicht gelingen will, Körper und Seele zusammenzudenken und zusammenzuleben.

Kämen Wunsch und Befriedigung zueinander, kämen Dauer und Intensität, Harmonie und Erregung zusammen, fielen Begierde und Liebe nicht auseinander, wüssten wir, was ein sexueller Rausch ist und könnten uns in ihn versetzen, scherten wir uns um wissenschaftliche Erörterungen überhaupt nicht, hielten wir Sexual- und Geschlechterwissenschaft für so irrsinnig wie sie tatsächlich sind.

Trieb und Liebe bilden den mythologischen Anteil der Sexualwissenschaft und ihre Crux, weil sie sich nicht erfassen lassen. So bodenlos die beiden, so bodenlos das Fach. Deshalb Hirschfelds Versuch, »Gesetze der Liebe« zu erfinden.

Der Begriff des Triebes ist stärker vom patriarchalen Denken imprägniert als einer kritischen Theorie der Sexualität gleichgültig sein kann.

Nach einer Phase der Dekonstruktion, die eine produktive Verwirrung bewirkt hat, ist jetzt eine Phase der Konstruktion angezeigt, weil die Chiffren und Metasemikanten ohne ein Gefühl des Verlangens und ohne Fleischeslust niemals wirklich sexuell werden können.

Not, die individuell ist, verweist darauf, dass die Individuation der Erkenntnis notwendig ist.

Weil die Differenz des Besonderen vom Allgemeinen von diesem objektiv determiniert ist, prozessieren Identität und Widerspruch ineinander, theoretisch und real.

Die Alternative »angeboren oder erworben« ist durch und durch falsch, von der philosophisch inspirierten Biologie längst als anachronistisches Denken erkannt. Doch das Gros der Naturwissenschaftler verfällt immer wieder in dieses verheerende binäre Denken – gut oder böse, natürlich oder unnatürlich, männlich oder weiblich, gesund oder krank usw. –, das mit dem somatiformen Denken einhergeht. Es will auf reine Unmittelbarkeiten hinaus, die es nicht gibt, und sucht die eine Ursache, die nicht einmal bei den Infektionskrankheiten angenommen werden kann.

Familienbande, dieses Wort hat, nach Karl Kraus, »den Beigeschmack von Wahrheit«. Und das ist sehr selten. Ja, es gibt eine Vererbung ohne Gene. Stichwort: Familienroman.

Sexualität ohne Phantasie ist tierischer Reflex, zum Beispiel der Samenerguss eines Mannes im Moment des Erhängtwerdens.

Die Sexualität benötigt den Körper mehr als die Liebe.

Die Sexualität ist im Kern politisch, das Sexuelle ist im Kern psychosozial, und der Sex ist im Kern ökonomisch.

Das Sexuelle mit seiner → Differentia sexualis specifica ist nicht demokratisch.

Zeitlebens sind die Menschen nach unseren Vorstellungen Sexualwesen, weil die erotisch-sexuelle Sphäre nach der Geburt durch »Botschaften« entsteht, die der französische Psychoanalytiker Jean Laplanche »rätselhaft« genannt hat.

Jedes geschlossene theoretische Corpus tendiert zum Terror.

Wer eine radikale Theorie hat, kann in der Praxis milde sein.

SEXUALWISSENSCHAFT

In meiner *Geschichte der Sexualwissenschaft* (Sigusch 2008) kam ich zu dem Schluss, dass der Norddeutsche Karl Heinrich Ulrichs (1825–1895) ebenso wie der Italiener Paolo Mantegazza (1831–1910) die Weichen in Richtung auf eine Wissenschaft von der Wonne, von der Liebe und vom Geschlecht gestellt hat, modern gesagt: dass die beiden Pioniere der Sexual- und Geschlechterwissenschaft sind, jedenfalls dann, wenn Forschung und Aufklärung sowie der Kampf gegen christliche Verdikte und bürgerliche Heuchelei, gegen Sexismus und die Unterdrückung sexueller Minderheiten als Kriterien einer modernen Sexual- und Geschlechterwissenschaft genommen werden. Mantegazza und Ulrichs betraten Jahrzehnte vor Richard von Krafft-Ebing, Havelock Ellis, Albert Moll, Sigmund Freud, Iwan Bloch und Max

Marcuse mit einem anspruchsvollen Werk die Bühne des Wissenschaftsdiskurses und der neuen Sexualform, ohne darüber so wie wir schon von Lust, Orgasmus oder Sex zu sprechen. Noch war an die Stelle der zahllosen Wörter, die vor dem 19. Jahrhundert kursierten, nicht ein einziges Wort getreten, das all die Vorgänger von Venus über Wohllust bis Nisus verschlang: »Sexualität«.

Auch heute gibt es selbstredend verschiedene Sexuologien. Ich unterscheide die von mir vertretene *kritische* Sexualwissenschaft vor allem von einer *affirmativen* Sexologie, die das, was ist, im Wesentlichen unkritisch registriert. Ihre Vertreter kennen wir nicht erst seit dem Einbruch der Krankheit AIDS, die so manchen lieben Kollegen sich transatlantisch spreizen ließ, diesen Typus des Affirmativen, der sich zum Zensor kritischer Sexualwissenschaft macht, wie ein Momus aufspielt; jene Schafe aus der Herde, die schon, wenn sie keine Mediziner sind, sich für Orpheus halten. Dieser Typus ist glücklich, wenn er in seiner Ährenlese von Overviews, schlimmer noch von Phrasen baden kann. Mit den Weihen des Common Sense der Scientific Community einer Weltmacht ausgestattet, hält er sich für alles in allem. Denkt er nach, ist er Aristoteles; produziert er zum Scherz Chimären, ist er Plato; lacht er einmal, nennt er sich Demokrit; disputiert er, heißt er Chrysipp; brüllt er einen Vortrag, hält er sich für Demosthenes; konstruiert er Sätze, ist er Maro; stößt ihm Schmerzliches zu, Heraklit undsofort. Die Ironie ist bloß: Er hat sie alle nicht gelesen (→ Spottprosa auf die wissenschaftlichen Gegner).

Eine mir besonders suspekte Unterart der affirmativen Sexologie ist die evangelikale. Ein Vertreter legte zum Beispiel 2014 in einer Kirche in einer Predigt dar, warum nach seinem Wissensglauben die Liebe zwischen zwei Menschen ohne Gott nicht zu denken ist. Gott ist für ihn die Liebe katexochen. Offenbar hat er noch Heraklit im Ohr, der sagte, die Menschen kämen »nie zu wirklichen Einsichten, wohl aber die Götter«. Um evangelikal-orthosexuell zu sein, predigt er nur aus dem Johannesbrief, verschweigt aber, was ansonsten in der Bibel steht. Wegen welcher Vergehen der Herrgott sein Volk mit dem Tode bestrafte, können wir der Luther-Bibel (revidierte Fassung von 1984/2002) entnehmen. Ich zitiere beispielhaft: »Wer seinem Vater oder seiner Mutter flucht, der soll des Todes sterben [...]. Wer die Ehe bricht mit jemandes Weibe, der soll des Todes sterben, beide Ehebrecher und Ehebrecherin [...]. Wenn jemand mit seines Vaters Weibe schläft [...], die sollen beide des Todes sterben [...]. Wenn jemand beim Knaben schläft wie beim Weibe, [...] sollen beide des Todes sterben [...]. Wenn jemand ein Weib nimmt und ihre Mutter dazu [...], man soll ihn mit Feuer verbrennen, und sie beide auch [...]. Wenn jemand beim Vieh liegt, der soll des Todes sterben, und das Vieh soll man erwürgen« (3. Buch Mose, 20) – und so weiter und so fort.

Kritischer Sexualwissenschaft dagegen kann es nicht um *die* Wahrheit gehen und auch nicht um das, was Pierre Bourdieu *Pensée unique* genannt hat, oder um grenzenlose Freiheit und andauernde Zufriedenheit. Die Existenz der Sexualwissenschaft selbst ist ein Beweis für die Abstrahierung des konkret individuell Sinnlichen und seine Tilgung als unsinnlich Allgemeines. Folglich hat Sexualwissenschaft, sofern sie kritisch ist und noch nicht in Affirmation übergegangen, unkritischer letztlich nur einen Vorzug voraus: sich nicht willentlich mit dem System gemein gemacht zu haben, sondern mit dem Aufstand der Geschlechts- und Sexualabweichler solidarisch. Doch selbstkritische Sexualwissenschaft, die zur Befreiung des Sexuellen beitragen will, kommt in der Praxis nicht umhin, dessen Zügelung zuzuarbeiten, auch weil zu sich gekommene Drangliebe oft keine Bleibe hat. Diese Sexualwissenschaft weiß, dass Erotik und Wissenschaft nicht zusammengehen. Wissenschaft ist kalt und duldet kein Geheimnis. Erotik ist warm und lebt vom Geheimnis. Doch Ratio benötigt Irratio.

Kritischer Sexualwissenschaft geht es darum, Ungleichheit, Missbrauch und Gewalt zu bekämpfen, Verfolgten, Verpönten, Traumatisierten und Kranken zur Seite zu stehen sowie menschenfreundlichere Lebensweisen zu denken, ohne jedoch Immanuel Kants (1784/1964: 41) Warnung zu vergessen, nach der »aus so krummem Holze, als woraus der Mensch gemacht ist, [...] nichts ganz Gerades gezimmert werden« könne. Eine Sexualwissenschaft, die Leiden und Sehnsucht sprechen lassen will, analysiert die Paradoxien der gegenwärtigen Kultur, in der die beinahe lückenlose Kommerzialisierung sowie mediale Inszenierung der sexogenerischen Sphäre das Begehren wirksamer austreiben als das Unterdrücken durch Verbote. Sie darf aber das Interesse am Besonderen nicht hinter dem am Allgemeinen zurückstehen lassen. Heute wissen nur noch wenige Sexualwissenschaftler und Psychoanalytiker, die sich dieses Interesse bewahrt haben, wie disparat und kreativ das Sexuelle ist und wie anarchisch. Das Quere, Konträre, Abirrende, Überfließende, Faule, das nicht nur der Perversion eignet, sondern allen Manifestationen des Sexuellen abgerungen werden kann, ist das Salz der kritischen Sexualwissenschaft, das immer wieder die herrschenden Signifikanzen zerfrisst.

Und ich muss immer wieder sagen: Deutsche Sexualwissenschaft kann nur kritisch sein, wenn sie auf der Frage insistiert, welches Denken und Handeln die Verbrechen der Nazis vorbereitet hat. Und ich füge hinzu: Wie das Eintreten für Empfängnisverhütung heute noch keinen kritischen Geist ausmacht, so 1923 nicht das Eintreten für Eugenik einen Faschisten. Hellhörig aber muss manfrau werden.

SEXUELLE DAUERBEZIEHUNG

Wie kommt es, dass Paare jahrzehntelang erregend miteinander sexuell verkehren? Ich denke, das Geheimnis dieser Paare ist, dass sie durch eine besondere, früher durchaus pervers genannte, oft vor allem fetischistische Anziehung oder Inszenierung immer wieder wirksam aufeinander bezogen und miteinander verbunden sind. Am wirksamsten ist diese Verbindung mit Sicherheit, wenn sie beiden gar nicht bewusst wird.

SEXUELLE REVOLUTIONEN

So habe ich einmal die letzte beschrieben: In jede Ader ergießt sich glühende Lava, alle Nerven sind auf die Folter gespannt, erschütternde Säfte überschwemmen uns mit Silber und Gift, wir senken unseren Atem in den Flaum des Schambergs, in den jungen Duft der Achselhöhle, wir suchen den scharfen, süßen After, wir brüllen wie ein Tier, wir können uns nicht lösen, wir wollen uns nicht lösen, wir versinken im Fleisch, due in uno, uno in due, die verlorene Hälfte unseres Glücks ist wieder da, unserer Liebe, unseres Verstandes, unseres Lebens, unseres Todes. Der Mund wurde uns wässrig gemacht, der Kopf verdreht. Seither wünschen wir, dass die Masken fallen und das Leben beginnt.

In den westlichen Ländern haben sich in den letzten 120 Jahren drei sexuelle Revolutionen ereignet. Die erste Ende des 19., Anfang des 20. Jahrhunderts, die zweite um 1968 und die dritte, die ich die → Neosexuelle Revolution genannt habe, seit dem Ende der 1970er und dem Anfang der 1980er Jahre.

Die erste sexuelle Revolution ging aus Kämpfen gegen die Entrechtung der Frauen, gegen Prostitution, Geschlechtskrankheiten, »Degeneration«, sexuelle Abweichungen, sexuelle Abstinenz, Abtreibung, Bevölkerungsschwund usw. hervor sowie aus Kämpfen für Lebens- und Sexualreform, Nacktbaden, »freie Liebe«, »Präventivverkehr in der Ehe«, Mutterschutz, »Verbesserung des Erbguts« durch freiwillige oder erzwungene Eugenik, für Abschaffung des Abtreibungs- und des Homosexuellenparagrafen usw.

In der zweiten, teils kommerziell-antiautoritären, teils regierungsamtlich-sozialliberalen Revolution um 1968 ging der Kampf um die Beziehungen von Mann und Frau, um die öffentliche Darstellung von Sexualität, die Aufklärung von Schülern und Schülerinnen sowie erneut um die Diskriminierung der Frauen und sexueller Minderheiten, insbesondere der Homosexuellen, geführt. In diese Zeit fällt die Einführung der sogenannten Pille zur Empfängnisverhütung der Frau.

Die dritte oder neosexuelle Revolution der letzten Jahrzehnte scheint sich ihrem Ende zuzuneigen. Kennzeichnend für sie ist die Debatte um Sex und Gender, der Einbruch der Krankheit AIDS, ein neuer Missbrauchsdiskurs sowie die digitale Revolution samt Aufkommen emergenter Sexualitäten.

Rücken wir die Generationenfolge ins Zentrum des Betrachtens, kreiste die erste sexuelle Revolution am Beginn des 20. Jahrhunderts um Erwachsene und damit um deren Fortpflanzung und Sexualität in der Ehe und behutsam um deren »freie« Liebe. Die zweite sexuelle Revolution am Ende der 1960er Jahre kreiste um die Sexualität der Jugendlichen und am Rande auch der Kinder. Eine im Ohr gebliebene Diskursparole lautete: »Trau keinem über 30!« Die dritte, die neosexuelle Revolution am Ende des 20. Jahrhunderts kreiste um verbliebene Verbote und Ungerechtigkeiten, neue Bedrohungen und seltene Vorlieben. Sie erinnerte zum ersten Mal daran, dass auch die Alten, die Großeltern, erotisch-sexuelle Wesen sind (→ Alterssexualität).

»SHADES OF GREY«

Obgleich ich selbst vor Jahrzehnten die Doktorarbeit einer Sozialwissenschaftlerin über Gewaltphantasien von Frauen betreut hatte, überraschte mich doch der wahnsinnige Erfolg des Romans *Fifty Shades of Grey* von E. L. James. Ich wusste also durch eigene und auswärtige Forschung, dass sadomasochistische Phantasien bei Frauen im euroamerikanischen Kulturkreis keineswegs selten sind. Nennen möchte ich vor allem das Buch *My Secret Garden – Womens' Sexual Fantasies* von Nancy Friday (1973; deutsch u. a.: *Die sexuellen Phantasien der Frauen*, 2001) sowie von Isabelle Azoulay die Abhandlung *Phantastische Abgründe – Die Gewalt in der sexuellen Phantasie von Frauen* (1996).

In dem millionenfach verkauften Roman von E. L. James geht es um eine 21-jährige Studentin, die noch Jungfrau ist und sich einem sechs Jahre älteren Multimillionär hingibt, der von sich sagt, »ich schlafe nicht mit jemandem, ich ficke hart«. Das Werk wird der SM-Literatur zugeordnet, bleibt aber von den berühmten Vorgängern seit dem Marquis de Sade meilenweit entfernt. Alles, was schmutzig ist, fehlt, auch Blut fließt nicht, und Brandnarben sind undenkbar. Die Unterordnung der Jungfrau erfolgt geordnet, sauber und korrekt. Von der Kleidung über das Essen und den Sport bis hin zu den Sexspielzeugen ist alles zwischen den Partnern vertraglich geregelt. Es herrscht eine extreme Gebundenheit und ein blindes Vertrauen. Das macht jede Fesselung und Auspeitschung harmlos.

Die Romanschreiberin zeigt, was ihre Helden trotz Liberalisierungen und serieller Monogamien und trommelnder Außenreize und Verführungsversuche doch noch zusammen hält: eine Kombination aus rationalem Reglement und irrationalen Sexspielen. Als wollte sie die neosexuelle Beziehungsmoral, die wir Sexualforscher Konsensmoral oder Verhandlungsmoral genannt haben, an einem nicht ganz alltäglichen Beispiel illustrieren. Das schenkt noch einmal Sicherheit und Vertrauen und ist eine neosexuelle Befreiung der letzten Jahrzehnte von der vorausgegangenen sexuellen Befreiung der 1960er Jahre. Vielleicht ahnte die Autorin aber auch, wie viele Frauen in unserem Kulturkreis nachweislich durch SM-Phantasien sexuell erregt werden. Wichtig ist mir aber zu betonen, dass diese Phantasien in aller Regel nicht Wünsche sind, die sich realisieren sollen.

Im Roman siegt jedenfalls die Liebe, hilft eine liebende Frau einem angeblich traumatisierten Mann mit einer besonderen Vorliebe, wird der Soft-Sadomasochismus im Sinn der → Neosexuellen Revolution popularisiert. Der Emanzipation der Frauen schadet das nicht, es macht sie im Gegenteil glaubhaft. Erfreulicherweise rücken ja auch immer mehr Männer mit ihren Unterwerfungsphantasien heraus.

SHARE GENDERNESS

Als ich mit neueren Gender Studies befasst war und mir gleichzeitig Share Economy durch den Kopf ging, fragte ich mich, warum es bisher nicht den Ausdruck *Share Genderness* gibt. Ich werfe ihn hier einmal in die Debatte. Manfrau im alten Sinne könnte darunter verstehen, dass mann und frau und inter und trans und liquid etcetera nicht ausreichen. Sie müssen alle freigegeben, allen zur Verfügung stehen, geteilt und gemeinsam gelebt werden.

SICHERHEIT

Das ist ein sehr heikles Thema in den USA. Dort werden aus Gründen der bewaffneten Sicherheit etwa 20.000 Minderjährige pro Jahr durch eine Schusswaffe verletzt oder getötet. Manchmal ist es aber auch ein Vierjähriger, der seiner Mutter mit der griffbereiten Pistole im Auto während der Fahrt in den Rücken schießt (afp, 11.3.2016). Was für ein sicheres Land! Jetzt soll es in Deutschland auch so zugehen. Die deutsche Waffenlobby empfiehlt angesichts des Flüchtlingszustroms die private Aufrüstung der Haushalte, politisch unterstützt von NPD und AfD (*SZ*, 12./13.3.2016, S. 5).

SILVER SEX

→ ALTERSSEXUALITÄT

SIPHNISIEREN

Das heute nicht mehr geläufige Wort siphnisieren ist abgeleitet von der griechischen Insel Siphnos und will sexuelle Praktiken bezeichnen, die sich um den After drehen wie zum Beispiel Analmasturbation.

SITOPHILIE

Ist von Sitophilie (gr. *sito* Weizen) die Rede, geht es um Sexualpraktiken, bei denen Nahrungsmittel wie Gurken, Honig oder gekochten Eiern in den Körper, insbesondere den Anus, geschoben werden.

SKOPOPHILIE

Von Skopophilie (gr. *skopeín* betrachten und *phileín* lieben) wird heute eher in film- als in sexualwissenschaftlichen Zusammenhängen gesprochen. Das Wort meint Schausucht resp. Voyeurismus, eine Lust, die schon Freud (1905) in seinen epochalen *Drei Abhandlungen zur Sexualtheorie* erwähnt hat.

SMOMBIE

Die 20-köpfige Jury des Langenscheidt-Verlages hat Smombie zum Jugendwort des Jahres 2015 erklärt. Es setzt sich zusammen aus den Wörtern Smartphone und Zombie, meint einen Jugendlichen, der so sehr in seinem Smartphone versinkt, dass er die Umwelt gar nicht mehr wahrnimmt, auch beim Überqueren einer Straße. In einer Online-Abstimmung wurde jedoch von Jugendlichen mit 36 Prozent das Wort »merkeln« (im Sinne von Nichtstun) am häufigsten gewählt. Auch die Wörter »rumoxidieren« (chillen, abhängen) und »Earthporn« (schöne Landschaft) lagen vor dem von der

Jury ausgewählten Wort, das nur von 5 Prozent der Jugendlichen präferiert worden ist. Das Neowort Smombie spricht aber Bände über den Einfluss moderner Techniken und die gegenwärtige Selbstbezogenheit.

SPOTTPROSA AUF DIE WISSENSCHAFTLICHEN GEGNER

O, Ihr lieben Salbader, die Ihr mit so schönen Signifikanzen uns die Kritik stehlt, den Sinn gefangen nehmt, das Gemüt verzaubert und unsere dirnenhaften Seelen verkuppelt, an Euch, Ihr Menippe, die Ihr auf den Kugeln der Sonne und des Mondes sitzt und mit geschlossenen Augen auf uns herabseht, um unser Treiben zu verachten, an Euch, Ihr Schildträger der Pallas, Ihr Auspeitscher des Nisus, Ihr Beischläfer der Nymphe Egeria, Ihr Beseitiger der Utopia, Ihr Anführer des irrendes Volkes, Ihr Entzifferer der Demogorgone, Dioskuren stabiler freier Marktwissenschaft und Schatzhüter des Pantamorfus, an Euch nur richten wir unsere Prosa, unsere Poesie, unsere Prämissen, Subsumtionen, Digressionen, Parenthesen, Applikationen, Klauseln, Attribute, Epitheta. Ich beschwöre Euch mit Girordano Bruno: Haltet unseren Sophistereien die gute Absicht zugute, schleift unsere Solözismen ab, begrenzt unsere Makrologien, flickt unsere Ellipsen aus, zügelt unsere Tautologien, mäßigt unsere Akrilogien, verzeiht unsere Eskrilogien, unsere Perissologien, vergebt uns unsere Kakophonie! Ich beschwöre Euch, nur dieses eine Mal, insbesondere aber Dich, Du mürrischer Magister Blaniinnio!, mäßige Deine frenetische Wut auf den

Widerspruch und erkenne, meinetwegen im Ballett: dass Dein stumpfsinniger Groll auf ihn und seine Beschwörer der Societät selbst gilt, die Dir doch so an Herz und Verstand gewachsen ist! Dann werde ich sagen: Proximos illi tamen occupavit Pallas honores.

STATUS ORGASTICUS

Im Brockhaus Psychologie (2001, S. 577) steht: »Von dem deutschen Sexualforscher Volkmar Sigusch eingeführte Bezeichnung für die orgastische Reaktionsform, die objektiv und subjektiv mit der höchsten Intensität einhergeht. Der Status orgasticus wurde bisher nur bei Frauen im Labor gemessen und damit bewiesen. Er dauert 20 bis mehr als 60 Sekunden und ist entweder als eine Serie schnell aufeinander folgender Orgasmen oder als eine lang hingezogene orgastische Episode aufzufassen.«

STRICHER

Was denken Sie? Wie viele Männer gehen in einer Großstadt wie Frankfurt am Main auf den Strich? Ich dachte, etwa 40 bis 50. Dann lese ich im März 2016 in einer Tageszeitung mit seriösen Quellen: Es sind 500 bis 800 Männer, vor allem Rumänen und Bulgaren, die in ihren sogenannten Heimaten als Roma oder Türken verfolgt worden sind. Fazit: Wir wissen alle sehr wenig.

SUGARDADDY

So wird gegenwärtig ein älterer Mann genannt, der Geld hat und gerne eine recht junge Frau verwöhnt, die sich teure Klamotten, schöne Hotels oder auch ein Studium nicht leisten kann. Der Alte genießt das Mädchen erotisch oder auch, wenn sie mag, sexuell und fühlt sich wieder jung und potent. Fördert und genießt eine ältere Dame einen jungen Mann in diesem Sinne, spricht manfrau von Sugarmommy (→ Cougars).

TABU

Das letzte große und allgemeine Tabu? Wenn wir die Tabus ins Auge fassen, die uns vorrangig seit zweihundert Jahren begleiten, dann ist es die kindliche Sexualität, die nach wie vor ein dunkler Kontinent ist, vor dem wir alle fliehen, ausgenommen die Pädosexuellen, die aber aus diesem Grund von der gewaltigen Wucht des Tabus getroffen werden.

TAGESNACHRICHTEN

Anfang März 2016 melden die Agenturen: 1. In Indonesien ist ein junges Paar im Alter von 19 und 21 Jahren öffentlich ausgepeitscht worden, weil es allein gesehen worden sei. 2. In Pakistan hat ein Vater seine 18-jährige Tochter erschossen, weil sie ihm nicht sagte, wo sie fünf Stunden lang gewesen war. 3. Die Deutschen haben 2015 für gemeinnützige Zwecke rund 5,5 Milliarden Euro gespendet. 4. Die indische Armee testet Bewerber ausgezogen bis auf die Unterhose, weil sie dann weniger schummelten. 5. Laut »Cell Stem Cell« erzeugten Biologen aus Stammzellen von Mäusen spermienartige Zellen. 6. Der Astronaut Scott Kelly ist nach fast einem Jahr aus dem All zurückgekehrt. 7. »Cell Systems« teilt mit, dass nicht die Stimulation, sondern die Hemmung der mitochondrialen Funktion die Lebens- und Gesundheitsspanne verlängere. 8. Ich füge hinzu: In der Bundesrepublik Deutschland kämpften zum ersten Mal zwei Frauen um den Posten der Ministerpräsidentin eines Bundeslandes.

TETRAGAMIE

Zur Zeit der ersten → Sexuellen Revolution erinnerte der belesene Sexualforscher Iwan Bloch (1907: 273 ff.) an eine Idee des Philosophen Arthur Schopenhauer, die dieser in dem 1823 geschriebenen, aber unveröffentlichten Manuskriptbuch »Die Brieftasche« ausgeführt habe. Seine Idee: In der Monogamie, auch Einehe genannt, habe »der Mann auf einmal zu viel und auf die Dauer zu wenig; und das Weib umgekehrt.« Begründung: Ein Mann habe »an *einem* Weibe nur für die halbe Zeit seiner Zeugungsfähigkeit Befriedigung; er mußte also eine zweite nehmen, wenn die erste verblüht ist; aber es ist für jeden nur eine gerechnet worden. Was dem Weibe an Dauer der Geschlechtstauglichkeit abgeht, hat es wieder an Maß derselben voraus: es ist fähig, zwei bis drei tüchtige Männer zu gleicher Zeit zu befriedigen, ohne zu leiden. In der Monogamie benutzt es nur die Hälfte seiner Fähigkeit und befriedigt nur die Hälfte seiner Wünsche.«

Die Lösung »nach bloßer, physischer Rücksicht«: Es »müssen zwei Männer stets ein Weib zusammen haben: die sie beide jung nehmen: nachdem diese verblüht ist, nehmen sie eine zweite ebenso junge dazu, welche dann ausreicht bis beide Männer alt sind. Beide Weiber sind versorgt und jeder Mann hat nur die Sorge für eine. [...] Bei der vorgeschlagenen Einrichtung hat der Mann in der Jugend, wo sein Besitz am geringsten zu sein pflegt, nur für ein halbes Weib, wenige und kleine Kinder zu sorgen: später, wo er reicher ist, für ein oder zwei Weiber und viele Kinder.«

Weil die von Schopenhauer vorgeschlagene »Einrichtung« nicht bestehe, seien »die Männer die Hälfte ihres Lebens Hurer und die andere Hälfte Hahnreie; und die Weiber zerfallen demgemäß in Betrogene und Betrügerinnen. Wer jung heiratet, schleppt sich nachher mit einer alten Frau: wer spät heiratet, bekommt erst venerische Krankheiten, dann Hörner.«

Aus heutiger Sicht sind die jungen Männer überfordert, wenn sie gleichzeitig und offiziell zwei Frauen sozial und sexuell befriedigen sollten. Junge Frauen dagegen könnten das sehr viel eher bewältigen. Auch bei den Alten ist heute alles anders als in Schopenhauers Phantasie. Frauen sind nach der Menopause oft sexuell potenter als Männer nach dem → Ligurinusschock. Während bei Männern die sexuelle Potenz von den Jugendjahren an immer geringer wird, steigt sie bei vielen Frauen mit dem Älterwerden an.

THE VENUS BUTTERFLY

Kennen Sie die angeblich wirksamste Stimulationspraktik für Frauen? Die Zunge an die Klitoris, Finger der einen Hand in die Vagina und Finger der anderen Hand an den Anus, alles gleichzeitig. Oder war es anders? Der Daumen an die Klitoris, Zeige-, Mittel- und Ringfinger in die Vagina und kleiner Finger in den Anus. Oder?

THELEIOPHILIE

Von Theleiophilie (gr. *théleios* erwachsen, *philia* Freundschaft) wird gesprochen, wenn erwachsene Menschen erotisch-sexuell begehrt werden. Diese → Chronophilie ist in unserer Kultur die häufigste.

TINDERN

Seit September 2012 gibt es in und aus den USA ein neues kommerzielles soziales Netzwerk (https://www.gotinder.com) für Flirts und Bekanntschaften, das sich an 18- bis 35-Jährige richtet und die Facebook-Profile der Nutzer einbezieht. Wer tindert, ist also auf diesem Gleis unterwegs. *To burn like tinder* heißt übrigens »wie Zunder brennen«.

TOTALES WISSEN

Jedes Wissen ist speziell, begrenzt und vorläufig, keines kann alles erfassen. Ein totales Wissen ist auch nicht wünschenswert, weil es die anderen Dimensionen und Möglichkeiten des menschlichen Lebens ausblendete und die Freiheit, zu der der irrend wählende Mensch »verdammt« (Jean-Paul Sartre) sei, zerstörte.

TOTALITÄT

Friedrich Nietzsche sagt in seinem im Jahr 1886 verfassten Werk *Jenseits von Gut und Böse* (1966, S. 626): »Grad und Art der Geschlechtlichkeit eines Menschen reicht bis in den letzten Gipfel seines Geistes hinauf.« Diese enorme Einsicht hat der wissenschaftlich-philosophische Feminismus ein Jahrhundert später bewiesen, indem er zeigte: dass die Art der Geschlechtlichkeit bis in die Formeln der scheinbar geschlechtslosen Mathematik hineinreicht.

TRANSGENDER/TRANSIDENTITÄT

Erfreulicherweise gibt es zunehmend Anzeichen für einen liberaleren und menschenrechtskonformeren Umgang mit Menschen, die früher als Transsexuelle, heute aber zutreffender als Transgender, Transgeschlechtliche oder Transidente oder einfach als Trans*Personen bezeichnet werden. Hier einige Beispiele:

Das Bundesverfassungsgericht hat am 11. Januar 2011 entschieden, dass ein chirurgischer Eingriff zur Geschlechtsangleichung sowie eine permanente Fortpflanzungsunfähigkeit für eine Personenstandsänderung nach dem Transsexuellengesetz (TSG) nicht mehr erforderlich sind, weil verfassungswidrig. – Argentinien hat 2012 mit dem »Ley de Identitdad de Género« allen Bürgern ein Grundrecht auf Identität eingeräumt, das ihnen erlaubt, ihren Vornamen und ihre Geschlechtszugehörigkeit umstandslos zu ändern. Außerdem soll eine medizinische Versorgung garantiert sein. – Das Oxford English Distionary schlägt als dritte, genderneutrale Anrede Mx vor. Eine britische Stadt hat nach einer zustimmenden Umfrage 2013 diese neue Zuordnung eingeführt. – Am 22. April 2015 beschloss die Parlamentarische Versammlung des Europarats die Resolution 2048 gegen die Diskriminierung von Transgendern in Europa. In dieser Resolution wird die vielfältige Diskriminierung von Transgendern beklagt und dafür plädiert, dass in den nationalen Gesetzgebungen alle Diskriminierungen aufgrund der Geschlechtsidentität verboten werden und dass alle Menschen über einen Geschlechtswechsel selbst bestimmen können. – Die namhaften Transgender-Gutachter Bernd Meyenburg, Karin Renter-Schmidt und Gunter Schmidt (2015) stellten nach der Auswertung von 670 Gutachten aus den Jahren 2005 bis 2014 nach dem bundesdeutschen Transsexuellengesetz (TSG) fest, dass nur in einem Prozent der Fälle dem Gericht die Ablehnung des Antrags auf Geschlechtswechsel empfohlen worden ist. Hinzu kommt, dass seit Einführung des TSG das Verlangen nach einer Rückumwandlung nur bei etwa einem Prozent oder weniger der Fälle geäußert worden ist. Die Experten schlugen angesichts der Ergebnisse vor, das TSG in seiner jetzigen Fassung aufzuheben und durch eine »Karenzlösung« zu ersetzen, die auch die teure und sehr belastende Begutachtung überflüssig machte. – Im Juli 2015 beschloss Irland ein Gesetz, nach dem Transgender ab 16 Jahren selbst entscheiden können, welchem Geschlecht sie zugeordnet werden. Zuvor hatten bereits Dänemark 2014 und Malta 2015 liberale Transgender-Gesetze ab dem 18. Lebensjahr beschlossen. – Die World Medical Association (WMA), der unsere Bundesärztekammer ebenso angehört wie die meisten nationalen Ärzteverbände der Welt, hat im Oktober 2015 auf ihrer 66. Tagung ein »Statement on Transgender People« beschlossen, das auf Initiativen und Texte der namhaften Transgender-ForscherInnen Annette Güldenring, Timo Nieder und Peer Briken von der Deutschen Gesellschaft für Sexualforschung zurückgeht. In dem Statement steht: Jeder Mensch hat das Recht, sein Geschlecht selbst zu bestimmen. Eine »gender incongruence« sei als solche keine »mental disorder«. Notwendig sei eine individuelle, multiprofessionelle, interdisziplinäre »transgender healthcare«, einschließlich Gesprächs- und Hormontherapie sowie »surgical interventions and mental healthcare«, »available to all people who experience gender incongruence in order to reduce or to prevent pronounced gender dysphoria«. Jede Art von Zwangsbehandlung sei jedoch abzulehnen. – In Deutschland kommt der anrührende Transgender-Film *The Danish Girl* von Tom Hooper (US/GB/D 2015) in die Kinos und wird in den Feuilletons mitfühlend rezensiert. – Am 10. Januar 2016 veröffentlichte die eher konservative *Frankfurter Allgemeine Sonntagszeitung* einen ganzseitigen Essay unter dem Titel »Kampf um Identität. Wer bei uns rechtlich sein Geschlecht ändern will, trifft auf veraltete Gesetze. Diese der Zeit anzupassen, fällt der Politik schwer – noch.« Der Autor Michael Graupner schildert mitfühlend einen »Transgender-Fall« und lässt den angesehenen Kinder- und Jugendpsychiater Bernd Meyenburg zu Wort kommen.

Kein Wunder, dass sich heute nicht mehr alle Transgender krank fühlen wie früher üblich und dass sie inzwischen ihre Rechte organisiert einfordern. Überblicke ich die fünf Jahrzehnte, in denen ich Transgender als Arzt und Gutachter begleitete, so ergibt sich für mich allein phänomenologisch eine erhebliche Differenz. Früher waren Transgender nicht selten eher persönlich fordernd, ansonsten verschlossen und nur scheinbar ihrer Sache sicher; heute erscheinen sie eher offen, fragend und ambigue. Vor 25 Jahren schrieb ich dazu: »Es sieht also so aus, als könnten unsere Transvestiten und Transsexuellen das sehr verbreitete, sich immer deutlicher artikulierende geschlechtliche Unbehagen in dieser Kultur nicht wirksam zum öffentlichen Reden bringen, weil sie der Tyrannis des generischen Binarismus im Kopf, mit Leib und Unterleib erliegen, weil sie normalitätssüchtig sind und nicht von der Geschlechtsdysphorie zur Geschlechter*entspannung* aufzusteigen vermögen. Stünden sie dagegen als wenn auch sehr kleine Gruppe, die von der Minderheit der Homosexuellen beiderlei Geschlechts zahlenmäßig etwa viermal so weit entfernt ist wie diese von der Majorität der Heterosexuellen, zu ihren Transgressionen als Transgression, das heißt zu ihrer Weiblichkeit mit männlichem Körper und zu ihrer Männlichkeit mit weiblichem Körper, dann wechselten sie von der ›Dignität‹ der psychiatrisch-chirurgischen Krankheitsentität zur ›Dignität‹ einer sozialen Minorität. Das wäre kontranomisch, eine Provokation sondergleichen in einer Gesellschaft, die dem Geschlechtswechsel und den Geschlechtsübergängen keinen institutionellen Ort einräumt jenseits der Kliniken und Kanzleien, in einer Gesellschaft, die trotz aller Geschlechtsrollenaufweichungen von der gesellschaftlichen Arbeitsverteilung bis zum Rechtssystem keinen Zweifel daran lässt, welches Geschlecht das *sexus sequior* ist. Dann gäbe es nicht nur zwei Geschlechter und vier geschlechtsbezogene Sexualobjektwahlen, sondern zunächst einmal vier Geschlechter und acht Objektwahlen – Überblick und Kontrolle würden erschwert, die Normalität wäre endlich so plural wie sie immer tut, das Splitting des Entweder-Oder entlarvte sich als armselige Abwehr alter binärer Rechnung. Doch das sind Phantastereien, die einem mit der psychoanalytischen Triaden- und Geschlechter*spannungs*lehre im Kopf kaum in diesen hineingehen. Dabei hieße es nur, sogenannte Naturkonstanten solche (und nicht mehr) sein zu lassen, was uns insbesondere die Gentechnologie gegenwärtig vorexerziert, und Geschlechtsidentität wie Objektwahl als so naturfern zu betrachten, wie wir es immer tun, wenn wir die Naturgläubigkeit der affirmativen Sexologen kritisieren, die die Hartmannschen Gesetze der Sexualität als bare Münze nehmen. Aber offenbar ist Freuds Rede von der ›Anatomie als Schicksal‹ in gesellschaftlicher Hinsicht so wahr, wie er sie in biopsychologischer verstanden wissen wollte: Der genetische Binarismus durchherrscht alles, natürlich auch Transsexualismus und Feminismus und unsere Theorien darüber« (Sigusch 1991a: 328 f.).

Zur grundsätzlichen Revision unseres damals recht peniblen Untersuchungs- und Behandlungsprogramms schrieb ich vor 25 Jahren: »Das Verrückte am Transsexualismus ist, daß die Transsexuellen nicht verrückt sind. Ihre seelische Verfasstheit ist kein ›Irrtum‹ der Natur, sondern ein ›Kunstwerk‹ des Menschen« (ebd.: 331). Und ich fuhr fort: »Ist der Wunsch, aus welchen Gründen auch immer, fixiert, haben wir dem Menschen, der damit zu leben hat, jene Achtung und jenes Verständnis entgegenzubringen, die wir dem persönlichen Schicksal insbesondere dann nicht versagen möchten, wenn eine körperliche Erkrankung zu ertragen ist.« Nach einer ausführlichen Kritik der damaligen Transsexualismus-Theorien hieß es abschließend: »Wenn wir ernsthaft entpathologisieren wollen, sollten wir unseren ordnenden Heilungswillen dämpfen, der dem genetischen Grundgesetz ›Mann oder Frau‹ und dem sexuellen Grundgesetz ›Mann und Frau‹ entsprungen, geschlechtliche und sexuelle Transgressionen so schwer ertragen kann (wie ich am Beispiel der Homosexualität angedeutet habe); sollten wir Andersartigkeiten, die wir nie ganz verstehen werden, als Lebensnotwendigkeiten respektieren; sollten wir die Illusion aufgeben, wir könnten eines Tages die ›Ursache‹ der ›Krankheit‹ Transsexualismus [...] finden und damit eine ›kausale Therapie‹, gar eine ›ideale und endgültige Lösung des Problems‹ (wie ich gerade in einer Doktorarbeit las); sollten wir blinde Befürwortung der Geschlechtsumwandlungsoperation wie blinde Ablehnung als zwei Seiten einer gesplitteten Rationalisierung begreifen; sollten wir aufhören, einen unauffälligen Menschen schlechthin als ›gesund‹, einen befremdlichen aber als ›krank‹ einzusortieren, obgleich er seelisch kreativ ist und lebenstüchtig; [...] sollten wir den Wunsch nach Geschlechtswechsel als transintelligibel begreifen und das subjektive Leiden der sogenannten Transsexuellen als einen Niederschlag objektiver Negativität, die jeder Therapie entzogen ist. Kurzum, wir sollten theoretisch noch einmal von vorne anfangen« (ebd.: 332 f).

Von vorne anfangen, auch weil wir uns bisher mit Freud die Verknüpfung von Körpergeschlecht und Geschlechtsidentität als eine zu innige vorgestellt haben. »Es schien uns immer wieder, als bringe der Körper die Geschlechtsidentität mit wie eine Mitgift. Durch die Tatsache des Transsexualismus und durch die Zunahme kultureller Geschlechtsdysphorie sind wir gehalten, die Verknüpfung von Körpergeschlecht und Identität in unseren Gedanken noch stärker zu lockern. Eine große Hilfe ist dabei der kulturelle Feminismus« (ebd.).

Abschließend äußerte ich den damals extrem ungewöhnlichen Wunsch, »daß der Gesetzgeber allen (volljährigen) Menschen freistellt, über die eigenen Vornamen und die eigene Geschlechtszugehörigkeit selbst zu entscheiden – ohne Genehmigungs- und Gerichtsverfahren und ohne medizinische Behandlungen« (Sigusch 1991a: 337 und 1992/1995a: 135 f; vgl. auch Sigusch 1995b). Diese Äußerungen brachten mir damals viel Ärger mit lieben ärztlichen Kollegen ein, die sich heute, Jahrzehnte später, als Befreier aufblasen.

TREUE DER NEOSEXUELLEN

Die, die in den Zeiten der → neosexuellen Revolution aufgewachsen sind, leben oft eine innere Treue, die wir auch seelische Treue nennen könnten. Das heißt nicht unbedingt, dass es sich auch um eine Verhaltenstreue handelt, also um eine äußere und reale Treue. Anders als früher kommunizieren die Neosexuellen ihr Treuegebot und machen es dadurch verbindlicher. Außerdem ist Fremdgehen nicht selten grundsätzlich erlaubt, was ihm seinen schreienden Reiz nimmt. Und schließlich wird heute stärker kalkuliert: Was bringt mir denn der Seitensprung angesichts des Beziehungsstesses, den er mit Sicherheit nach sich zieht.

Hinzu kommt eine einzigartige Errungenschaft der neosexuellen Zeit: das jederzeit zugängliche Netz, zugänglich auch für kleine sexuelle, unverbindliche Abenteuer, die den Triebdruck wegnehmen, ja eigentlich kein Fremdgehen sind und jederzeit wiederholt werden können ohne Beziehungsstress. Mit anderen Worten: Sexuelle Treue in Beziehungen bedeutet heute oft, dass einer, in der Regel der Mann, ohne Schuldgefühle und ohne Bedrohung des Beziehungsfriedens sich, wann immer er will, im Netz austoben kann. Und das Paar bleibt weiterhin Ein-Herz-und-eine-Seele. Dieses Ventil hatten unsere Vorfahren nicht, wie wir sogleich hören werden.

TREUE DER PALÄOSEXUELLEN

Früher, bei den → Paläosexuellen, jedenfalls den berühmten, sah es offenbar dramatischer aus. Der Literaturwissenschaftler und Feuilletonchef Fritz J. Raddatz (2003, S. 426) schrieb dazu an eine Freundin, die von ihrem Mann betrogen worden sein soll und darüber heftig klagte: »Wie hat denn Goethe gelebt, wie Majakowski (nämlich in einem Dreiecksverhältnis), wie Walter Hasenclever (der die Peitsche brauchte im Puff), wie Heine, der *nie* einem Menschen treu war außer sich selbst, der nur *einem* Gesetz lebte – dem seinen, das sogar sehr genau formulierte und seine politische wie menschliche Unzuverlässigkeit förmlich zu einer Theorie ausbaute. Kennst Du Brechts Biographie und weißt Du, dass er zu Zeiten mit drei Frauen *auf einmal*, manchmal im selben Haus lebte, so wie Tucholsky oder Heinrich Mann? Weißt Du nicht, dass Thomas Mann keineswegs bestimmte Neigungen nur im »Tod von Venedig« ab-literarisierte, sondern homosexuelle Verhältnisse hatte, sie *lebte*? Meine Güte: von Picasso bis Bernstein, von Hegel bis Bloch: Wo und wann war's je anders.« – Lesen wir heute solche Offenbarungen, kommt uns manche »Errungenschaft« der → Neosexuellen Revolution wie → Polyamorie und → BDSM nicht mehr als so neuartig vor wie der früher gar nicht mögliche → E-Sex.

TRISEXUELL

Trisexuell könnten die Menschen genannt werden, die traditionell bisexuell sind, also beide großen Geschlechter lieben, aber außerdem narzisstisch auch noch sich selbst.

TROSTFRAUEN

Jahrzehnt um Jahrzehnt haben die Japaner geschwiegen, ja sogar bestritten, im Zweiten Weltkrieg etwa 200.000 Frauen aus Korea, aber auch aus China, Indonesien und Taiwan sowie von den Philippinen zur Prostitution gezwungen zu haben, indem sie sie in Militärbordelle verschleppten, um sie dort als sogenannte Trostfrauen ihren Soldaten zuzuführen. Erst Ende 2015 versuchte die alte Kolonialmacht Japan, die Korea von 1910 bis 1945 beherrscht hat, sich einige Worte des Bedauerns abzupressen, die aber die eigenen Nationalisten nicht empören durften. Von den gefolterten Zwangsprostituierten sollen heute noch 46 leben. Sie sind sehr alt, sollen eine kleine Entschädigung erhalten, warten aber immer noch: dass sie Japan um Verzeihung bittet. Doch Japan bleibt dabei, sie »Trostfrauen« zu nennen.

ÜBERRASCHUNG?

Nach 500 Jahren des Rätselns scheint das Lächeln der »Mona Lisa« entschlüsselt worden zu sein. Kunsthistoriker um Silvano Vinceti waren Anfang 2011 recht sicher, dass dem großen Leonardo da Vinci sein Schüler und Geliebter Gian Giacomo Caprotti für dieses weltberühmte Gemälde Modell gesessen hat. Caprotti arbeitete seit 1490 in da Vincis Atelier. Er war damals 16 Jahre alt. Die Kunsthistoriker um Vinceti vermuten, dass Leonardo da Vinci seine Lebensgeheimnisse in diesem Gemälde gewissermaßen wie in einem Testament versteckt hat.

UN-SICHERHEITSRAT

Wenn Buchstaben klein geschrieben werden, tritt manchmal die Wahrheit zu Tage: Unsicherheitsrat.

UNTERWACHUNG

Was ich von der Unterwachung halte, werde ich gefragt. Ich weiß gar nicht, was das sein soll und erfahre, dass der Soziologe Niklas Luhmann, der sich in Verwaltungen auskannte, als Unterwachung den Vorgang bezeichnet hat, durch den Untergebene ihren Chef lenken, weil sie vieles früher als er wissen.

VERRICHTUNGSBOXEN

Um die heterosexuelle Straßenprostitution abzugrenzen und zu kontrollieren, wurden in europäischen Großstädten sogenannte Verrichtungsboxen eingerichtet, zum Beispiel 1986 in Utrecht, 2011 in Köln und 2013 in Zürich. Wenn es noch eines Beweises bedurft hätte, dass unsere Kultur keine Ars erotica hervorgebracht hat, dann liefern ihn diese Samen- und Urinale. Allein der Name »Verrichtungsboxen« erinnert mich an eingesperrte Tiere, an Bullen, denen der Samen entzogen wird, und an Hinrichtungen.

VIAGRA®

Seit Jahrtausenden wird versucht, die sexuelle Begierde durch alle nur erdenklichen Mittel anzufachen: Ambra und Zibet, Moschus und Strychnin, Gin-seng und Alraune, Taubenblut und die Zunge des Vogels Isop – die Liste der Aphrodisiaka ist beinahe unendlich. Endlich, am Ende des 20. Jahrhunderts fiel zufällig eine Pille auf, die eigentlich die Herzkranzgefäße erweitern sollte, stattdessen aber das Membrum virile der Versuchspersonen anschwellen ließ. Damit war erstmalig ein oral wirksames Potenzmittel entdeckt worden, das den Namen verdient. Sein Pseudonym: UK-92420. Sein Klarname: 1-[[3-(6,7-dihydro-1-methyl-7-oxo-3-propyl-1H-razolo[4,3-d]pyrimidin-5-yl)-4-ethoxyphenyl]sulfonyl]-4-methylpiperazincitrat. Seine Rufnamen: Sildenafilcitrat oder nur Sildenafil. Sein symbolischer Handelsname: Viagra®. Die medizinische Öffentlichkeit erfuhr die Sensation im Mai 1996 auf dem 91. Annual Meeting der American Urological Association. Zwei Jahre später, 1998, wurde das neue Arzneimittel in den USA und kurz darauf auch in der EU zugelassen und stellte alle anderen medikamentösen Therapien der Impotentia erectionis in den Schatten.

Biochemisch gesagt, ist Sildenafil vor allem ein selektiver Inhibitor des intrazellulären Isoenzyms Phosphodiesterase vom Subtyp 5 (PDE-5). Um zu verstehen, was das bedeutet, müssen wir einen Blick auf die Physiologie und auf die Biochemie der Erektion werfen. Zu einer Versteifung des Penis kann es nur kommen, wenn die glatte Muskulatur der Schwellkörper und der das Blut zuführenden Arteriolen entspannt wird. Interessanterweise ist diese glatte Muskulatur im Ruhezustand des Penis kontrahiert, sodass es nur zu einem geringen Blutdurchfluss kommt. Wird die glatte Muskulatur relaxiert, schießt Blut in die Schwellkörper-Hohlräume ein. Weil das einfließende Blut nicht wie bei anderen Organen durch ein weit verzweigtes System kleinster Gefäße, genannt Kapillaren, verteilt und im Fluss verlangsamt wird, sondern direkt aus den Arteriolen einschießt, kann es sehr schnell zu einer Erektion kommen. Gleichzeitig haben die anatomische Konstruktion des Penis und der Druck des einschießenden Blutes zur Folge, dass die das Blut abführenden Venen in dem die Hohlräume umgebenden Bindegewebe zusammengepresst werden, sodass der Blutabfluss stark reduziert wird. Biochemiker erforschen seit den 1970er Jahren zahlreiche Faktoren, Substanzen und Mechanismen, die den Erektionsvorgang ganz offensichtlich hemmen oder stimulieren. Besonders anregend und überraschend war die Entdeckung, dass Säugetierzellen Stickstoffmonoxid (NO) generieren, ein Gas, das vordem nur in Sachen Luftverschmutzung Furore gemacht hatte, weil es sich an der Luft zu Stickstoffdioxid (NO2) umwandelt. Dafür, entdeckt zu haben, dass NO, ebenso giftig wie unentbehrlich, in viele lebenswichtige Prozesse steuernd eingreift oder sie überhaupt erst in Gang setzt, erhielten Robert F. Furchgott, Louis J. Ignarro und Ferid Murad 1998 den Medizin-Nobelpreis.

Da aber, auf die sexuellen Reaktionen bezogen, nicht einmal die Wirkmechanismen seit langem diskutierter Peptide und speziell Neuropeptide bekannt sind und selbst der Hersteller von Viagra® in seiner Produktmonografie 1998 schrieb, der »genaue Mechanismus«, durch den es »zur Entspannung der glatten Muskulatur« komme, müsse noch erforscht werden, sind die nachfolgenden Bemerkungen zur Biochemie der Erektion als das zu nehmen, was sie sind: keine letzten Gewissheiten (vgl. ausführlicher Sigusch 2007). Der selektive Inhibitor Sildenafil greift hemmend in einen offensichtlich zentralen Erektionsmechanismus ein, an dessen Anfang nach gegenwärtigem Wissen ein Botenstoff steht, der heute Stickstoffmonoxid (NO) heißt und früher Endothelium Derived Relaxing Factor (EDRF) genannt worden ist. NO wird nach noradrenerg-norcholinergen Nervenimpulsen, die mit einer sexuell stimulierenden Phantasie oder der direkten Reizung des Penis zusammen fallen können, (zumindest) in Neuronen und Endothelzellen aus L-Arginin gebildet. Es diffundiert dann in die glatten Muskelzellen der Schwellkörper, wo es die Freisetzung eines zweiten Botenstoffes stimuliert. Dieser Second Messenger, das zyklische Guanosinmonophosphat (cGMP), wird durch die Aktivierung der Guanylatzyklase gebildet und ist ein

Nukleotid, das durch die Relaxation glatter Muskelzellen zu einer Erektion führt. Physiologischerweise werden zyklische Nukleotide wie das cGMP von Phosphodiesterasen (PDE) durch Hydrolyse abgebaut. Im Penis des Menschen soll die Phosphodiesterase des Subtyps 5 das für den Abbau des zyklischen Guanosinmonophosphats entscheidende intrazelluläre Isoenzym sein. Da der Viagra®-Wirkstoff Sildenafil die das cGMP abbauende PDE-5 hemmt, kann das cGMP seine relaxierende und damit gefäßerweiternde Wirkung ungehemmter entfalten und eine Erektion der penilen Schwellkörper ermöglichen oder erhalten. Durch die Hemmung der PDE-5 wird der cGMP-Spiegel in den Schwellkörpern erhöht. Angenommen wird außerdem, dass bei bestimmten organisch bedingten Erektionsstörungen entweder zu wenig NO freigesetzt wird (z. B. bei Nervenläsionen) oder dass die Schwellkörper nicht ausreichend auf NO ansprechen (z. B. bei Gefäßläsionen).

Bei einer absoluten Bioverfügbarkeit von 41 Prozent wird Sildenafilcitrat schnell resorbiert. Nach oraler Verabreichung werden im nüchternen Zustand maximale Konzentrationen im Blutplasma innerhalb von 30 bis 120 Minuten erreicht (Median: 60 Minuten). Nach einem fettreichen Essen ist die Resorption deutlich vermindert. Die Pharmakokinetik ist im empfohlenen Dosisbereich linear. Sildenafil wird in einen aktiven Hauptmetaboliten umgewandelt, dessen Eigenschaften der Ausgangssubstanz ähnlich sind. Sildenafil und sein N-desmethylierter Hauptmetabolit haben eine terminale Halbwertzeit von drei bis vier Stunden und sind beide zu etwa 96 Prozent an Plasmaproteine gebunden. Der Abbau von Sildenafil erfolgt zum größten Teil über die Leber.

Nach oraler und intravenöser Applikation wird Sildenafil in Form von Metaboliten zu etwa 80 Prozent der verabreichten Dosis biliär, das heißt mit dem Stuhl, und zu etwa 13 Prozent bis 14 Prozent renal, das heißt mit dem Urin, ausgeschieden. Bei gesunden Männern, die 65 Jahre alt oder älter waren, bei Patienten mit einer Niereninsuffizienz und bei Patienten mit Leberzirrhose war die Clearance von Sildenafil reduziert, sodass es zu deutlich höheren freien Plasmakonzentrationen als bei Jüngeren und Gesunden kam.

Die Wirksamkeit des Medikaments liegt, um es hier nur pauschal zu sagen, in Abhängigkeit von den üblicherweise bereits vorliegenden körperlich oder seelisch bedingten Erektionsstörungen zwischen etwa 60 Prozent und 90 Prozent, wobei eine »Verbesserung« der Erektionsfähigkeit und nicht unbedingt der Immissionsfähigkeit gemeint ist und auch Erektionsstörungen zum Beispiel nach einer radikalen retropubischen Prostatektomie ohne Schonung der Nervenversorgung nicht gemeint sind. Nach eigener klinischen Erfahrung kann gesagt werden, dass Sildenafil offenbar dann am besten bzw. relativ besser wirkt, (1.) wenn keine komplette Erektionsunfähigkeit vorliegt; (2.) wenn die Erektionsstörung psychisch und nicht organisch bedingt ist, insbesondere wenn eher oberflächliche Konflikte und Versagensängste zu der Impotenz geführt haben; (3.) wenn die verminderte Durchblutung der Corpora cavernosa penis nicht auf eine venöse oder kavernöse Insuffizienz zurück geht, sondern arteriell bedingt ist; (4.) wenn die nervale Versorgung der Corpora cavernosa penis nicht durch Krankheit oder medizinische Eingriffe weitgehend abgerissen bzw. auf der Ebene des zweiten Motoneurons vollständig unterbrochen ist, wie die schlechten Ergebnisse bei Männern nach einer radikalen, die Nervenverbindungen nicht schonenden Prostatektomie und auch bei Männern zeigen, die an einem Diabetes mellitus leiden.

Die unerwünschten Wirkungen, üblicherweise »Nebenwirkungen« genannt, sind abhängig von der Art der Medikation (fixe versus flexible Dosis), von der Höhe der Einzeldosis, dem Alter des Patienten, den Grunderkrankungen und weiteren Variablen. Sie können in relativ geringen Prozentsätzen sein: Gesichtsrötung (Flush), Kopfschmerzen, Magenbeschwerden, Sehstörungen, verstopfte Nase, Diarrhöe, Harnwegsinfektionen, Schwindelgefühl, Hautrötung (Rash), Muskelschmerzen usw. Meine Angaben dazu sind wie alle anderen therapierelevanten *absolut unverbindlich*. Wer eine Behandlung mit Viagra® oder verwandten Medikamenten anstrebt, sollte einen Arzt aufsuchen, der sich auskennt und auf keinen Fall nach meinen Bemerkungen in diesem Buch handeln.

Dazu sage ich hier nur noch, dass ein eventuelles kardiovaskuläres Risiko besondere Beachtung verdient, weil Erektionsstörungen und Herz-Kreislauf-Erkrankungen gewissermaßen verschwistert sind: Viele Patienten, für die eine Behandlung mit Sildenafil in Frage käme, befinden sich in einem Alter, in dem gerade diese Organsysteme bereits offen oder maskiert beschädigt sind, und viele bereits wegen einer kardiovaskulären Erkrankung behandelte Patienten entwickeln eine Impotenz, die auf Ängste und Medikamenteneffekte zurück geht. Umso interessanter ist, dass das kardiovaskuläre Risiko unter einer Sildenafil-Medikation statistisch und klinisch etwa so groß zu sein scheint wie unter einer Behandlung mit einem wirkungslosen Scheinpräparat, wenn die Kontraindikationen beachtet und entsprechende Untersuchungen durch den Arzt vorgenommen werden.

Als absolute Kontraindikationen habe ich in meinem Kopf: (1.) Die gleichzeitige Einnahme von Nitraten oder Stickstoffmonoxid (NO)-Donatoren in jeder Menge und Zubereitung; (2.) schwere Herz-Kreislauf-Erkrankungen wie eine instabile Angina pectoris oder eine schwere Herzinsuffizienz, durch die die Patienten den Anstrengungen eines Geschlechtsverkehrs nicht gewachsen sind; (3.) Herzinfarkt, Schlaganfall oder schwere Arrhythmie, die weniger als sechs Monate zurück liegen; (4) schwere Leberinsuffizienz; (5) arterielle Hypotonie (Blutdruck < 90/50 mm Hg); (6) hereditäre degenerative Netzhauterkrankungen wie Retinitis pigmentosa und (7) Überempfindlichkeit gegen einen der Inhaltsstoffe des Medikaments. Als relative Kontraindikationen von Sildenafil habe ich mir vorgemerkt: (1.) Erkrankungen, die gehäuft mit Priapismus einhergehen wie Leukämie, Sichelzellenanämie oder Plasmozytom; (2) schwere Nierenfunktionsstörung mit einer Kreatinin-Clearance < 30 ml/min); (3.) Peniserkrankungen und –missbildungen wie Schwellkörper-Fibrose, Induratio penis plastica oder Penisdeviation; (4.) Blutgerinnungsstörungen wie zum Beispiel Hämophilie; (5.) aktive peptische Magen-Darm-Ulzera; (6.) gleichzeitige Einnahme von Cytochrom-P450–3A4-Hemmstoffen wie Cimetidin, Erythromycin oder Ketaconazol; (7.) Gleichzeitige Einnahme der HIV-Protease-Inhibitoren Ritonavir und Saquinavir. Alles, wie gesagt, unverbindlich, nur als Hintergrundinformation gedacht.

Fünf Jahre nach der Einführung von Viagra® mit dem Wirkstoff Sildenafil durch die Firma Pfizer brachte 2003 die Firma Lilly Cialis® mit dem Wirktoff Tadalafil und die Firma Bayer Levitra® mit dem Wirkstoff Vardenafil in Deutschland auf den Markt. Alle drei Wirkstoffe sind selektive Inhibitoren des intrazellulären Isoenzyms Phosphodiesterase vom Subtyp 5 (PDE-5), sodass sie hinsichtlich der erwünschten und unerwünschten Wirkungen, der absoluten und relativen Kontraindikationen und der zu beachtenden Interferenzen mit anderen Substanzen dicht beieinander liegen. Da sie jedoch chemisch nicht identisch sind und beispielsweise andere Phophodiesterasen als jene des Subtyps 5 different beeinträchtigen, sind pharmakodynamische und pharmakokinetische Unterschiede und auch Wirkungsdifferenzen zu erwarten, die unter therapeutischen Gesichtspunkten positiv (stärkere oder längere erwünschte Wirkung) wie negativ (unerwünschte Effekte in anderen Organen nach längerer Anwendung) sein können.

Jahrhundert um Jahrhundert hat das männliche Geschlecht Aphrodisiaka erfunden und propagiert. Sie wirkten fast ausschließlich durch Suggestion, wenn überhaupt. Jetzt gibt es Präparate wie Viagra® und seine Nachfolger, die tatsächlich die Peniserektion befördern. Und jetzt sagen junge Männer, die solche Präparate probiert haben: »Es geht auch ohne«. Doch alte Männer haben endlich eine Chance bekommen, sich noch einmal im Glanz einer Gliedversteifung zu sonnen. Keine Pille jedoch kann fehlende Anziehung oder Nähe, kann unbewusste und tiefer reichende Konflikte aus der Welt schaffen. Es wäre ja zu schön, um wahr zu sein, wenn wir über Pharmaka oder Rauschdrogen verfügten, die fehlende Liebesbeziehungen ersetzten und gestörte Sexualbeziehungen reparierten.

VIAGRA® FÜR FRAUEN?

Am 17. Oktober 2015 ist in den USA im dritten Anlauf ein rezeptpflichtiges Medikament namens Addyi™ zugelassen worden, das mit Hilfe des Wirkstoffes Flibanserin, der auf Neurotransmitter, das heißt Botenstoffe wie Serotonin und Dopamin, wirken soll, um das sexuelle Verlangen einer Frau vor den sogenannten Wechseljahren anzuregen. Nach bisherigen Forschungsergebnissen ist die Wirkung des außermedizinisch »Pink Viagra« genannten Präparates sehr gering, die sogenannten Nebenwirkungen ernst zu nehmen und der Preis – 800 US-Dollar für 30 Tage – auch dadurch hoch, weil das Medikament täglich eingenommen werden soll. Kurzum, das weibliche Geschlecht kommt wieder einmal zu kurz.

Der kritische »Medical Letter« schrieb zusammenfassend: »About 10 Prozent more premenopausal women [...] reported ›much‹ or ›very much‹ improvement in their condition, compared to those who took placebo. The drug must be taken every day, and it can cause hypotension, synkope, and CNS depression. Consumption of alcohol [...] is contraindicated. Flibanserin is likely to interact with many other drugs, and its longterm safety is unknown« (Med. Lett. Drugs Ther. 57, 133–134, 2015).

Da geht einem durch den Kopf, dass die weibliche Sexualität in der hiesigen Kultur keinen Signifikanten hat, der dem Phallus der männlichen Sexualität an symbolischer Bedeutung und Durchschlagskraft an die Seite gestellt werden könnte. Zwischen Penis- und Klitoris-Erektion klafft nach wie vor ein Hiatus, den die patriarchale Kultur errichtet hat. Auf die symbolisch basierten und außerdem anatomisch ebenso wie mechanistisch-mental gestützten Effekte, die eine Potenzpille wie Viagra® bei Männern entfaltet, kann bei Frauen nicht spekuliert werden.

VIAGRA® UND DIE NEOSEXUELLE REVOLUTION

Viagra® ist auch sexualtheoretisch so interessant, weil es jene Prozesse physisch greifbar macht, die ich als → Neosexuelle Revolution beschrieben habe: Dissoziation der sexuellen Sphäre, Dispersion der sexuellen Fragmente und Diversifikation der Intimbeziehungen.

Dissoziation: Dieses Potenzmittel performiert nach der Trennung von körperlicher Reaktion einerseits und psychosozialem Erleben andererseits durch ältere Somatotherapien jetzt auch die Dissoziation von Sexualität und Angst. Die seelischen Verletzungen und Verdrehungen, die der Lust im Wege stehen, sollen mit den Mitteln der Biochemie beiseite geschafft werden. Endlich soll auch in dieser Hinsicht das psychologische Zeitalter überwunden werden mit seinen ebenso aufwändigen wie ineffektiven Psychotherapien.

Dass eine Droge die seelischen Konflikte und Nöte allenfalls überschatten kann, bleibt natürlich unerwähnt, auch, dass sich Ängste und Verwerfungen, sofern von innerseelischem Gewicht, an anderer Stelle ein Ventil suchen werden.

Dispersion: Dieses Mittel zerstreut als Designer- und Lifestyle-Droge Verlangen, Erregung, Erektion usw. und versteift als ein Partikel im gegenwärtigen Lean-Sex- und Self-Sex-Geschehen kulturell jene neosexuelle Sexualform, für die mir Selbstdisziplinierung und Selbstoptimierung charakteristisch zu sein scheinen.

Diversifikation: Viagra® ist geeignet, einen sexuellen Aufstand jener alten Männer auszulösen, die, obgleich ihr Körper bereits verwelkt und krank ist, nicht auf körperliche Freuden verzichten wollen. Da die Menschen der hiesigen Gesellschaft immer älter werden, liegt seit langem eine spezielle, um nicht zu sagen »revolutionäre« ökonomisch-kulturelle Offensive auf der Hand. Dass sie nicht von den Künsten, sondern von der Pharmaindustrie ausgehen würde, hätte ohne Phantasie vorhergesagt werden können.

Einige Kulturwissenschaftler haben geschrieben, die Antibaby-Pille sei *die* Frauen-Pille – und Viagra® sei *die* Männer-Pille. Die kulturelle Bedeutung der Ovulationshemmer wird in dieser Anschauung gewissermaßen im Vorgriff mit der der Phosphodiesterasehemmer gleich gesetzt. Das ist durchaus kühn. Denn immerhin wurde erst mit Hilfe »der« Pille die seit dem Mittelalter vorherrschende naturrechtlich-christliche Auffassung faktisch überwunden, nach der die Libido carnalis, das heißt die Fleischeslust, natur- und gottgewollt der Generatio prolis, das heißt der Fortpflanzung, zu dienen habe. Während also die Antibaby-Pille eine neuartige Auffassung von Sexualität und Lust lebbar machte, indem sie unsägliches Leid verhinderte, zahlt Viagra® unterm Strich dem alten Willen zur Penetration Tribut. Ein Mannheitstraum soll wahr werden: die Gliedversteifung auf Knopfdruck.

VORLIEBEN

Das, was Lustgefühle erzeugt, die Zahl der Fetische, um die das Sehnen, Begehren, Erregen und Befriedigen der Menschen kreist, ist gewissermaßen endlos. Meine knappe Erklärung für die Bevorzugung eines Sinnes, eines Körperteils, eines Gegenstandes oder einer Handlung ist, dass es in der frühen Kindheit im Zusammenhang mit einem Sinn usw. zu einem überaus angenehmen Gefühl gekommen ist, das im Gehirn abgespeichert worden ist und lebenslang gesucht wird.

Als Beispiele seien hier nur einige Vorlieben bzw. Fetischismen bzw. Paraphilien genannt: Acrotomophilie, Amelotatismus oder Apotemnophilie (Vorliebe bzw. Fetisch: Amputation, Behinderung); Emeto- oder Vomerophilie (Erbrechen, Erbrochenes); Hoplitomanie (Soldaten); Koprophilie (Kot); Kryophilie (Fühlen); Mysophilie oder Olfaktophilie (Riechen, Gerüche); Narratophilie (Hören, Worte); Pictophilie (Betrachten bestimmter Gemälde oder Dinge); Podophilie (Schmecken, Lecken); Salirophilie oder Saliromanie (Beschmieren); Sitophilie (Lebensmittel) und Urophilie (Urin). Wer in dieser Hinsicht noch mehr wissen will, schaue in mein Buch *Neosexualitäten* hinein (Sigusch 2005).

Dort wird auch differenziert zwischen Perversionen, Paraphilien, Neosexualitäten und Vorlieben.

VORURTEILE

Ein Prostituierter gilt als verworfen, jedenfalls als sexuell erfahren. Doch wenn er nichts als Selbstbefriedigung gemacht hat mit seinen Freiern, dann weiß er nicht einmal um »French kisses«.

Vielleicht wären Menschen nachsichtiger und vorsichtiger im Umgang mit Behinderten und Abweichenden, wenn manfrau ihnen schon in der Schule immer wieder sagte, dass Einstein Legastheniker war und Goethe streckenweise impotent und Wagner ein Transvestit und Wittgenstein homophil und Hudson schwul und so weiter.

WAFFENBRÜDER

Endlich, im Juli 2011, hat sich eine Politikerin getraut, die widerwärtige Tradition der militärischen Paraden öffentlich zu kritisieren. Eva Joly, die französische Präsidentschaftskandidatin der Grünen, wünschte sich am Nationalfeiertag nicht Soldaten und Panzer auf den Champs-Élysées, sondern Schulkinder und Rentner. Ein Schrei des Widerspruchs durchgellte das Land, von rechts unten bis links außen. Alle wollen an dem kolonialistisch-imperialistischen Gehabe festhalten. Gäste werden also auch in Zukunft »mit militärischen Ehren« empfangen werden, und hochgestellte Männer, namentlich des Adels, werden sich bei Hochzeiten ihren Auserwählten und der Öffentlichkeit als drapierte Gockelhähne und Pfingstochsen präsentieren – mit Epauletten, Fangschnüren, Plaketten, Klappen, Kordeln, Medaillen, Orden, Ehrenzeichen, Säbeln, Bandschnallen, Schleifen, Schärpen, Litzen.

In Frankreich ist die höchste Auszeichnung der Orden Grand-croix de la Légion d'Honneur. Ihn erhielten Menschenfreunde wie Josip Broz Tito und Léopold Sédar Seghor. Die niedrigste Stufe dieses Ordens ist der Chevalier und entspricht dem Rekruten. Ihn erhielt 2004 Alice Schwarzer und nahm ihn an. Simone de Beauvoir und Jean-Paul Sartre hatten eine höhere Stufe natürlich Jahre zuvor abgelehnt.

WEIBLICHE BRUST

Die Mammae (lat. Brüste) werden immer größer. Zwischen 1994 und 2009 hat der Umfang der Brüste deutscher Frauen um 2,3 cm zugenommen, teilten die Hohenstein Institute mit, die auf Textilprüfungen spezialisiert sind. Die durchschnittliche Körbchengröße US-amerikanischer Frauen soll übrigens in zwanzig Jahren (vgl. *SZ*, 24./25.10.2015, S. 1) von 75C auf 75F gestiegen sein.

WEIBLICHE SEXUALITÄT

Da es sich um ein riesiges Thema handelt, möchte ich hier nur einige fachwissenschaftliche Feststellungen treffen, die überwiegend kursierenden Vorurteilen widersprechen:

1. Frauen sind die Gewinnerinnen der → Neosexuellen Revolution, die ihnen in den letzten Jahrzehnten die meisten Freiheiten gebracht hat.

2. Frauen sind grundsätzlich sexuell potenter als Männer. Ihre Genitalien sind anatomisch und physiologisch nicht so anfällig für Verletzungen wie die männlichen Genitalien, die sich ganz überwiegend außerhalb des Leibes befinden. Auch gibt es bei Frauen nach einem Orgasmus keine Refraktärphase wie bei Männern, in der kein Orgasmus möglich ist. Anders als Männer können Frauen multiple Orgasmen haben. Auch nach der Menopause sind Frauen oft sexuell potenter als Männer.

3. Junge Frauen haben heute bei uns in Beziehungen das Heft in der Hand. Sie entscheiden überwiegend, was sexuell geschieht (→ Jugendsexualität).

4. Frauen sind durch Texte, Filme und Bilder ebenso erregbar wie Männer. Als Gunter Schmidt, Antje Reinfeld, Ingeborg Wiedemann-Sutor und ich das bereits vor beinahe fünfzig Jahren experimentell bewiesen haben (vgl. z. B. Sigusch et al. 1970, Schmidt und Sigusch 1970) gab es in den USA zunächst einen Aufschrei, auch weil der große → Kinsey das anders sah. Nachdem mehrere US-Universitäten unsere Forschungsergebnisse durch eigene Forschungen bestätigt hatten, wurden unsere Ergebnisse und auch wir selbst mit größtem Respekt behandelt, sogar nament-

lich vom US-Präsidenten im *Report of the Commission on Obscenity and Pornography.*

5. Frauen sind nicht treuer und auch hinsichtlich der flüchtigen Partner nicht wählerischer als Männer, jedenfalls dann nicht, wenn die Gelegenheiten ihnen passen, wie Studien belegt haben.

6. Frauen sind wie Männer durch ungewöhnliche, früher als pervers bezeichnete Situationen und Praktiken sexuell erregbar, jedenfalls in der Phantasie, wie zuletzt die Rezeption von → »Shades of Grey« bewiesen hat.

WELTKONGRESSE DER SEXOLOGIE

Weil Sexualität als Begriff neuzeitlich-europäischen Ursprungs ist, sind Weltkongresse der Sexologie problematisch bis unmöglich. Statt auf *Scientia sexualis* herabzusehen wie auf den Kolonialismus, hören sich Inder, Ägypter oder Kolumbianer an, was ein Niederländer sexuologisch-ästhetisch über ein Bild von Hieronymus Bosch zu bemerken hat oder wie die Deutschen heute die Fertilität des Mannes andrologischerseits definieren. Als gäbe es die europäische Sexualität raumzeitlich neutral. Als sei unser sexualwissenschaftliches Regime zu übertragen, ein Fortschritt schlechthin. Als habe der okzidentale Rationalismus, den Max Weber analysiert hat, mit dem Sieg von Welthandel und Weltwirtschaft und Weltkapital die Lebensformen aller Menschen dieser Erde durchdrungen. Erfreulicher wäre es, wenn die Inder, Ägypter oder Kolumbianer den Europäern und Nordamerikanern zu sagen versuchten, was das »erotisch Dranghafte« in ihrer jeweiligen Kultur bedeutet hat und heute bedeutet.

Weltkongresse der Sexologie sind nur möglich, weil alle Teilnehmer vom begrifflichen und alltagspraktischen Horizont dessen absehen, was ihren Gegenstand konstituiert. Sie waren jahrzehntelang US-imperialistisch, weil die US-Amerikaner bestimmten, was unter westlichem Rationalismus auf sexologischem Gebiet zu verstehen sei, weil die Dominanz von Sex Research auf die Übernahme des American Way of Sex hinauswollte. Übernehmen die Außerwestlichen unsere Vorstellungen von Erotik, Fruchtbarkeit, Kontrazeption oder Paartherapie à la Masters und Johnson, kann es sich verheerender auswirken als der Import von Coca Cola oder Tina Turner, weil die seelischen Schichten, die manipuliert werden, tiefer liegen.

Sexualwissenschaft ist ihrem Ursprung und ihrem Inhalt nach ethnozentrisch, eine Angelegenheit jener Industriegesellschaften, in denen, wenigstens dem Schein nach, die Bedürfnisse und Wünsche der Individuen befriedigt werden sollten. Deshalb sind Weltkongresse der Sexualwissenschaft ebenso lächerlich wie ethnozentrisch trotz einer eventuellen ethnischen Buntheit. Sexualwissenschaft kann nicht so international oder internationalistisch sein wie Meeresbiologie. Den Veranstaltern sogenannter Weltkongresse bleibt also nichts anderes übrig, als Petomanen zu suchen, zu Deutsch: Kunstfurzer. Da aber der letzte Großmeister, Joseph Pujol, genannt Le Pétomane, der auch Sigmund Freud begeistert hatte, bereits 1945 (welch ein Fingerzeig) verstorben ist, wird man sich mit kleinen Pubsern zufriedengeben müssen, bei deren Vortrag Frauen nicht mehr vor Vergnügen in Ohnmacht fallen und über deren Kanonendonner oder Flötensäuseln Männer keine Gedichte mehr schreiben. Kurzum, die Petomanen sind tot, aber die Sexomanen leben noch.

WORTE

Es ist nicht egal, welches Wort gewählt wird, um etwas zu benennen. Ein Beispiel: *Seele* klingt beruhigend, anrührend, weich und tief. *Psyche* ist zischend, fremd, apparativ und abweisend.

WORTSCHÖPFUNG

Seit der Kindheit und Jugend, die von Fliegerangriffen, Flucht, Hunger, Krankheit und Gefängnis gezeichnet war, ist die Sprache mein Zuhause und Versteck. Vielleicht habe ich aus diesen Gründen schon in jungen Jahren viel gelesen und geschrieben und als Student im Westen, der gerade wieder einer Verhaftung im Osten entkommen war, neben Günter Grass und Wolf Wondratschek einen »Junge Lyrik«-Preis gewonnen.

Und so ergab sich in meinem Berufsleben, dass ich immer wieder Worte erfand, um etwas überhaupt oder treffender zu benennen. In die seriösen Verzeichnisse wie Brockhaus, Wörterbücher und Wikipedia haben es geschafft: Cisgender, cissexuell, Coitus germanicus simplex, Kultursodomie, Neosexualitäten, neosexuelle Revolution, neosexuelle Involution, Neozoophilie, orgastische Manschette, Selfsex, Status orgasticus, Zissexualität und zissexuell. In der seriösen Fachliteratur kann manfrau unter anderem finden: bauboisch (vs. phallisch), Differentia sexualis specifica, Differentia generis specifica, Gesundheitsgewinn (vs. psychoanalytischer Krankheitsgewinn), Hylomatie, Kleinstfamilie (nur eine Person), Konsensmoral, Lean Sexuality, Liquid Gender, Neoallianzen, nosomorpher Blick, Sexualitätsobjektiv (statt Dispositiv), Orthosexuelle, Paläosexuelle, polymorphe Geschlechterspannung, polysexuelles Vermögen (statt Freuds polymorph-perverser Anlage), Selfgender, Sexomane, Sexomatie, Sexose, Sexualform, Sexualobjektiv, Sexualpause, sexuelle Dispersion und Share Genderness.

YONI

Yoni (Sanskrit Ursprung, Mutterschoß) meint, grob gesagt, das weibliche Prinzip im Hinduismus, symbolisiert die göttlichen Schöpfungskräfte und die weiblichen Genitalien insgesamt, kann aber auch auf die Zweigeschlechtlichkeit des Gottes Shiva verweisen (→ Lingam).

ZIPPER SEX

So wird eine schnelle sexuelle Aktion genannt, bei der die Partner gar nicht zum Ausziehen kommen.

ZISSEXUELLE

→ CISGENDER

ZUNGE

Die Zunge ist ein Organ, mit dem in einen Menschen tiefer eingedrungen werden kann als mit dem Penis. Andererseits kann das Halten einer Hand sehr viel intimer sein als das Lecken eines Genitales mit der Zunge.

LITERATUR

Adorno, Th. W.: Negative Dialektik. Frankfurt/M.: Suhrkamp 1966

Adorno, Th. W.: Zur Spezifikation der kritischen Theorie (verfasst im März 1969). In: Theodor W. Adorno Archiv (Hg.): Adorno. Eine Bildmonographie. Frankfurt/M.: Suhrkamp 2003

Arentewicz, G. und G. Schmidt (Hg.): Sexuell gestörte Beziehungen. Konzept und Technik der Paartherapie. Berlin u. a.: Springer 1980; 3., bearb. Aufl. Stuttgart: Enke 1993

Azoulay, I.: Phantastische Abgründe. Die Gewalt in der sexuellen Phantasie von Frauen. Frankfurt/M.: Brandes & Apsel 1996

Bloch, I. : Das Sexualleben unserer Zeit in seinen Beziehungen zur modernen Kultur. Berlin: Marcus 1907

Borkenhagen, A. und E. Brähler (Hg.): Intimmodifikationen (Beiträge zur Sexualforschung, Bd. 95). Gießen: Psychosozial-Verlag 2010

Briken, P. und M. Berner (Hg.): Praxisbuch Sexuelle Störungen. Thieme. Stuttgart, New York: Thieme 2013

Clement, U.: Systemische Sexualtherapie. 3. Aufl. Stuttgart: Klett-Cotta 2006

Dannecker, M.: Warum die Therapie der Homosexualität die Lage der Homosexuellen verschlechtert. In: Sigusch 1975

Dannecker, M.: Homosexuelle Männer und AIDS. Eine sexualwissenschaftliche Studie zu Sexualverhalten und Lebensstil. Stuttgart: Kohlhammer 1990

Dannecker, M.: Der homosexuelle Mann im Zeichen von AIDS. Hamburg: Klein 1991

Dannecker, M.: Zur Transformation von AIDS in eine behandelbare Krankheit. In: Sigusch 2007

Dannecker, M. und R. Reiche (Hg.): Sexualität und Gesellschaft. Festschrift für Volkmar Sigusch. Frankfurt/New York: Campus 2000

Deutscher Ethikrat (Hg.): Intersexualität. Stellungnahme. Berlin: Deutscher Ethikrat 2012

Düring, S.: Probleme der weiblichen sexuellen Entwicklung. In: Sigusch 2007

Enzensberger, H. M.: »Muss Sex sein, und wenn ja, wie?« Der Spiegel, Nr. 4, S. 116–117, 2012

Ford, C. S. und F. A. Beach (1951): Formen der Sexualität. Das Sexualverhalten bei Mensch und Tier. Reinbek: Rowohlt 1968

Forel, A. (1905): Die sexuelle Frage. Eine naturwissenschaftliche, psychologische, hygienische und soziologische Studie für Gebildete. München: E. Reinhardt, 8. und 9. Aufl. 1909

Foucault, M.: Les mots et les choses. Une archéologie des sciences humaines. Paris: Gallimard 1966 (dt.: Die Ordnung der Dinge. Eine Archäologie der Humanwissenschaften. Frankfurt/M.: Suhrkamp 1971; zit. n. d. 12. Aufl. 1993)

Foucault, M.: Histoire de la sexualité. Tome 1: La volonté de savoir. Paris: Gallimard 1976 (dt.: Sexualität und Wahrheit. Bd. 1: Der Wille zum Wissen. Frankfurt/M.: Suhrkamp 1977)

Foucault, M.: Dispositive der Macht. Michel Foucault über Sexualität, Wissen und Wahrheit. Berlin: Merve 1978

Foucault, M.: Das Leben der infamen Menschen. Tumult, Nr. 3, 41–57, 1982

Foucault, M.: Histoire de la sexualité. Tome 2: L'usage des plaisirs. Paris: Gallimard 1984 (dt.: Sexualität und Wahrheit. Bd. 2: Der Gebrauch der Lüste. Frankfurt/M.: Suhrkamp 1986)

Freud, S. (1905): Drei Abhandlungen zur Sexualtheorie. Ges. Werke, Bd. V. London: Imago 1942: 27–145

Freud, S. (1916/17): Vorlesungen zur Einführung in die Psychoanalyse. Ges. Werke, Bd. XI. London: Imago 1944: 1–482

Freud S (1917). Eine Schwierigkeit der Psychoanalyse. Gesammelte Werke, Bd. 12. London: Imago 1947: 1–12

Freud, S. (1930): Das Unbehagen in der Kultur. Ges. Werke, Bd. 14. London: Imago 1948: 419–506

Friday, N.: My secret garden: Womens' sexual fantasies. New York: Trident 1973 (dt.: Die sexuellen Phantasien der Frauen. 22. Aufl. Reinbek: Rowohlt 2001)

Giese, H. und G. Schmidt: Studenten-Sexualität. Verhalten und Einstellung. Reinbek: Rowohlt 1968

Gottman, J. M.: Die 7 Geheimnisse der glücklichen Ehe. Berlin: Ullstein eBook 2014

Hammond, B., and J. A. Ladner: Socialization into sexual behavior in a negroe slum ghetto. In: C. B. Broderick, and J. Bernard (Hg.): The individual, sex and society. Baltimore: The Johns Hopkins Press 1969

Hauch, M. (Hg.): Paartherapie bei sexuellen Störungen. Das Hamburger Modell: Konzept und Technik. 2. Aufl. Stuttgart, New York: Thieme 2013

Hauch, M., C. Lange und S. Cassel-Bähr: Paartherapie bei sexuellen Störungen am Beispiel des Hamburger Modells. In: Sigusch 2007

Henschel, A. W. E. Th.: Von der Sexualität der Pflanzen. Nebst einem historischen Anhange von F. J. Schelver. Breslau: Wilhelm Gottlieb Korn 1820

Hirschsprung, [ohne Vornamen]: Erfahrungen über Onanie bei kleinen Kindern. Berlin. klin. Wschr. 23, 628–631, 1886

Kant, I. (1784): Beantwortung der Frage: Was ist Aufklärung? Werke in sechs Bänden, hg. von W. Weischedel, Bd. VI. Darmstadt: Wissenschaftl. Buchges. 1964: 53–61

Keynes, J. M.: Treatise of probability. London: Macmillan Co. 1921

Kinsey, A. C., W. B. Pomeroy, and C. E. Martin: Sexual behavior in the human male. Philadelphia, London: W. B. Saunders 1948 (dt.: Das sexuelle Verhalten des Mannes. Frankfurt/M.: G. B. Fischer 1964)

Kinsey, A. C., W. B. Pomeroy, C. E. Martin, and P. H. Gebhard: Sexual behavior in the human female. Philadelphia, London: W. B. Saunders 1953 (dt.: Das sexuelle Verhalten der Frau. Frankfurt/M.: G. B. Fischer 1963)

Koch, F.: Sexuelle Denunziation. Die Sexualität in der politischen Auseinandersetzung. Frankfurt/M.: Syndikat 1986

Marxen, K.: Das Volk und sein Gerichtshof. Eine Studie zum nationalsozialistischen Volksgerichtshof. Frankfurt/M.: Klostermann 1994

Masters, W. H., and V. E. Johnson: Human sexual response. Boston: Little, Brown 1966 (dt.: Die sexuelle Reaktion. Frankfurt/M.: Akademische Verlagsgesellschaft 1967)

Masters, W. H., and V. E. Johnson: Human sexual inadequacy. Boston: Little, Brown 1970 (dt.: Impotenz und Anorgasmie. Zur Therapie funktioneller Sexualstörungen. Wissenschaftl. Bearb. V. Sigusch und B. Meyenburg. Frankfurt/M.: Goverts Krüger Stahlberg 1973)

Matthiesen, S.: [Studie zur Jugendsexualität]. Veröffentlichung in Vorbereitung [2016]

Matthiesen, S., K. Block, S. Mix und G. Schmidt: Schwangerschaft und Schwangerschaftsabbruch bei minderjährigen Frauen. Köln: BZgA 2009

Matthiesen. S. (mit Beiträgen von Aude, A., Mainka, J., Matyniuk, U., Schmidt, G., Wermann, A.): Jugendsexualität im Internetzeitalter. Eine qualitative Studie zu sozialen und sexuellen Beziehungen von Jugendlichen. Köln: BZgA 2013

McCullough, M.: Unter der Gürtellinie. Süddeutsche Zeitung, Nr. 46, 25. Februar 2016, S. 9

Mecke, G.: Der Ligurinus-Schock [I und II]. Psyche – Z. Psychoanal. 29, 316–354 und 421–444, 1975

Meyenburg, B.: Sexuelle Auffälligkeiten im Kindes- und Jugendalter. In: Dannecker und Reiche 2000

Meyenburg, B., and V. Sigusch: Sex education for health professionals and sexual treatment in Western Germany. Meeting on Education and Treatment in Human Sexuality: The Training of Health Professionals, Geneva, 6–12 February 1974. WHO-Paper MCH/SYM/73.26, 1974

Meyenburg, B., Renter-Schmidt, K. und Schmidt, G.: Begutachtung nach dem Transsexuellengesetz. Auswertung von Gutachten dreier Sachverständiger von 2005 bis 2014. Z. Sexualforsch. 28, 107–120, 2015

Mildenberger, F., J. Evans, R. Lautmann und J. Pastötter (Hg.): Was ist Homosexualität? Forschungsgeschichte, gesellschaftliche Entwicklungen und Perspektiven. Hamburg: Männerschwarm 2014

Morgenthaler, F.: Homosexualität. In: Sigusch 1980

Mundlos, Ch.: Wenn Muttersein nicht glücklich macht. München: mvg 2016

Nietzsche, F.: Werke in drei Bänden, Bd. 2. München: Hansa 1966

Pacharzina, K.. Der Arzt und die Sexualität seines Patienten. Ergebnisse einer Studie an 100 Ärzten für Allgemeinmedizin. In: Sigusch 1979

Raddatz, F. J.: Unruhestifter. Erinnerungen. München: Propyläen 2003

Richter-Appelt, H.: Frühkindliche Körpererfahrungen und Erwachsenensexualität. In: Dannecker und Reiche 2000

Riemschneider, B. (Hg.): Tom of Finland. The art of pleasure. Köln u. a.: Benedikt Taschen Verlag 1998

Schmidt, G. (Hg.): Jugendsexualität. Sozialer Wandel, Gruppenunterschiede, Konfliktfelder. Stuttgart: Enke 1993 (Neuausgabe: Gießen: Psychosozial-Verlag 2000)

Schmidt, G.: Alfred C. Kinsey (1894–1956). In: Sigusch und Grau 2009

Schmidt, G., and V. Sigusch: Sex differences in responses to psychosexual stimulation by films and slides. J. Sex Res. 6, 268–283, 1970

Schmidt, G. und V. Sigusch: Arbeiter-Sexualität. Eine empirische Untersuchung an jungen Industriearbeitern. (Soziologische Texte, Bd. 75). Neuwied, Berlin: Luchterhand 1971

Schweizer, K. und H. Richter-Appelt (Hg.): Intersexualität kontrovers. Grundlagen, Erfahrungen, Positionen. Gießen: Psychosozial-Verlag 2012

Sigusch, V.: Exzitation und Orgasmus bei der Frau. Stuttgart: Enke 1970

Sigusch, V. (Hg.): Ergebnisse zur Sexualmedizin. Köln: Wissenschafts-Verlag 1972

Sigusch, V.: Säuglingsorgasmus. Sexualmed. 3, 30–31, 1974

Sigusch, V. (Hg.): Therapie sexueller Störungen. Stuttgart, New York: Thieme 1975

Sigusch, V.: Sexualität und Medizin. Köln: Kiepenheuer & Witsch 1979

Sigusch, V. (Hg.): Therapie sexueller Störungen. 2., neubearb. u. erweit. Aufl. Stuttgart, New York: Thieme 1980

Sigusch, V.: Großer Zapfenstreich. Sexualität konkret, Heft 5, S. 52–53, 1984

Sigusch, V. (Hg.): AIDS als Risiko. Über den gesellschaftlichen Umgang mit einer Krankheit. Hamburg: Konkret Literatur Verlag 1987

Sigusch, V.: Der Aids-Komplex und unser Leviathan. Kann und soll uns der Staat über Aids aufklären? Psyche – Z. Psychoanal. 43, 673–697, 1989a

Sigusch, V.: Die bayerische AIDS-Politik ächten! Recht & Psychiatrie 7, 89–93, 1989b

Sigusch, V.: Die Transsexuellen und unser nosomorpher Blick. I. Zur Enttotalisierung des Transsexualismus. II. Zur Entpathologisierung des Transsexualismus. Z. Sexualforsch. 4: 225–256 und 309–343, 1991a

Sigusch, V.: Kritik der Sexualität. In: Glatzer, W. (Hg.): 25. Deutscher Soziologentag 1990. Die Modernisierung moderner Gesellschaften. Opladen: Westdeutscher Verlag 1991b

Sigusch, V.: Geschlechtswechsel. Hamburg: Klein 1992 (Taschenbuchausgabe: Hamburg: Rotbuch 1995a)

Sigusch, V.: Transsexueller Wunsch und zissexuelle Abwehr. Psyche – Z. Psychonal. 49: 811–837, 1995b

Sigusch, V.: »Die Zerstreuung des Eros. Über die ›neosexuelle Revolution‹«. Der Spiegel, 50. Jg., Nr. 23 vom 3. Juni 1996a, S. 126–130

Sigusch, V.: »Die Trümmer der sexuellen Revolution«. Die Zeit, 51. Jg., Nr. 41 vom 4. Oktober 1996b, S. 33–34

Sigusch, V.: Metamorphosen von Leben und Tod. Ausblick auf eine Theorie der Hylomatie. Psyche – Z. Psychoanal. 51, 835–874, 1997

Sigusch, V.: Die neosexuelle Revolution. Über gesellschaftliche Transformationen der Sexualität in den letzten Jahrzehnten. Psyche – Z. Psychoanal. 52, 1192–1234, 1998a

Sigusch, V.: The neosexual revolution. Arch. Sex. Behav. 27, 331–359, 1998b

Sigusch, V.: Karl Heinrich Ulrichs. Der erste Schwule der Weltgeschichte. Berlin: Rosa Winkel 2000a

Sigusch, V.: Paartherapie bei sexuellen Funktionsstörungen. Dtsch. Ärztebl. 97, A-776–781, 2000b

Sigusch, V.: Lean sexuality. Sexuality & Culture 5, 23–56, 2001 (Nachdruck in: Z. Sexualforsch. 15, 120–141, 2002)

Sigusch, V.: On cultural transformations of sexuality and gender in recent decades. German Medical Science 2, 1–31, 2004 – http://www.egms.de/pdf/gms/2004–2/gms000017.pdf

Sigusch, V.: Neosexualitäten. Über den kulturellen Wandel von Liebe und Perversion. Frankfurt/New York: Campus 2005

Sigusch, V.: »Die Liberalität siegt. Rechte Politiker scheitern mit ihren Hasstiraden gegen Homosexuelle« [25 Jahre AIDS]. Frankfurter Rundschau (FR: Plus Wissen & Bildung) vom 12. September 2006, S. 36

Sigusch, V. (Hg.): Sexuelle Störungen und ihre Behandlung. 4., erweiterte Aufl. Stuttgart, New York: Thieme 2007

Sigusch, V.: Geschichte der Sexualwissenschaft. Frankfurt/New York: Campus 2008

Sigusch, V.: Sexueller Kindesmissbrauch. Zum Stand von Forschung und Therapie. Dtsch. Ärztebl. 108 (37), A 1898–1902, 2011 (vgl. auch Z. Sexualforsch. 23, 247–257, 2010)

Sigusch, V.: Liquid Gender. Z. Sexualforsch. 26, 185–187, 2013

Sigusch, V.: Sexualitäten. Eine kritische Theorie in 99 Fragmenten. 2., durchges. Aufl. Frankfurt/New York: Campus 2015

Sigusch, V. und G. Grau (Hg.): Personenlexikon der Sexualforschung. Frankfurt/New York: Campus 2009

Sigusch, V. und H. L. Gremliza (Hg.): Operation AIDS. Hamburg: Gremliza VerlagsGmbH 1986

Sigusch, V. und G. Schmidt: Jugendsexualität. Stuttgart: Enke 1973

Sigusch, V., G. Schmidt, A. Reinfeld, and I. Wiedemann-Sutor: Psychosexual stimulation: Sex differences. J. Sex Res. 6, 10–24, 1970

Tennov, D.: Love and limerence. New York: Stein & Day 1979 (dt.: Limerenz. München: Kösel 1981)

Tiefer, L.: Historical, scientific, clinical and feminist criticisms of »The human sexual response cycle« model. Ann. Rev. Sex Res. 2, 1–23, 1991

Tiefer, L.: Sex is not a natural act and other essays. Boulder, Oxford:Westview 1995

Turner, D., Jopt, K., Nieder, T. O., and Briken, P.: German medical students' interest in and knowledge about human sexuality in 1972 and 2012. J. Sex. Med. 11 (8), 1914–1926, 2014

Ulrichs, K. H.: Prometheus. Beiträge zur Erforschung des Naturräthsels des Uranismus und zur Erörterung der sittlichen und gesellschaftlichen Interessen des Urningthums. Buch X. Leipzig: Serbe 1870

Ulrichs, K. H.: Forschungen über das Räthsel der mannmännlichen Liebe. Nachdruck der Originalausgaben 1864–1879, hg. von H. Kennedy. 4 Bde. Berlin: Rosa Winkel 1994

Voß, H.-J.: Making sex revisited. Dekonstruktion des Geschlechts aus biologisch-medizinischer Perspektive. Bielefeld: transcript 2010

Voß, H.-J.: Geschlecht. Wider die Natürlichkeit. Stuttgart: Schmetterling 2011

Winder, Ch.: Da muss man durch: Mein Wörterbuch der Gegenwart. Waltrop u. a.: Manuscriptum 2009